Jürgen Roth

Die Graue Eminenz

Das Netzwerk von Diplomaten, Gangstern
und Politikern

Hoffmann und Campe

Die Deutsche Bibliothek – CIP-Einheitsaufnahme
Roth, Jürgen: Die Graue Eminenz :
das Netzwerk von Diplomaten, Gangstern
und Politikern / Jürgen Roth
– 1. Aufl. – Hamburg : Hoffmann und Campe, 1999
ISBN 3-455-11276-5

Copyright © 1999 by Hoffmann und Campe Verlag, Hamburg
Schutzumschlag: Werner Rebhuhn
Satz: Utesch GmbH, Hamburg
Druck und Bindung: Franz Spiegel Buch GmbH, Ulm
Printed in Germany

Inhalt

Vorbemerkung

Dieses Buch behandelt ein weltweites Netzwerk, das sich in den dunklen Sphären zwischen Diplomatie, Politik und Geschäft eingenistet hat, dort, wo die Grenzen zwischen Legalität und Illegalität ineinanderfließen. Es werden unter anderem Vorgänge geschildert, die (noch) von keinem Gericht untersucht worden sind. Die im Buch beschriebenen Ereignisse erklären, warum das so ist.

Doch gerade weil Polizei und Justiz in Europa bislang große Probleme haben, diese Netzwerke und darin involvierte Personen zu verfolgen, ist es dringend notwendig, die Öffentlichkeit zu informieren, was hier geschieht.

Der Autor hat mit Insidern, Betroffenen und mutmaßlichen Tätern gesprochen, er hat Informationen gesammelt, die aus Akten von Geheimdiensten, Polizei- und Justizbehörden in ganz Europa stammen. Über das, was unter Berücksichtigung der journalistischen Sorgfaltspflicht vertretbar erscheint, berichtet er in diesem Buch.

Es darf dabei jedoch nicht vergessen werden: Nur derjenige, der von einem ordentlichen Gericht verurteilt wurde, ist schuldig im juristischen Sinne.

Gute Freunde

Antibes an der Cote d'Azur ist bekannt für seine Gewächshäuser zur Aufzucht von Rosen, Nelken und Tulpen, Cap d'Antibes hingegen für die blumenreichen Parkanlagen, Luxushotels und Villen. Wer eine solche Villa am Boulevard de la Garoupe besitzt, schaut von einem strahlend weißen Balkon auf das weite Blau des Mittelmeers. Der Ausblick ist in jeder Beziehung atemberaubend. Ein solches Domizil bietet zudem immer Platz für gute Freunde.

Es ist ein warmer sonniger Tag, als sich im Sommer 1989 auf der Terrasse der Villa Campanelle sieben schon etwas ältere Männer versammeln. Alle sind braungebrannt. Einige von ihnen tragen konservative graue Anzüge. Der Gastgeber dagegen ist ganz leger gekleidet, mit einem Polohemd. Hier findet eine Art Gipfeltreffen von Männern statt, die noch viel vor sich haben – und gemeinsame Pläne schmieden.

Unter den Gästen ist André Cools, der Vorsitzende der belgischen Sozialistischen Partei (SP), ebenso der Industrielle Baron Empain; ein Mitglied der Olivetti-Familie ist dabei, auch Textilbaron Pierre Salik, schließlich der Bürgermeister von Antibes Pierre Merli und ein eher unscheinbarer Mann: Leon Michel.

Die Teilnehmer dieser kleinen informellen Runde sind allesamt angesehene Persönlichkeiten aus Wirtschaft und Politik, Mitglieder der ehrenwerten Gesellschaft aus ganz Europa. Sie verstehen es glänzend, Macht und Einfluß auch für dubiose Zwecke einzusetzen.

André Cools etwa. Ohne den hemdsärmeligen Politiker, den »Paten von Lüttich«, läuft in Belgien gar nichts. Wer

sich großzügig erweist, erhält den lukrativsten Auftrag. Innerhalb der Sozialistischen Partei hat André Cools überall
seine Finger im Spiel – bis zu seiner späteren Ermordung am
18. Juli 1991.

Oder Leon Michel, ein belgischer Millionär, der später mit
der Agusta-Korruptionsaffäre in Verbindung gebracht wird, als
auffliegt, daß die italienische Rüstungsfirma Agusta ihre
gleichnamigen Hubschrauber in Belgien nur deshalb verkaufen konnte, weil sie Bestechungsgelder in Millionenhöhe an die
Sozialistische Partei gezahlt hat. Vier Minister und sieben belgische Spitzenpolitiker müssen schließlich zurücktreten, darunter auch der ehemalige Nato-Generalsekretär Willy Claes.

Baron Edouard-Jean Empain, Ex-Chef der mächtigen französischen Empain-Schneider-Gruppe in den siebziger Jahren:
Er hat enge Kontakte zur ukrainischen Ölmafia. Der Adlige
hält einen 98prozentigen Anteil an einer Firma in Monaco,
die auf den Im- und Export von Öl spezialisiert ist. »Geführt
wird dieses Unternehmen in Monaco von Jean-Paul C., einem ehemaligen Mitglied der französischen OAS-Todes-
schwadrone mit engen Beziehungen zu dem französischen
Rechtsextremisten Jean-Marie Le Pen. Das Unternehmen fiel
den französischen Sicherheitsbehörden unangenehm auf,
weil es in verschiedene Waffengeschäfte mit Bagdad während des Golfkrieges verwickelt war«.[1] Eine andere Verbindung ist noch brisanter. Das Unternehmen unterhält nämlich
enge Geschäftsbeziehungen zur einer Firma, die von zwei in
Monaco lebenden Russen kontrolliert wird. Ein Teilhaber
dieser Firma ist Leonid M. Von der italienischen Polizei wird
er als Boß der ukrainischen Ölmafia bezeichnet. Leonid M.
wird später, im Zusammenhang mit dem Netzwerk der Ölmafia, eine Schlüsselfigur werden.

Pierre Merli, der Bürgermeister von Antibes, ist Vertrauter
des gerade regierenden französischen Staatspräsidenten Fran-
çois Mitterrand. Im Sommer 1989 ist er noch uneingeschränk-
ter König in Antibes. Erst sechs Jahre später muß er sich den
unbequemen Fragen eines Untersuchungsrichters stellen, weil

er in eine Betrugsaffäre mit Baugenehmigungen verwickelt ist. Hinzu kommen Vorwürfe wegen Bestechung und Mißbrauchs öffentlicher Gelder. Die wurden vom Gemeindeetat abgezweigt, um den Bau einer pharaonischen 3000 Quadratmeter großen Villa in Antibes nicht zu kostspielig werden zu lassen. Bestechungsgelder seien, so die Polizeiermittler, in Hülle und Fülle geflossen.

Schließlich der Gastgeber selbst. Er ist klein, stämmig, trägt kurzes Haar. Seine Freunde nennen ihn Don Felix. Er ist nicht nur Unternehmer und Multimillionär zu diesem Zeitpunkt, sondern gleichzeitig auch Botschafter Costa Ricas bei der Internationalen Atomenergiebehörde in Wien. Und ein guter Freund von André Cools. »Seine Brüsseler Telefonnummer befand sich im Notizbuch des von Unbekannten erschossenen belgischen Staatsministers Cools. In seiner Vernehmung dazu gab Felix an, mit Cools seit 15 Jahren befreundet gewesen zu sein«, weiß das Bundeskriminalamt (BKA) in Wiesbaden. Nato-Generalsekretär Willy Claes wiederum war so gut mit Don Felix befreundet, daß er ihm sogar den höchsten belgischen Orden »Großoffizier des Ordens von Leopold II« persönlich umhängen wollte.

Für jene, die er für sich einnehmen will, ist Don Felix ein äußerst zuvorkommender, ja gutmütiger Mensch. Wohlmeinend hört er zu, wenn Politiker und Wirtschaftskapitäne Unterstützung für ihre Pläne benötigen. Er spricht Empfehlungen aus, stellt Verbindungen her. Sie alle genießen seine Gastfreundlichkeit, seien sie Staatspräsidenten, Top-Politiker wie der Ex-NATO-Generalsekretär Willy Claes, Prominente wie Prinz Alexander, Sohn des Königs Leopold III., oder Wirtschaftsbosse wie der ehemalige Vorstandsvorsitzende der Lufthansa, Herbert Culmann.

Don Felix besitzt nicht nur an der Côte d'Azur ein Anwesen, sondern auch im belgischen Nobelort Tervuren, ebenso in Miami oder in Costa Ricas Hauptstadt San José. Überall steht Personal bereit, für den Fall, daß er oder einer seiner Söhne plötzlich auftauchen. Dabei bilden vor allem seine europäischen Residenzen den idealen Rahmen für imposante Audienzen, geheimnisumwitterte Kolloquien und Dinners, bei denen die Planung und Ausführung geschäftlicher und politischer Operationen diskutiert werden. Besonders oft wird Don Felix in Belgien gesehen.

Belgien ist eine hochentwickelte Bananenrepublik, in der seit Jahrzehnten mafiose Beziehungsgeflechte zwischen Politikern und Kriminellen existieren. Immer wieder sind Polizei- oder Justizbeamte verwickelt. Immer wieder geraten einflußreiche Politiker in den Verdacht, die Fäden zu ziehen. Fast nie werden Täter oder Hintermänner gefaßt.

Tervuren, östlich von Brüssel, ist die mit Abstand begehrteste Adresse im weitem Umkreis der Hauptstadt. Hier leben die meisten Millionäre Belgiens. Auf gepflegten Rasenflächen, beschattet durch alte Fichten und kanadische Tannen, stehen ihre prächtigen Villen, teilweise aus der Jahrhundertwende. Domestiken, scharfe Wachhunde und Videokameras sorgen für ihre Sicherheit.

Wenn Don Felix in seinem Rolls-Royce nach Hause kommt, fährt er an alten Balsampappeln, Sitkafichten aus Alaska und kalifornischen Mammutbäumen vorbei. An den beeindruckenden Anblick hat er sich längst gewöhnt. Durch getönte Scheiben blickt er, kurz bevor er sein Anwesen erreicht, auf das »Königliche Museum für Zentral-Afrika« – im Jahre 1885 war der Kongo, das Land in der Mitte Afrikas, Privatbesitz des belgischen Königs Leopold I. geworden.

In diesem geschichtsträchtigen und idyllischen Städtchen Tervuren befindet sich Felix' wichtigste Residenz, seine »Kommandozentrale«, wie sein ehemaliger persönlicher Sekretär das Anwesen beschreibt. Ein heruntergekommenes Schloß wurde kurzerhand abgerissen. Dafür entstand eine imposante Villa, umgeben von einer parkähnlichen Anlage, fernab vom Straßenverkehr. Das Anwesen in der Karl van Lorainen Laan ist ein im kolonialen Stil gebauter, T-förmiger Gebäudekomplex, mit einer überdimensionalen Garage im

Untergeschoß. Sie bietet Platz für mindestens drei große Limousinen, für seinen Rolls-Royce, aber auch für den Ferrari Testarossa seines Sohnes D., der inzwischen als erfolgreicher Anwalt und Unternehmer tätig ist. Manchmal fährt dieser auch mit einem Mercedes 300 oder seinem Jaguar nach Tervuren, zu Geschäften oder um seinen Vater zu sehen. Seine italienische Frau ist Besitzerin einer Firma im Tessin, in Locarno, dort, wo die italienische Mafia so gerne ihr Geld wäscht, behauptet die Genfer Kantonspolizei.

Der große Garten wird von einem Gärtner gepflegt, der die mannshohen Hecken kunstfertig gestutzt hält. Ein großer Swimmingpool und ein Tennisplatz gehören ebenfalls zum Anwesen. In das Haus gelangt man nur, wenn der Hausherr oder seine Hausdiener eine elektronische Sicherung auslösen, durch die sich die schweren Eisentore öffnen. Wer dann die Ehre hat einzutreten, ist von dem barocken Prunk überwältigt. Im rechten Seitenflügel führt eine breite Glastür in das Büro von Don Felix: sein Allerheiligstes. Wenn er hier seine Geschäfte abschließt, stehen die Telefone nicht still. Seine eigentlich sanfte Stimme kann abrupt in einen aggressiven Tonfall umschlagen. Zettel werden mit Zahlen vollgeschrieben, Gewinnmargen, Prozenten, Provisionen. Geradezu genial sortiert er in seinem Kopf alle Zahlen, saugt die Informationen auf. Wie aus einem riesengroßen Speicher holt er längst Vergessenes urplötzlich wieder hervor.

Im linken Seitenflügel des Anwesens befindet sich das Speisezimmer. Überall, durch Glas geschützt, stehen wertvolle kleine Antiquitäten herum. Don Felix ist leidenschaftlicher Sammler von Uhren, mindestens hundert Jahre alt müssen sie sein. Sorgfältig bewahrt er sie in kleinen Kästchen auf. Kupferne Sixtanten aus dem 19. Jahrhundert sind auf Barockschränken aufgestellt, Mikroskope, Fotoapparate – alles ausgewählte antike Stücke, ein Vermögen wert. Im ersten Stock ist das Badezimmer, und dort befinden sich auch die Suiten für Exzellenzen und Präsidenten, die hier zu übernachten wünschen. In fast allen Räumen stehen große Tresore. In ihnen sind die im Laufe der Jahre angehäuften Schätze, antike Schmuckstücke, Gold, Diamanten, Brillanten, Saphire normalerweise sicher aufbewahrt.

Die Creme der besseren Gesellschaft Europas gab sich in dieser Villa bereits ein Stelldichein. Wer, wie Don Felix, gute Beziehungen zum belgischen Königshaus pflegt, der besitzt magnetische Anziehungskraft. So nimmt man gerne eine Einladung zu einem Gespräch oder Essen in seine Villa an.

Es muß ja einen Grund gehabt haben, daß im Mai 1992 die Präsidenten von Honduras, Panama und Costa Rica nach ihrer Landung auf dem Flughafen Zaventem nicht zum Chateau du Stuyvenberg (normalerweise die standesmäßige Unterkunft für ausländische Staatsoberhäupter in Belgien), sondern direkt zu Don Felix nach Tervuren gefahren wurden.

Aus all seinen Freundschaften und Kontakten wurden im Laufe der Jahre zwangsläufig feste Beziehungsgeflechte, ein internationales Netzwerk. Solch ein Netzwerk wird durch Gespräche, Diskussionen, Telefonate, persönliche Begegnungen geknüpft. Dieses informelle Geflecht bildet den Kern. Gegenseitig hält man sich die Treue, immunisiert sich gegen unerquickliche Angriffe von außen. Gegner haben keine Chance, wenn diese Netze – wie in Belgien, Österreich oder dem fernen Mittelamerika – über gute Kontakte zu Justiz und Polizei verfügen.

Diese undurchsichtigen, demokratisch nicht kontrollierbaren Beziehungsgeflechte der politischen und wirtschaftlichen Elite, politische Seilschaften ohne Legitimation durch gewählte Volksvertreter, führen häufig zur sogenannten Netzwerkkriminalität, weil sich auch kriminelle Drahtzieher dieser Beziehungen bedienen. In einer Polizeistudie heißt es dazu: »Zur Zielrealisierung, wie der Profitmaximierung, verbündet man sich mit den unterschiedlichsten Gruppen. Sie kommen aus Politik und Wirtschaft, aus Militär- und Nachrichtendienstkreisen, selbst aus terroristischem Umfeld. Hohe und höchste Professionalität wird zum verbindenden Faktor, der Landesgrenzen, Religionen und Hautfarben überwindet.«[2]

Das Beziehungsgeflecht von Don Felix ist ein exemplarisches Beispiel dafür, wie diese Netzwerke funktionieren, in denen Diplomaten, hohe Politiker und weltweit agierende Wirtschaftsbosse zu finden sind.

»Er ist eine Art Makler, öffnet Türen, beteiligt sich, benutzt und wird benutzt.« Mit diesen Worten wird Don Felix von Europol, der zentralen europäischen Polizeidienststelle in Den Haag, beschrieben. Und deren Direktor fügt noch hinzu: »Ich wundere mich, daß ihm noch nie etwas passiert ist.« Das ist jedoch kaum verwunderlich, denn die internationalen Polizeibehörden arbeiten nicht zusammen, ein Informationsaustausch findet nur in seltenen Fällen statt. Holländische, französische, belgische, österreichische und deutsche Dienststellen ermitteln, ohne daß die Ergebnisse untereinander bekannt werden. So wurstelt jeder vor sich hin, und die internationale Dimension der Netzwerke wird nicht richtig erkannt.

Die Graue Eminenz

> *»Das Gefühl der Absurdität kann einen beliebigen Menschen an einer beliebigen Straßenecke anspringen. Es ist in seiner trostlosen Nacktheit, in seinem glanzlosen Licht nicht zu fassen. Doch ist gerade diese Schwierigkeit des Nachdenkens wert. Wahrscheinlich bleibt uns ein Mensch immer unbekannt; wahrscheinlich gibt es in ihm immer etwas Unauflösbares, das uns entschlüpft.«*
> Albert Camus. Der Mythos von Sisyphos

Es gibt Menschen, die der Phantasiewelt eines James-Bond-Films zu entstammen scheinen. Monströse Schurken, die sich skrupellos ein weltweites Imperium aufbauen – Männer, die von der Obsession getrieben werden, Macht und Reichtümer anzuhäufen. Im Film haben die Räubergeschichten ein Happy-end: Der Finsterling wird von tapferen Geheimagenten ausgeschaltet. Die Realität sieht ganz anders aus.

Doch was ist Realität – was ist Phantasie? Don Felix ist keine Märchenfigur, sondern ein Finanzgigant, der weiß, wer und was alles käuflich ist, wie Intrigen gesponnen werden, wie man Könige und Politiker zu Freunden macht und wie man geschickt Gesetze umgehen kann. Er hat es nicht mehr nötig, Koffer voller Goldbarren eigenhändig in Schweizer Banktresoren zu deponieren. Den Revolver Smith & Wesson, Kaliber 38 special/357 Magnum, könnte er aber zu seinem Schutz noch gebrauchen. Ein netter Mann auf den ersten Blick, bei dem man nur erahnen kann, welche Willenskraft und Skrupellosigkeit ihn angetrieben haben müssen. Eine Graue Eminenz, dessen Vermögen von der belgischen Gendarmerie auf drei

Milliarden Dollar geschätzt wurde. So herrschte Don Felix Ende der siebziger Jahre in Deutschland über eine namhafte Reisebürokette und war an einer Düsseldorfer Bank beteiligt. Hatte Don Felix, wie sein Name verheißt, auf seinem Weg zu Geld und Macht einfach nur Glück?

Zur Lebensgeschichte eines Menschen gehören seine lichten wie seine dunklen Seiten, Erfolge und Niederlagen und das, was seine Freunde und Gegner über ihn denken. Sich Don Felix und seinem Umfeld zu nähern gleicht dem Versuch, ein fremdes Gestirn zu erkunden, das dem Normalbürger – man ist versucht zu sagen, glücklicherweise – unerreichbar und fremd bleiben wird.

Sich mit Don Felix zu beschäftigen – das bietet faszinierende intime Einblicke in dunkle Machenschaften und ein obskures Beziehungsgeflecht. Es geht um Korruption auf höchster Ebene, um geschäftshungrige Diplomaten und Politiker, die, wissentlich oder nicht, Teil der Sternenwelt von Don Felix sind. Er ist eine schillernde Figur in der glitzernden Welt von Diplomatie und Politik, wo sich überraschend häufig die Frontlinien zwischen Recht und Unrecht verwischen und moralische Kategorien durch Geld ersetzt werden. In dieser Welt geht es auch um internationalen Drogen- und Waffenhandel, Betrug, Geldwäsche, Kriminalität in all ihren Facetten. Belgische Polizeibehörden sprechen in diesem Fall von einer internationalen Organisation, der »Organisation Diplomat«. Diesen Namen haben sie gewählt, weil in diesem Zusammenschluß außerordentlich viele Diplomaten eine aktive Rolle spielen. Das wird sich später im Zusammenhang mit der Russenmafia, der inzwischen führenden kriminellen Supermacht, besonders deutlich zeigen.

Am 12. Dezember 1930 erblickt Felix das Licht der Welt, in der kleinen polnischen Stadt Zgierz, etwas nördlich von Lodz. Felix hat zehn Geschwister. Die jüdische Familie ist arm. Zudem wird Felix in eine Gesellschaft geboren, die den Ersten Weltkrieg kaum verkraftet hat und unaufhaltsam in den Abgrund eines neuen Krieges taumelt. So ist Felix keine neun Jahre alt, als am 1. September 1939 Polen von den deutschen Truppen überfallen wird.

Wenig später beginnt die Judenverfolgung. Felix ist noch ein Kind, als er in das von den Nazis errichtete Ghetto Lodz verschleppt wird. Was mit seinen Geschwistern und Eltern zu diesem Zeitpunkt geschieht, ist nicht bekannt. Die nächste Station »seiner verlorenen Kindheit«, wie er sein damaliges Leben selbst beschreibt, ist das Vernichtungslager Auschwitz-Birkenau: die industriell betriebene Vernichtung der Juden durch das Hitlerregime. Felix überlebt Auschwitz und den Zweiten Weltkrieg, heimat- und mittellos.

Die deutschen Behörden gewährten Felix 1956 aufgrund seines Aufenthalts in deutschen Konzentrationslagern und der dabei erlittenen Gesundheitsschäden eine Entschädigung. In dem entsprechenden Dokument steht: »Der Antragsteller kam im Februar 1940 in das Ghetto Lodz. Im September 1944 wurde er ins Konzentrationslager Birkenau überstellt, Ende Oktober ins Arbeitslager bei Braunschweig. Einige Monate später wurde er nach Ravensbrück transportiert und am Ende in das Konzentrationslager Ludwigslust. Dort wurde er am 5. 5. 1945 von amerikanischen Truppen befreit.« Und an anderer Stelle: »Sein Aufenthalt im Ghetto von Lodz und im Konzentrationslager Birkenau, Braunschweig, Ravensbrück wird aufgrund offizieller Erklärungen, sowie seiner Mithäftlinge Najman und Szampaner und durch ihn selbst bestätigt.« Aufgrund dieser Angaben wird ihm eine geringe Wiedergutmachungszahlung gewährt. Er erhält eine monatliche Rente von 206 Mark und eine Einmalzahlung von 10 962 Mark.

Fünfzig Jahre später. Don Felix soll inzwischen einer der »führenden Drahtzieher der internationalen Kriminalität« geworden und in den nebligen Sphären von Spionage und Nachrichtendiensten kein Unbekannter mehr sein. Das alles wird in einem internen zwanzigseitigen Report über Don Felix von der belgischen Gendarmerie aus Lüttich vom November 1994, der bislang nicht zurückgezogen worden ist, kühn behauptet:

»Er könnte eine Graue Eminenz sein, die de facto den größten Teil der großen multinationalen Unternehmen dazu benutzt, mittels ihrer Strukturen Geld zu waschen. Die von Don Felix gegründete Organisation führte weltweit verschiedene Geschäfte wie Diamantenschmuggel, Waffen- und Drogenhandel, Handel mit nuklearem Material, Geldwäsche, Korruption durch. Zu diesem Zweck hat er sich in den letzten vierzig Jahren eine wirtschaftlich-politisch-finanzielle Struktur geschaffen, der er als absoluter Herrscher vorsteht. Er ist von außerordentlich bösartiger Intelligenz, die keine Gefühle und moralischen Werte kennt. Diese Strukturen könnten, wenn sie wollten, Druck auf die wichtigsten Städte dieser Welt ausüben, indem sie fast alles kontrollieren, wie Energie, Kommunikation, Wasserversorgung, Umwelt.«

Spinnt sich da eine polizeiliche Ermittlungsbehörde, in diesem Fall die belgische Gendarmerie, irgend etwas zusammen? Einiges spricht dafür. Juristisch Verwertbares jedenfalls wird in dem als geheim qualifizierten Report nicht geliefert. Die Frage drängt sich trotzdem auf, warum gegen ihn bisher nichts unternommen wurde.

Felix war von 1976 bis 1996 ein hochrangiger Diplomat, Botschafter bei einer der einflußreichsten Organisationen der UNO in Wien und Ministerialrat für Costa Rica in Brüssel. Er hat gelernt, wie man sich einflußreiche Freunde aus Politik und Wirtschaft zu Diensten macht. In dem Netzwerk seiner Beziehungen tummeln sich Militärs und Kardinäle, Finanzjongleure und Waffenhändler. Männer wie Bela Rabelbauer aus Österreich, auch ein Ex-Botschafter Costa Ricas in Brüssel und Rom, der intime Beziehungen zum Papst pflegte und dem der Sekretär von Paul VI. die besten Wünsche des Chefs übermittelte: »Mein lieber Bela, herzliche Grüße vom Heiligen Vater. Der Kaviar war wieder exzellent.«

Wien war schon immer ein ideales Biotop für Gerüchte. Wie ein Gespinst überziehen Mauscheleien und politische Vetternwirtschaft die Stadt an der Donau. So kam Don Felix ins Visier

der österreichischen Ermittlungsbehörden und Nachrichtendienste. Besonders ein Mann in Wien weiß über ihn etwas zu
sagen: Michael Sika, der Generaldirektor für öffentliche Sicherheit. Sika ist Österreichs oberster Polizeibeamter, kein un-
tergeordneter Beamter mit paranoider Phantasie. Er weiß aus
leidvoller Erfahrung, daß er seine Worte auf die Goldwaage
legen muß. Ein Wort zuviel, ein falscher Satz, und er kann
sicher sein, Ärger zu bekommen. Don Felix kennt er jedenfalls:»Es ist nach meinen Erkenntnissen nicht auszuschließen,
daß er zu den weltweit größten Drahtziehern der Organisierten
Kriminalität gehörte oder sogar noch gehört.« Ein böser Vorwurf, genau wie der des Bundeskriminalamtes in Wiesbaden.
Dort ist er in der sogenannten»Arbeitsdatei Organisierte Kriminalität«, kurz APOK, gespeichert und wird bis zum heutigen
Tag als»Verdächtiger« genannt:»Der Verbindungsbeamte in
Moskau teilte uns mit, daß ihm bekannt geworden ist, daß ein
Felix als einer der Großen in der Exilrussenmafia in Europa
gelten soll. Er soll den Posten eines beratenden Ministers bei
der Botschaft von Costa Rica innehaben. Außerdem soll er
Kontakte zu einem Faruk K. haben, Mitarbeiter der First National US, die im Nukleargeschäft tätig gewesen sein soll«,
behauptet das BKA.

Don Felix sieht sich hingegen als»Opfer übler Verleumdungen«, wie er es selbst ausdrückt, Opfer gar des Antisemitismus, der noch überall in der Welt virulent sei. Alle Beschuldigungen gegen ihn seien Hetze und üble Nachrede:
»Diese Erfindungen haben in meinem Fall einen klaren anti-
semitischen Hintergrund. Und sie drücken alten Rachedurst
und Neid aus. Mein ganzes Leben lang war ich Opfer dieser
Waffen.« Ist Don Felix tatsächlich ein erfolgreicher Unternehmer, dem aufgrund seines Reichtums von seinen Feinden
übel mitgespielt wird? Und warum klagt er seine Kritiker des
Antisemitismus an?

Ich spüre es: Die Wahrheit über ihn herauszufinden wird ein
Puzzlespiel sein, das zu lösen eigentlich diejenigen Behörden
erledigen müßten, die ihn verdächtigen, ein Drahtzieher des

20

Organisierten Verbrechens zu sein. Sind sie unfähig, unwillig und oder trauen sie sich nicht, weil er vielleicht mächtige politische Gönner hat? Seltsam ist, daß europaweit Informationen vorliegen, es bislang jedoch kein einziges Strafverfahren gegeben hat. Hilfreich war dabei sicher, daß er in diplomatischen Diensten von Costa Rica Immunität genoß.

Ein Teil der Vergangenheit von Don Felix verschwindet im Nebel. Seine vielen Freunde schwärmen noch heute, wenn sie auf Felix angesprochen werden. Der angesehene Politiker und Friedensnobelpreisträger aus Costa Rica, Oscar Arias Sanchez, etwa kennt ihn als »sehr angenehme Person, einen großen Gastgeber. Ich habe ihn in meiner Wahlkampagne kennengelernt. Er selbst gibt zu, daß er beiden Parteien von Costa Rica hilft, da er unparteiisch ist. Er reagiert auf jede Kritik und jeden Zweifel an seiner Person sehr sensibel.«

Tatsache ist, daß Don Felix dem kleinen Staat Costa Rica, zwischen Panama und Nicaragua gelegen, in verschiedenen Funktionen gedient hat, nachdem er, als gebürtiger Pole, im Juni 1963 die belgische und im Januar 1985 die costaricanische Staatsbürgerschaft angenommen hatte. Oscar Arias Sanchez soll er, als dieser für das Amt des Präsidenten kandidierte, Reisekosten bezahlt haben. Das gibt Sanchez gegenüber Journalisten in Costa Rica offen zu. Die Aufwendungen ließ er sich aber erst bezahlen, nachdem er über Felix bei seinen Parteifreunden Erkundigungen einholte. Mit der Untersuchung beauftragt wurde der Vizeaußenminister, der Don Felix freundschaftlich verbunden war. Don Felix bestreitet jedoch, irgendwelche Zuwendungen bezahlt zu haben.

Luis Fishmann, Ex-Sicherheitsminister aus Costa Rica, nennt Felix einen »aufopferungsvollen Mann, der schenkt, ohne daß die Leute es merken, und der ärztliche Behandlungen von Freunden im Ausland finanziert. An seinen Wochenenden nimmt er gewöhnlich an Wohltätigkeitsveranstaltungen teil. Wenn jemand schlecht von ihm denkt, sucht er diesen auf und liefert plausible Erklärungen.«

Besonders angetan von Don Felix ist Alfonso Guardia, Ex-

Botschafter von Costa Rica in Belgien und Österreich, der danach nach eigenen Angaben Direktor einer Firma von Don Felix in Costa Rica wurde. »Er ist eine superinformierte Person, ein Mann, der alles wissen will.« Und nebenbei erfährt man noch, daß Guardia Felix stets zu Diensten ist. »Ich kümmere mich um seine Wohnung hier und um ein Grundstück, daß er auf meine Empfehlung hin gekauft hat. Er macht keine großen Investitionen in Costa Rica, da er Angst hat, daß die Leute den Ursprung seines Reichtums anzweifeln.« Daß man wahrscheinlich über Filialen von Firmen in Luxemburg und Panama trotzdem größere Investitionen tätigen kann, erwähnt er nicht.

Übereinstimmend wird Don Felix von seinen Freunden als »Genie« dargestellt, nicht nur als »Produkt der Arbeit und seines Geschäftssinns«, wie es einer seiner Anwälte ausdrückt. Gepriesen werden seine Freizügigkeit und Hilfsbereitschaft. Der inzwischen verstorbene Vorstandsvorsitzende der Lufthansa, Herbert Culmann, würdigte ihn bereits 1980 als einen »begnadeten Unternehmer«, und Felix wurde einer seiner besten Freunde, der ihm jedoch, wie später zu zeigen sein wird, viele Probleme bereiten sollte und in Deutschland einen innenpolitischen Skandal auslöste.

Ein anderer Herzensbruder von Felix, Mauricio, ein Geschäftsmann und ebenfalls Ex-Diplomat aus Costa Rica, beschreibt ihn als »netten, angenehmen und normalen Unternehmer«. Auch über dessen dubiose Beziehungen zu Felix wird später einiges zu sagen sein. Und einer von Felix' Rechtsanwälten in Deutschland sieht in ihm »einen der genialsten Männer der Welt in bezug auf Finanzdinge« und vergleicht sein unternehmerisches Geschick mit seinem Lieblingsspiel: »Er hat genial Bridge gespielt, gegen alle Regeln der Kunst.«

An Don Felix erinnert sich auch Johann Nitschinger, einst Generalkonsul von Costa Rica in Österreich und heute Unternehmer in Wien. Er lernte Don Felix 1993 im Rahmen einer von diesem initiierten Geschäftsreise nach Costa Rica kennen: »Er hat für mich Termine mit dem Vizepräsidenten, Justizminister, Außenminister, Finanzminister und Verkehrsminister vereinbart.« Am Flughafen von San José wurde er, erinnert sich Nitschinger, vom Verkehrsminister Guillermo Constenla, dem Bruder des damaligen Geschäftsträgers von Costa Rica in Wien, abgeholt.

»Am nächsten Tag sind wir zu Felix gegangen. Ich war von zweierlei Dingen überrascht. Erstens von seinem Luxusappartement und zweitens, daß er sofort und direkt auf geldliche Angelegenheiten zu sprechen kam. Er eröffnete das Gespräch mit folgenden Worten:

›Daß Sie Generalhonorarkonsul von Österreich geworden sind, hat mich viel Geld gekostet, etwa 60 000 Dollar. Ich erwarte daher von Ihnen einen Rückfluß von 35 000 Dollar. Außerdem sind noch gewisse Ministerien mit Beträgen zu versorgen, 5000 Dollar pro Minister, damit Sie hier für die Zukunft eine gute Basis haben. Alle Zahlungen gehen über mich.‹«

Johann Nitschinger war sprachlos. Dann seine Antwort: »Ich habe niemanden beauftragt oder gebeten, in meinem Namen Gelder herzugeben. Ich bin auch nicht gewillt, die mir zuerkannte Position ausschließlich auf Spendenbasis aufrechtzuerhalten. Es werden daher keine Summen fließen. Im übrigen zahle ich sowieso alle Aufwendungen der Botschaft in Wien, einschließlich des Personals.« Auf diese brüske Erwiderung reagierte Felix Nitschinger zufolge mit den Worten: »Morgen sprechen wir weiter.«

Am nächsten Tag besuchten Nitschinger und Don Felix den Außenminister. Als dieser den Raum für kurze Zeit verließ, sagte Felix wieder: »Schnell, geben Sie mir 5000 Dollar. Ich mach das dann schon mit ihm.«

»Ich habe Ihnen gestern meinen Standpunkt klargemacht«, antwortete Johann Nitschinger. »Außerdem habe ich außer meiner Kreditkarte nur beschränkt Barmittel.« Darauf Felix: »Es kostet Geld. Wenn Sie bleiben wollen, müssen Sie den Ministern Geld zahlen, und zwar über mich.«

Im Rückblick sagt Johann Nitschinger zu diesen eher unappetitlichen, wenngleich durchaus gängigen Praktiken: »Felix hat anscheinend mit Geld alles erreicht. Und er hat auch angedeutet, daß er seinen politischen Einfluß, den er sicherlich in Costa Rica, teilweise in Frankreich und nach seinen Aussagen auch in den USA hat, damit aufrechterhält.« Soweit die Aussagen von Johann Nitschinger, die er, wie er sagt, auch vor Gericht wiederholen würde.

Felix mag vieles sein, ein Geizhals war er nie. Rodrigo Paris Steffens, ein hoher UN-Beamter und Ex-Direktor der ILLA-NUD, des Instituts der Vereinten Nationen zur Kriminalitätsprävention in San José, weiß folgende Geschichte zu erzählen: »Er ist hier sehr einflußreich, in beiden großen Parteien, hat bei den Wahlen viel Geld gespendet. Ich weiß, daß er für die Wahlen 1990 ungefähr 120 000 US-Dollar am Anfang für beide Parteien gespendet hat. Und als die Dinge klarer wurden, da wurden nochmals 200 000 US-Dollar für die Partei, die die Wahlen gewonnen hat, gespendet. Beide großen Parteien waren zufrieden.«

Daß Don Felix Parteien und Politiker in Costa Rica großzügig unterstützt haben soll, wird übrigens von seinen Anwälten heftig bestritten. Er selbst sagt: »Da ich eine Kindheit in Armut und Leid erlebt hatte, war meine Reaktion auf dieses Leben die aufopferungsvolle Großzügigkeit. Es schmerzt mich, hier sagen zu müssen, daß meine größten Gegner Personen sind, denen ich sehr geholfen habe, darunter sogar solche, die darauf bestanden, daß ich ihnen helfe. Ich glaube, daß viele meiner Gegner erpreßt worden sind.«

Unter Umständen gehört ein ehemaliger Regierungschef von Costa Rica zu seinen Gegnern, zu jenen Abtrünnigen, die mit der »Großzügigkeit« von Don Felix wenig anzufangen wußten. Rodrigo Carazo Odio, von 1978 bis 1982 Präsident des kleinen mittelamerikanischen Staates, ist ein unbestechlicher Politiker, eine Ausnahmeerscheinung der Politikerkaste. Don Felix wollte ihm einen Gefallen tun, erzählt Ex-Botschafter Alfonso Guardia: »Es war Mauricio, der Felix empfahl, der ersten Dame des Landes, Donja Estrella de Carazo, einen Juwel zu schenken. Er hat es wirklich getan und Donja Estrella fühlte sich sehr beleidigt.« Bestätigt wird diese Episode von Donja Estrellas Ehemann, Ex-Regierungschef Carazo selbst: »Er versuchte, meiner Frau ein Geschenk zu machen. Es war klein, aber wertvoll. Wir nahmen es nicht an. Als Regierungschef lehnte ich eine Zusammenarbeit mit ihm ab und ordnete an, daß er seinen Posten niederlegt.« Carazos Nachfolger Luis Alberto Monge dachte und handelte anders. Er setzte Don Felix sofort wieder in Amt und Würden ein.

Eine so ehrenwerte Persönlichkeit wie Don Felix scheint keinen Platz für düstere, für undurchschaubare Nischen seiner prallen Lebensgeschichte zu bieten. Sollte etwas Negatives über ihn behauptet werden, geht Don Felix mit allen juristischen Mitteln dagegen vor. Fast immer erfolgreich.

Ein Beispiel für das Vorgehen von Don Felix gegen Kritiker sind die Erfahrungen des jungen Studenten Alfonso Cortes. Der schrieb an der Universität San Judas Tadeo in San José eine Diplomarbeit mit dem Titel: »Der Wert eines Diplomatenpasses: Felix kauft Costa Rica«. Es war eine kritische Abhandlung über Don Felix, in der viele unangenehme Fragen gestellt wurden, beispielsweise, wie Don Felix überhaupt zu seinem diplomatischen Amt gekommen sei und welche Verbindungen er zu dubiosen Personen in Europa habe. Während der Recherchen des Studenten rief das Präsidentenamt beim Dekanat an. Man sähe es nicht gerne, daß eine solche Arbeit geschrieben werde. Als die Arbeit abgeschlossen und bekannt wurde, daß der Student sie an verschiedene Diplomaten und Politiker zur Information geschickt hatte, reagiert Don Felix prompt. Er beschuldigte den Studenten der »Desinformation« – doch es kam zu keinem gerichtlichen Verleumdungsverfahren gegen den Studenten, der seine Arbeit gezielt an Repräsentanten der politischen Parteien in Costa Rica geschickt hatte.

Juristische Schritte hat Don Felix gegen die führende Zeitung Costa Ricas *La Nacion* unternommen, nachdem sie kritische Berichte über ihn veröffentlichte. Der Vorwurf lautete, er sei in ein kriminelles Netzwerk eingebunden. In den Artikeln wurde unter anderem behauptet, daß Don Felix ein suspekter Diplomat sei und damit den Ruf von Costa Rica schädige und daß er außerdem Verbindungen zum Waffenhandel haben soll. Diese Anschuldigung war schon zuvor in Belgien erhoben worden. Während einer der Verhandlungstage geriet Felix derart in Rage, daß er den Richtern gar Antisemitismus vorwarf. Der beklagte Journalist erhielt mehrere Drohanrufe und Warnungen: »Seien Sie vorsichtig. Passen Sie auf. Diese Leute haben in Europa schwere Verbrechen begangen. Hier haben Sie keinen Schutz.« Selbst ein Richter warnte ihn »vor einer geplanten Entführung«, berichtet der Journalist.

Die Klage von Felix wurde vom Gericht in San José im Mai 1998 abgewiesen. »Der Journalist hat sorgfältig recherchiert«, heißt es im Urteil. Bemerkenswert auch der Satz, daß »die Freiheit der Information ein konstitutioneller Teil der Demokratie sei«. Nun muß man ein derartiges Urteil durchaus skeptisch beurteilen, selbst wenn es in diesem Fall für den beklagten Journalisten und die Zeitung positiv ausgegangen ist. Die Justiz in Costa Rica, ob Richter, Staatsanwälte oder Anwälte, das ist kein Geheimnis, ist in jeder Beziehung käuflich. Denn, so der Vertreter der Friedrich-Naumann-Stiftung in San José: »Hier gibt es die Diktatur der Oligarchie.« Und die beklagte Zeitung ist im Besitz einer mächtigen Familie, mit enormem politischem Einfluß in Costa Rica.

Ebenfalls juristisch vorgegangen ist Don Felix gegen den belgischen Journalisten Walter de Bock, der 1995 mehrere Artikel in der Zeitung *De Morgen* über Don Felix verfaßt hat. Unter der Überschrift »Vom Gangster zum Diplomaten« hatte de Bock unter anderem behauptet, daß Don Felix enge Kontakte zu Geheimdiensten unterhalte und in einen Skandal mit der Lufthansa verwickelt gewesen sei.

»Die Methode ist bekannt. Der KGB hat sie effektiv gegen die Antikommunisten eingesetzt. Es beginnt mit nebensächlichen und falschen Nachrichten in dieser Zeitung. Teile könnten auch wahr sein. Letztendlich scheint dann alles wahr zu sein, und es hilft keine Erklärung«. Mit diesen Sätzen begründete Don Felix unter anderem, warum er gegen de Bock und die Zeitung in Belgien klagte. Mit Erfolg. Der Journalist und die Zeitung wurden von einem Brüsseler Gericht zu einer hohen Geldstrafe verurteilt, und zwei große belgische Tageszeitungen mußten den Urteilstext veröffentlichen. Dort steht unter anderem, daß der Journalist seine Quellen nicht überprüft habe. Er und die Zeitung sind in die Revision gegangen. Nun begann Walter de Bock, sich noch intensiver mit der Geschichte von Don Felix zu beschäftigen. Und in der Folgezeit habe ich mit de Bock bei den Recherchen über Don Felix zusammengearbeitet.

Überall, ob in Belgien, Österreich, Frankreich oder der Schweiz, einigen seiner Wirkungsstätten, legt Don Felix überzeugende Dokumente für seine Rechtschaffenheit vor. Nirgendwo ist ein Strafverfahren gegen ihn anhängig, auch nicht in Deutschland. Sein Führungszeugnis, ausgestellt am 20. Dezember 1995 vom Generalbundesanwalt in Karlsruhe, ist sauber, enthält keinen Eintrag. Er ist in den letzten Jahren den Justizbehörden demnach nicht aufgefallen. Und er legt sogar eine Bestätigung des Finanzamtes Köln vor. Demnach seien weder gegen Herrn Felix persönlich noch gegen seine Ehefrau oder Kinder »steuerstrafrechtliche Ermittlungsverfahren oder entsprechende Bußgeldverfahren anhängig.« Das dürfte in dieser Formulierung richtig sein, ist jedoch nur ein Teil der Wahrheit.

Wer wie Don Felix scheinbar unantastbar ist, und eine fast fünfzigjährige erfolgreiche Karriere hinter sich hat, macht zwangsläufig neugierig. Wenn ich dieses Buch schreibe, geht es mir nicht darum, jemanden zu verurteilen, der bislang keinen einzigen Tag im Gefängnis gesessen hat und eigentlich ein ganz normaler Bürger ist. Ich möchte vielmehr hinter die Fassade schauen, versuchen, die Geheimnisse zu lüften, die ihn umgeben. Wie kommt es, daß ein hoher Diplomat in Europa zu solch großem wirtschaftlichen und politischen Einfluß gelangte, ohne daß viel über ihn bekannt wurde? Warum weiß eigentlich niemand, wie er zu seinem Reichtum gekommen ist? Warum wird über ihn gemunkelt, wegen der geheimnisvollen Umstände, die seinen Aufstieg begleitet hatten? In diesem Buch geht es darum, die ungewöhnliche Karriere dieser mächtigen Grauen Eminenz zu verfolgen, aber auch seine weltweiten Verbindungen und die dubiosen Aktivitäten seiner Freunde, die Einblick geben in die dunklen Machenschaften höchster Regierungs- und Wirtschaftskreise – das Netzwerk der Diplomaten, Gangster und Politiker. Und das gelingt nur, wenn ich versuche, mir ein eigenes Urteil zu verschaffen.

San José

Schwierig ist es, Don Felix überhaupt ausfindig zu machen. Kaum jemand weiß genau, wo er sich gerade aufhält: in der prächtigen Villa Campanelle in Cap d'Antibes, in seinem nicht weniger luxuriösen Appartement in Bal Harbour bei Miami, in Costa Rica, Genf oder sonst irgendwo.

»Nach Costa Rica müssen Sie fahren, um Felix zu sprechen«, hatte mir der Botschafter Costa Ricas in Bonn gesagt. Und tatsächlich: In Costa Rica, das oft als »die Schweiz Mittelamerikas« gepriesen wird (was sich im negativen Sinn später als richtig herausstellen wird), lag zumindest in der Vergangenheit einer seiner Lebensmittelpunkte.

Costa Rica ist daher das Ziel meiner Reise nach Mittelamerika. Aus der Luft betrachtet erscheint die Hauptstadt San José als ein breitgestreuter Fleckenteppich aus rostigen und silber glänzenden Wellblechdächern und Hüttenansammlungen. Was kann einen welterfahrenen Unternehmer wie Don Felix daran faszinieren? Der Frieden, die Unberührtheit der Natur, wie es in den farbigen Reiseprospekten behauptet wird? Wilde Urwälder, die längst alle zu Spanplatten verarbeitet wurden? Oder reizte ihn die Tatsache, daß Costa Rica das ist, was man eine Bananenrepublik nennt – dort wo man sich alles kaufen kann, wenn man nur genügend Kapital zur Verfügung hat.

Der Beamte der Einwanderungsbehörde am Flughafen nimmt meinen Paß in die Hand, tippt den Namen in den Computer. Er stutzt, schaut einen neben ihm stehenden Aufseher fragend an, weist auf den Paß. Der nickt nur kurz, und ich bin endlich angekommen – an einem der wichtigen Lebensmittelpunkte von Don Felix. Dreißig Minuten dauert die Fahrt mit dem Taxi ins Zentrum von San José. Neben riesigen grellen Werbeschildern von McDonald's und Coca-Cola ducken sich erbärmliche Hütten. Dann, wie eine Fata Morgana, taucht im Zentrum der Stadt das Hotel Holiday Inn auf, das größte Gebäude der Stadt. Am Empfangstresen stehen fünf ältere dickbäuchige US-Touristen: kurze Hosen, weiße Strümpfe und Polohemden, auf dem Kopf die obligatorischen Baseball-Kappen. Jeder von ihnen hat eine junge hübsche Frau an seiner Seite, die verlegen kichern, wenn ihre Gönner ihnen zärtlich den Rücken tätscheln. Sie sind zu kaufen, 100 Dollar für eine Nacht. 500 Dollar für eine Beach-Tour, die drei bis fünf Tage dauert. Prostitution ist eines der wenigen florierenden Geschäfte in einem Land, in dem der monatliche Mindestlohn nicht einmal 120 Mark beträgt.

Am nächsten Tag erfahre ich, daß Don Felix seit geraumer Zeit nicht mehr in Costa Rica gewesen ist. Ich höre, daß er sich Miami aufhalten soll. Im Hotelzimmer stoße ich in meinen Unterlagen auf einen Artikel, den er 1995 in der größten Tageszeitung von Costa Rica veröffentlicht hat. Dort schrieb er: »Keiner meiner Gegner, die mich grundlos diffamiert haben, hat den Mut oder die Ritterlichkeit gehabt, mit mir persönlich zu sprechen. Das alles ist eine Konspiration gegen mich. Ich werde verfolgt. Die Nazis haben andere Methoden angewandt, die brutaler und unmenschlicher waren. Aber diese Verfolgung gegen mich, obwohl sie in einem demokratischen Rahmen geschieht, schmerzt mich. Es geht um meine Ehre.«

26. Februar 1999. Ich versuche Felix in Miami telefonisch zu erreichen. Am Apparat meldet sich eine Frauenstimme. »Ja, Don Felix ist da. Wer sind Sie? Einen Moment.« Die Stimme von Don Felix klingt barsch, abweisend. Er möchte wissen, was ich eigentlich von ihm will. Ich erkläre, daß ich mit ihm über die schweren Vorwürfe sprechen möchte, die in der letz-

ten Zeit durch die Presse von Costa Rica und in Belgien geistern, und ob das, was da geschrieben wurde, alles nur Verleumdungen seien.

Don Felix blockt anfangs vehement, ja aggressiv ab. »Ich will nicht reden. Alles ist Lüge. Ich will meine Ruhe haben. Suchen Sie da, wo etwas zu finden ist. Das sind doch alles verfaulte Kartoffeln. Es genügt, was ich alles erleben mußte. Sie müssen wissen, die Zeiten haben sich verändert.«

Ich biete ihm an, meine Fragen schriftlich zu stellen, versuche ihn davon zu überzeugen, sich trotzdem mit mir zu treffen. Aber seine Reaktion bleibt abweisend. »Nein. Lassen Sie mich in Ruhe. Lassen Sie mich aus dem Spiel heraus.«

Doch dies ist kein Spiel um Sensationen. Hier geht es um den Versuch, die Geschichte einer Person zu verifizieren, die voller Geheimnisse steckt. Daher bestehe ich darauf, daß wir uns persönlich unterhalten und ich deshalb zu ihm nach Miami kommen werde. Abrupt ändert sich die brüske Ablehnung, als ich ihm am Ende des Gesprächs sage, daß ich mich bereits in Costa Rica aufhalte. Seine nun für mich hoffnungsvolle Reaktion: »Ich werde nächste Woche nach San José kommen, um mit Ihnen zu sprechen.« Endlich ein Durchbruch, denke ich. Denn sein Anwalt in Deutschland, den ich eingeschaltet hatte, damit ich mit Don Felix sprechen kann, hat bei ihm nachgefragt. Vergeblich. Auf meine Frage, ob es nicht wichtig sei, daß Don Felix zu den Vorwürfen gegen ihn Stellung nimmt, da man ja sonst alles mögliche über ihn erzählen könnte, antwortete er mir: »Das ist ihm Wurscht.«

In San José warte ich nun darauf, daß er sein Versprechen einhält. Inzwischen habe ich auch mit seinem Anwalt Francisco Castillo gesprochen, der ihn in einem Verfahren gegen die Zeitung *La Nacion* vertritt. Castillo ist einer der besten Strafverteidiger in Costa Rica. Als ich ihn aufsuche, ist er gerade von einem Gerichtsverfahren im Süden Costa Ricas zurückgekehrt. Er hat einen Mordverdächtigen vertreten. »Wie ist es ausgegangen?« frage ich ihn in seinem Arbeitszimmer. Es ist vollgestopft mit Büchern. Schreibtisch und Fußboden sind mit

Akten übersät. »Natürlich habe ich gewonnen. Er hat in Notwehr gehandelt.« Von 1974 bis 1978 studierte Castillo in Freiburg Jura, schrieb dort eine Doktorarbeit mit dem (etwas holprigen) Titel: »Prozessuale Behandlung der vorgesetzten Tat im Vergleich mit deutschem und costaricanischem Recht.« Für ihn sind die Vorwürfe gegen Felix, die in *La Nacion* erhoben wurden, aus der Luft gegriffen: »Ich kenne Felix seit drei Jahren, als Klient. Er ist ein angenehmer Mann. Welche Geschäfte er treibt, weiß ich nicht. Für mich war die Sache sehr einfach. Er wurde beleidigt, und die Leute hatten keine Beweise gegen ihn. Journalisten müssen untersuchen, und diese Untersuchung wurde nicht gemacht.« Als ich wissen will, ob Felix von den Journalisten zu den Beschuldigungen befragt wurde, antwortete er: »Nein. Er wurde nicht befragt.« Trotzdem hat er diesen Prozeß gegen den Journalisten und die Zeitung verloren, ist aber zuversichtlich, daß er beim Kassationshof Recht bekommen wird. (Tatsächlich wurde am 29. April 1999 das Urteil »aus formalen Gründen« durch den Corte Suprema de Justicia, den Kassationshof, aufgehoben. Nun wird das Verfahren erneut aufgerollt.)

Der betroffene Journalist, der nach Angaben des Anwalts von Don Felix in San José nicht versucht haben soll, mit ihm in Kontakt zu treten, bevor er seine Artikel veröffentlichte, sieht das ganz anders. »Viele Male habe ich versucht, mit Felix zu sprechen. Zuerst wollte ich ihn in unserer Botschaft in Wien finden. Dort ist er nie erschienen. Danach versuchte ich ihn über den dortigen Konsul zu erreichen. Er sagte, Felix sei nicht regelmäßig in Wien. Dann habe ich es in Antibes probiert, anschließend über das Außenministerium. Es war nicht möglich. Danach habe ich mich direkt an einen seiner Anwälte, Ricardo Castro, gewandt.«

Er zeigt mir den Brief an den Anwalt vom 30. November 1995. Darin waren verschiedene Fragen formuliert: »Gibt es Verbindungen zum Drogenhandel? Warum wird er in Telexen von Interpol erwähnt? Hatte Don Felix Kontakte zu Personen, die im Drogenhandel aktiv sind? Warum hat die französische

Regierung seine Akkreditierung bei der UNESCO in Paris abgelehnt?« Der Journalist ist sauer.

»Ich habe seinem Anwalt doch ein langes Fax mit insgesamt 49 Fragen für Felix geschickt, da ja kein Interview mit ihm möglich war. Castro, sein Anwalt, hat gesagt, er kann keine Antwort geben, und Felix wird sich nicht auf Fragen einlassen. Einer der Anklagepunkte gegen mich waren übrigens die Fragen, die ich an ihn schickte. In der Anklageschrift von Felix heißt es, daß die Fragen ein ›Verbrechen der Desinformation‹ seien. Das macht mich wütend.«

Tatsache ist, daß der Anwalt Ricardo Castro mit Schreiben vom 1. Dezember 1995 zwar auf das Fax des Journalisten antwortete, nicht jedoch auf die vielen kritischen Fragen. Insbesondere verweist der Anwalt darauf, daß sich die Fragen des Journalisten auf Berichte in der belgischen Presse stützen, gegen die man ja geklagt habe.

Nach diesen Erkenntnissen rufe ich Felix eine Woche später nochmals in Miami an. Ich erkläre ihm, daß ich auf ihn warte.

»Ich habe mit meinem Rechtsanwalt gesprochen. Passen Sie auf. Was soll ich mit Ihnen sprechen. Sie haben doch mit meinem Rechtsanwalt gesprochen.«

Ich erwidere, daß ich mit ihm persönlich sprechen wolle.

»Was wollen Sie mit mir besprechen? Sie arbeiten doch mit Walter de Bock zusammen.« Ich wundere mich darüber, wie er das erfahren konnte. Niemand, außer zwei Angehörigen der diplomatischen Mission in Europa, wußte von unserer Kooperation. Und diese Diplomaten hielt de Bock für vollkommen vertrauenswürdig. Dem war wohl nicht so. Anscheinend hat man sofort nach Costa Rica und an Don Felix gemeldet, daß ich mich dort über ihn informieren wolle, was auch das merkwürdige Verhalten bei der Paßkontrolle erklären würde.

»Passen Sie gut auf«, sagt Felix am Ende des Gesprächs. »Ich werde morgen in San José sein. Morgen bin ich beschäftigt. Ich kann Sie übermorgen sprechen, zusammen mit Herrn Castillo. Und ich werde sehen, was wir machen können. Meine Geschichte ist keine Geschichte.«

»Sie sind ein Geschäftsmann, der in diversen Zeitungsartikeln beschuldigt wurde. Sie sind verleumdet worden.«

»Das ist alles Lüge.«

»Ja. Deswegen möchte ich trotzdem mit Ihnen reden, Lüge hin, Lüge her.« Vergeblich. Don Felix läßt sich noch meine Telefonnummer im Hotel geben und legt dann auf.

Einen Tag später ruft sein Rechtsanwalt Francisco Castillo bei mir im Hotel an. »Ich soll Ihnen ausrichten, daß er kein Interview, keine Stellungnahme abgeben wird.«

Meine Frage, ob Felix in San José sei, bejaht er. Ich rede auf ihn ein, versuche ihn zu überzeugen, Don Felix, der anscheinend neben ihm sitzt, zu überreden. »Nein. Er will nicht.«

»Ich habe alles versucht, es ist nun sein Problem«, wende ich nochmals ein.

»Ja«, meint abschließend Rechtsanwalt Castillo.

Als ich Don Felix trotz der Absage nochmals in seinem Appartementhaus in Escazu, dem vornehmsten Teil von San José, anrufe, meldet sich sein Dienstmädchen. Felix läßt sich von nun an verleugnen.

Der Aufstieg

30. Mai 1945. Felix trifft mittellos und heimatlos in Brüssel ein. Ein Flüchtling, der die deutschen Konzentrationslager überlebte. In Brüssel wird er vom Roten Kreuz betreut. Felix ist inzwischen ein Junge von vierzehn Jahren. Von diesem Zeitpunkt an lassen sich seine Wege und Aktivitäten genau verfolgen. Telexe, Depeschen, Protokolle, geheime Berichte, die seinen Namen enthalten, dokumentieren seinen Werdegang. In dem entsprechenden Meldeantrag, den jeder Flüchtling damals ausfüllen mußte, dem »Inlichtingsbulletin betreffende Vreemdelingen« der belgischen Behörden, ist allerdings vermerkt, daß er »keine Personalpapiere« vorweisen kann.

Mit finanzieller Unterstützung jüdischer Hilfsorganisationen wird er nun drei Jahre lang eine Schule in der Nähe von Tournai besuchen und dann als Diamantenschleifer arbeiten. Betreut wird er von der Organisation AIVG, einer angesehenen israelischen Hilfsorganisation, die sich um die Versorgung der Opfer des Naziregimes kümmert, ihnen hilft, einen neuen Anfang im bürgerlichen Leben zu finden. Der junge Mann muß Ehrgeiz entwickelt haben.

Obwohl er einerseits noch die Schule besucht, fährt der heimatlose Felix bereits »1947 nach Polen, gab dabei an, daß er einen seiner dort lebenden Brüder besuchen wolle«, steht in einem Bericht der Brüsseler Staatspolizei Surete an den belgischen Delegierten des Hohen Flüchtlingskommissariats der UN in Brüssel. Felix ist diesem Bericht zufolge ein »Schwarzhändler«. Spätestens im Alter von zwanzig Jahren dürfte er nach diesen Berichten »Verbindungen zu Personen bekommen haben, die Mitglieder eines Schwarzmarktringes waren und im Bereich des Zigarettenhandels und des Devisenschmuggels aktiv waren«.[3]

Nun sind in den zerstörten Ländern Europas, wo bezahlte Arbeit fehlt und großes Elend herrscht, mehr oder minder obskure Geschäfte, gerade der Schmuggel und Schwarzhandel, für viele Menschen in den Nachkriegsjahren ein Rettungsanker. Die einen wollen nur über die Runden kommen, sich und ihre Familien ernähren. Die anderen verdienen sich eine goldene Nase, sind in ein kompliziertes kriminelles Geflecht eingebunden. Der moralische Verfall als Folge der grauenhaften Kriegserlebnisse, der Verlust jeglicher Illusionen, die Gier, auf möglichst einfache Weise möglichst rasch möglichst viel Geld zu machen, sind Anreiz genug. Die Bande in Brüssel jedenfalls schafft Alkohol, Zigaretten und zunehmend Autos herbei. Aus Amerika transportieren Schiffe Zigaretten nach Antwerpen, wo die Brüsseler Ganoven die Fracht auf LKW umladen, danach in die Tschechoslowakei überstellen und in Depots lagern. Danach werden sie wieder im Westen verkauft. Eines muß dabei immer funktionieren: die Korruption von Amtsträgern. Viele dieser ehemaligen Schmuggler sind heute in Europa hochangesehene Bürger; Schmuggel und Schwarzmarkt waren die Grundlage für ihren Reichtum.

Felix entwickelt in dieser Zeit eine intensive Reisetätigkeit. Er fährt, glaubt man den Angaben des belgischen militärischen Nachrichtendienstes, nicht nur in die Staaten des sowjetischen Machtbereichs, sondern auch in die Schweiz und nach Italien. Alles Erfindungen der Staatspolizei? Bestätigt werden diese Reiseaktivitäten jedoch auch von der »Hohen Flüchtlingskommission« in Belgien. Sie vermerkt die entsprechenden Visa für Felix in dessen Flüchtlingspaß Nr. 31078.

In diesem Zusammenhang könnte ein Bericht des österreichischen militärischen Nachrichtendienstes aufschlußreich sein. Er beschäftigt sich mit dem jungen Mann, der mittellos nach Belgien kommt und bereits kurze Zeit später die finanziellen Möglichkeiten besitzt, in Europa herumzureisen. In diesem Bericht wird behauptet, daß Felix »bereits 1949 mit intensiven Reisetätigkeiten begann und zwar in die ehemalige DDR, nach Polen, Tschechoslowakei und Ungarn, wo er sehr gute Kontakte haben soll«. Dieser Bericht aus Wien deckt sich wiederum mit Erkenntnissen der Surete.

Der Verdacht des Geheimdienstes muß wohl gewesen sein, daß Felix nicht nur auf dem Schwarzmarkt eine Rolle gespielt, sondern bereits in dieser Zeit für einen östlichen Nachrichtendienst gearbeitet hat, und zwar den polnischen Dienst, dessen Agenten er mit falschen Papieren und Geldmitteln unterstützt haben soll. Er könnte allerdings auch für einen westlichen Dienst tätig gewesen sein – dies ist aber reine Spekulation. Die belgische Surete jedenfalls ist über den Tatbestand gestolpert, daß Felix plötzlich über Ausweispapiere mit mindestens zwei weiteren Namen verfügen soll. Einer seiner Aliasnamen war Felix Hancar, der andere Charles Tailer. Es stellt sich die Frage, wie ein normaler Bürger an solche Papiere kommt.

Von nun an beginnt Felix Seilschaften zu entwickeln, um sein Geschäftsimperium aufzubauen. Und dabei hilft besonders ein Mann, der Felix viele Steine aus dem Weg räumt und ihn in die Welt der Diplomatie einführt. Sein Name ist Mauricio, Deckname Mauricio Gonzales. »Wegen Mauricio kam Don Felix nach Costa Rica«, erzählt Alfonso Guardia, der Ex-Botschafter von Costa Rica in Belgien und Österreich.

Mauricio trifft am 30. Juli 1950 in Brüssel ein, als Tourist. Dann reist er weiter, nach Luxemburg und Deutschland. Bereits in dieser Zeit soll er mit Felix in Kontakt getreten sein, habe sogar bei ihm übernachtet, wenn er nach Belgien kam, meldeten damals Polizeidienststellen.

Wer ist dieser Mauricio? In einem Telex von Interpol Triest an Interpol Paris, mit Durchschrift an die belgischen Behörden, vom 12. März 1953, ist zu lesen: »Mauricio, in Polen geboren, kubanischer Staatsbürger, mit dem Paß Nr. 020338, ausgestellt am 20. 8. 1951 in Havanna.« Sein Name, unter dem er damals reiste: Mauricio Gonzales. Es dürfte wohl nicht sein einziger Paß gewesen sein. In einem weiteren Telex von Interpol Brüssel an das Hauptquartier der »Venezia Giulia Police

Force« vom 27. März 1953 heißt es, daß Gonzales »im Moment einen Paß besitzt, von Nicaragua, ausgestellt in Paris. Er gibt an, daß er derzeit in Frankfurt am Main wohnt.« Unklar ist daher, wo denn Mauricio wirklich geboren ist. Er selbst nennt Österreich. Dann wiederum wird als Geburtsort Costa Rica genannt, Polen oder eben Kuba. Ein Mann voller Rätsel.

Im oben erwähnten Telex wird im Zusammenhang mit Mauricio auch Don Felix genannt. »Wir informieren Sie«, tikkerte Interpol Italien nach Frankreich und Belgien, »daß die beiden im Oktober 1952 in Triest gefälschte Dollarscheine im Wert von je 100 Dollar in Umlauf brachten. Stop. Die gleichen Personen reisen durch Europa, besonders Frankreich, Griechenland, Jugoslawien, Belgien und Italien. Stop. Gonzales besitzt einen schwarzen Plymouth. Stop«. Zweifellos war Don Felix damals in Triest. Das bestätigen die entsprechenden Visa. Die Stadt war zu jener Zeit ein Freistaat unter internationaler Kontrolle und in zwei Zonen aufgeteilt, eine britisch-amerikanische und eine jugoslawische.

Im Verlauf der nächsten Tage und Wochen findet ein reger Telexverkehr zwischen Interpol Italien und Interpol Frankreich statt. Die Reisetätigkeit der beiden wird genau verfolgt. Die Dienste registrieren, in welchen Hotels sie absteigen, welche Ausweispapiere sie mitführen, mit wem sie zusammenarbeiten. Erwähnt wird, daß Don Felix zur damaligen Zeit, also 1953, bereits einen amerikanischen Buick, Baujahr 1951, fuhr.

Interessantes meldet auch die Surete im August 1953. Felix besucht demnach häufig das Brüsseler Restaurant »Alt-Wien«. Das ist Anfang der fünfziger Jahre der wichtigste Treffpunkt für Schwarzhändler in Brüssel.

»Felix ist als Schwarzhändler bekannt«, schreibt die Surete. »1950 hat er suspekte Beziehungen zu bekannten Schwarzmarktbanden. Er hat erhebliche Geldmittel zur Verfügung, bietet gefälschte Pässe an.« Auch vom Handel mit PKW, der Benutzung falscher Papiere, ist in diesem Bericht die Rede. 1954, er ist 23 Jahre alt, wird er von einem Brüsseler Gericht zu einer Strafe von vier Monaten Gefängnis verurteilt: wegen

»Verwendens, öffentlicher Führung und Schreibweise eines falschen Namens«.

Eine bürokratische Lappalie. Aber wahrscheinlich der Startschuß für seine künftige steile Karriere. Bereits im Februar 1953 dürfte er einiges Geld zur Verfügung haben. Im Alter von zweiundzwanzig Jahren gründet er eine Firma in Brüssel, die Jahre später, im Zusammenhang mit Aktivitäten in Deutschland, noch eine entscheidende und zwiespältige Rolle spielen wird. Vorsorglich hat Felix sie in Liechtenstein eintragen lassen, als reine Briefkastengesellschaft, die wie üblich dort keine eigenen Geschäftsräume unterhält. Als Repräsentant der Firma wurde ein Rechtsanwalt aus Vaduz angegeben, dessen Ehefrau später Honorarkonsulin von Costa Rica in Liechtenstein wurde. Verwaltungsrat und Geschäftsführer der Firma: Don Felix. Aus Dokumenten der belgischen Staatssicherheit Surete geht hervor, daß Mauricio und Don Felix sich bereits Anfang der fünfziger Jahre kennengelernt haben müssen und sich dann eine Freundschaft entwickelte, die später ihre deutlichen Spuren hinterließ.

Mauricio ist heute ein reicher Antiquitätenhändler, residiert in San José. Ein erfolgreicher Geschäftsmann, der nicht nur im Antiquitätengeschäft aktiv ist, sondern auch auf dem Immobilienmarkt. Als ich mich ankündige, ist er außerordentlich freundlich.

San Pedro, der Stadtteil von San José, in dem er sein Geschäft betreibt, liegt fünfzehn Minuten vom Zentrum entfernt. Es ist ein vornehmes Viertel. Doch um dort hinzukommen, muß man erst eine halbe Stunde durch abgasverseuchte und verstopfte Straßen fahren. Sein Antiquitätengeschäft liegt direkt im Eingangsbereich einer neugebauten Mall in San José. Sein Geschäftslokal ist voller edler Antiquitäten, viele stammen aus Europa. Hier können sich nur Luxusgeschäfte die hohen Mieten leisten. Und diese Luxus-Malls, höre ich immer wieder, sind perfekte Einrichtungen, um Geld zu waschen.

Mauricio ist ein Mann, der offensichtlich nichts zu verbergen hat. Als erstes drückt er mir einen Zeitungsartikel in die

Hand, der die Überschrift trägt: »Mehr als ein Juwelier«. In ihm wird ausführlich sein Leben beschrieben. »Er ist das Herz und die Seele des Geschäfts«, schwärmt einer seiner Verkäufer. »Er kann stundenlang die Herkunft der einzelnen Schmuckstücke erklären. Und er gibt sich nie mit halben Sachen zufrieden.«

»Nach Costa Rica kam ich über meine Frau«, erzählt er mir. »Die war Botschafterin von Costa Rica in Wien und eine Cousine des jetzigen spanischen Königs. Wir sind sehr gut mit der spanischen Königsfamilie befreundet. Ich war damals Generalkonsul von Costa Rica in Luxemburg.« Eine etwas andere Version ist in einer Tageszeitung aus San Josè nachzulesen: »Mein Vater sagte mir, wenn du in der Lage bist, in ein nettes, kleines wunderschönes Land zu gehen, dann gehe nach Costa Rica.«[4]

Die Gelegenheit dazu bekam er 1969, als er dort die Familie seiner künftigen Frau traf. Kurz danach wurde er bereits in das Kabinett des damaligen Regierungschefs José Figueres-Ferrer (dessen Sohn von 1994–1998 ebenfalls Präsident von Costa Rica war) berufen. Nachdem er dann als Wirtschaftsberater für die Präsidenten Figueres, Daniel Oduber und Louis Alberto Monge gearbeitet hatte, verlor er die Lust an der Politik: »Ich zog mich auf die normale harte Arbeit zurück, die gab mir mehr Gewinn, mehr Ehre, und ich hatte keinen Ärger.«

Auch in Deutschland war Mauricio aktiv, 1968, wie er sagt, im diplomatischen Dienst der costaricanischen Regierung. Stolz erzählt er, daß er in Frankreich studiert, einen Abschluß in Philosophie gemacht hat und vierzehn Sprachen fließend spricht. Während der deutschen Besatzung Frankreichs unterstützte er die Résistance und verhalf jüdischen Flüchtlingen zur Flucht. »Die einzige Möglichkeit, den Krieg zu überleben, war, entweder das Land zu verlassen oder die Résistance zu unterstützen.« Gern erzählt er eine Episode während seiner Tätigkeit für die Résistance. »Ich war auf dem Weg zu meinen Großeltern in Per Pinot und trug um meinen Hals ein Schild. Auf dem stand, daß ich körperbehindert und stumm sei. In

Wirklichkeit war ich ein Kurier, der geheime Nachrichten der Résistance transportierte. Die deutschen Soldaten, die mit mir im Zuge saßen, wußten nicht, daß das ruhige Kind jedes Wort verstand, das sie sprachen. Keiner entdeckte, daß der Junge, der neben ihnen saß, Nachrichten für die Alliierten über die Grenze weiterleitete.« Diese Geschichte kann so nicht stimmen. Immerhin ist Mauricio 1919 geboren, war zur damaligen Zeit also 23 Jahre alt, ganz sicher kein Kind mehr, wie er selbst sagt. Dies sollte nicht der einzige Widerspruch bleiben.

Nach dem Krieg ernannte ihn die Flüchtlings- und Rehabilitierungsbehörde der UN zu ihrem Direktor in Paris. Seine wichtigste Aufgabe war, die Flüchtlinge zu interviewen und mit der US-Botschaft zu verhandeln, um zu entscheiden, ob sie für die USA Visa erhalten oder nicht.

»Wir mußten genau aufpassen. Wir hatten nur einmal Schwierigkeiten mit einem Deutschen. Er war als Rabbi gekleidet und fragte nach einem Visum. Er sprach perfekt Yiddish, hatte alle Papiere und sagte, er sei aus Polen. Wir fanden jedoch heraus, daß dieser Mann kein Jude war, sondern während des Krieges mit den Deutschen zusammengearbeitet hatte. Wir übergaben ihn der französischen Polizei.«

Als seine Tätigkeit in Paris zu Ende war, widmete er sich wieder den Geschäften, die er von seinen Eltern und Großeltern gelernt hatte: Antiquitäten und Diamantenschleiferei. »Mein Großvater war 1860 der Kronjuwelier des österreichischen Kaisers«, erzählt er stolz. Mauricio, daran läßt er keinen Zweifel, ist ein Spezialist für Rohdiamanten. »Schon in Deutschland habe ich Päckchen mit Rohdiamanten verkauft, obwohl es verboten war. Da war die Botschaft Chinas in Bonn. Die brauchten Rohdiamanten – das war meine Spezialität.« Einen seiner erfolgreichsten Deals machte er, nach eigenen Angaben, im Jahr 1967. Es ging um den Verkauf von Rohdiamanten in die kommunistische Volksrepublik. Zur Belohnung wurde er von der chinesischen Regierung nach Peking eingeladen. »Ich erhielt die Erlaubnis, Mao Tse Tung für drei Minuten zu sehen. Er schenkte mir eine Büste und bedankte sich.«

In dieser Zeit dürfte er auch Bekanntschaft mit der Polizei gemacht haben. »Zweimal wurde ich verhaftet, als ich die chinesische Botschaft in Bonn verließ. Sie wollten von mir wissen, für welche Regierung ich arbeite oder zu welcher Partei ich gehöre. Ich sagte ihnen, meine Partei ist mein Geschäft.«

Ist es nun purer Zufall, daß auch Don Felix im gleichen Zeitraum bereits in Deutschland aufgefallen sein soll? Davon geht die belgische Gendarmerie aus. Sie verweist in ihrem ansonsten eher dubiosen Geheimbericht unerwartet präzise auf folgenden Sachverhalt: »1956 wurde Felix in Deutschland verhaftet, wegen eines Nukleargeschäfts mit den Chinesen. Bundeskanzler Adenauer habe direkt interveniert, um Felix freizubekommen. Das entsprechende Dossier wird beim Bundeskriminalamt unter der Code-Bezeichnung ›Springer‹ geführt«. Soweit die Polizeiangaben, die heute nicht mehr zu überprüfen sind. Ob die Vermutungen zutreffen, läßt sich daher nicht mehr nachvollziehen. Meine Nachfragen sowohl beim BKA als auch beim Bundesnachrichtendienst werden jedenfalls abschlägig beschieden. Beim BKA, so die Antwort, gibt es zu solch weit zurückliegenden Ereignissen keine Unterlagen mehr. Und beim BND weiß man offiziell ebenfalls nichts davon. Der Rechtsanwalt von Don Felix hält diesen Vorgang für »vollkommen absurd«.

Don Felix lernte Mauricio, so sagt dieser, in Belgien kennen, als jener in den siebziger Jahren mit der Lufthansa groß ins Geschäft eingestiegen ist. »Felix war damals bereits sehr bekannt. Er hatte beste Beziehungen, war ein erfolgreicher Unternehmer. Ich kenne ihn gut.« Daß er Felix bereits Anfang der fünfziger Jahre gekannt haben dürfte, verschweigt er vornehm. Hat es einen besonderen Grund, daß er darüber nicht reden will? Er sagt mir ja auch, daß er Felix nie in Wien getroffen habe, was sich ebenfalls als nicht richtig herausstellen sollte. Wien wird übrigens im Zusammenhang mit Waffen- und Drogengeschäften, in die Felix und Mauricio verwickelt gewesen sein sollen, noch eine bedeutende Rolle spielen.

Solch undurchsichtiges Beziehungsgeflecht, Tricks wie die

Benutzung von Aliasnamen und der Besitz diverser Pässe, Erinnerungslücken – all dies nährt die Vorstellung, daß hier nicht allein geschäftliche, sondern auch nachrichtendienstliche Operationen eine Rolle spielten. In diesem Zusammenhang erlangt eine Beobachtung des österreichischen militärischen Nachrichtendienstes Brisanz. Der nämlich behauptet in einem Dossier: »Im Jahr 1968 wurde im Zusammenhang mit dem Fall G. bekannt, daß Felix als Intimus und wahrscheinlicher Geldgeber von Harry Karl H., einem enttarnten Agenten des Ministeriums für Staatssicherheit, fungiert haben soll.«

Berichte westlicher Geheimdienste gehen also davon aus, daß Felix während des Kalten Krieges diverse Spionagedienste Osteuropas infiltrierte. Diese Quellen, die aus Nachrichtendiensten stammen, behaupten nun, daß Felix zugleich polnische Agenten finanziert und ihnen Pässe besorgt habe. Das wäre jedenfalls auch eine Erklärung dafür, daß ihn die zwangsläufig gewährte Protektion immer wieder vor Strafverfolgung schützte.

Dabei sollte man bedenken, daß Geheimdienste und ihre Agenten nicht nach polizeilichen Maßstäben arbeiten. Ihr Interesse ist nicht die strafrechtliche Verfolgung von Tätern. Deshalb geraten ihre Aktivitäten häufig ins Zwielicht. Der demokratische Staat bedarf des Schutzes vor Anfeindungen und Angriffen jeder Art: Bis zum Fall der Mauer war dies der Kommunismus, inzwischen ist es zunehmend der Terrorismus und das Organisierte Verbrechen. Aber Agenten fühlen sich manchmal als Mitglieder einer Loge, die nach Macht und Einfluß auf allen Ebenen giert. Und dann heiligt der Zweck die Mittel. Agenten sind nicht selten Biedermänner, die nur schwarz und weiß kennen, Freund oder Feind. Wo alles geheimgehalten werden muß, hinter jedem Busch der Gegner vermutet wird, bleibt manchmal die Wahrheit auf der Strecke. Deshalb sind Aussagen von Nachrichtendiensten immer nur mit großer Vorsicht zu behandeln. Andererseits liefern sie natürlich den politischen Entscheidungsträgern zuweilen wertvolle Hinweise.

Weitaus seriöser als Geheimdienstquellen sind daher die Aussagen jener Personen, die in direktem Kontakt zu Don Felix stehen oder gestanden haben. Fejbuz Najmann ist einer, der den Aufstieg von Felix in den fünfziger Jahren miterlebt hat. Er freundete sich mit Felix und dessen Familie an, nachdem sie sich nach dem Krieg per Zufall in Brüssel wiedergetroffen hatten. Zuletzt hatten sie sich im jüdischen Ghetto Lodz gesehen.

Wie um ihre Freundschaft zu dokumentieren, holt Fejbuz Najman eine Cassette aus einer Schublade, schiebt sie in sein Videogerät. Man sieht glückliche junge Eltern und ihre kleinen Kinder. »Das war 1956.« Kinder hüpfen herum. Dann Szenenwechsel. Zwei stolze Väter, Fejbuz Najman und Felix, wiegen ihre Söhne in den Armen. »Da ist Felix.« Najman deutet auf einen jungen, adrett gekleideten Mann. Er spielt mit seinem Sohn D. am Strand der Nordsee. In einer anderen Sequenz aus dem Jahr 1957 sieht man beide Familien mit ihren Kindern beim Picknick. Die eindeutige Botschaft: Endlich glücklich leben, nach dem Elend und Grauen, dem sie entkommen sind.

Heute sind Najman und seine Frau nicht mehr gut auf Felix zu sprechen. Ihre Wege haben sich Anfang der sechziger Jahre in jeder Beziehung getrennt. Damals, als der kleine Händler, der einst »von Haustür zu Haustür ging, um etwas zu verkaufen«, wie Najman erzählt, plötzlich mit Geld um sich warf. Wie es zu dem plötzlichen Geldsegen gekommen ist, hat Najman nie erfahren. Er hat sich nur gewundert und wollte damit nichts zu tun haben. Mehr will er nicht sagen. Lebhaft erinnert er sich daran, daß er einmal in die Villa von Felix, in Tervuren, eingeladen wurde und an der Wohnzimmerwand zwei Diplome englischer Universitäten hängen sah. »Du warst doch nie zum Studium in England«, habe er zu Felix gesagt. Der habe nur ärgerlich abgewunken.

In den sechziger und siebziger Jahren hat es Don Felix auf wundersame Weise geschafft, vom kleinen Händler zum großen Unternehmer aufzusteigen. Von kleinen und größeren Skandalen blieb er dabei nicht verschont.

Der Raub der Juwelen

31. Juli 1977. Im Polizeirevier von Tervuren geht ein Notruf ein. Die Beamten erhalten den Auftrag, die Villa von Don Felix aufzusuchen. Was ist geschehen? Drei Tage zuvor ließ sich Felix von seiner Ehefrau zum Flughafen Zaventem fahren. Er bestieg eine Maschine nach Nizza, um einen unterbrochenen Urlaub in seiner Residenz in Antibes fortzusetzen. Hier wollte er sich endlich von seinen schwierigen diplomatischen und geschäftlichen Missionen erholen. Seine Frau und beiden Söhne sind in Belgien geblieben und vergnügen sich im belgischen Seebad Knokke. Als sie am Sonntagabend, den 31. Juli 1977, gut erholt in ihre Villa zurückkehren, stellen sie mit Entsetzen fest: Unbekannte haben in ihrer Abwesenheit ihr Haus heimgesucht und ein Chaos hinterlassen, dabei aber gezielt wertvolle Schmuckstücke und Antiquitäten geraubt. Obwohl die Polizei das Haus ständig kontrolliert. »Ich alarmierte sofort die Polizei und unsere Versicherung«, gibt die Ehefrau von Felix zu Protokoll. Geraubt wurden Diamanten, Saphire, goldene Ohrstecker, goldene Hals- und Armbänder, kostbare Ringe, antike Mikroskope, Wecker, Sextanten, teilweise aus dem 17. und 18. Jahrhundert, sowie präkolumbianische Schmuckstücke. Ihr Gesamtwert, laut Don Felix: 20 Millionen belgische Franc.

Ein Teil der gestohlenen Antiquitäten und Schmuckstücke gehören Mauricio. Er deponierte sie, weil er nach Costa Rica fliegen wollte, bei seinem Freund Don Felix. Als Felix in Antibes von dem Einbruch erfährt, fliegt er sofort nach Brüssel zurück. Mauricio, der sich zur Zeit des Juwelenraubs in San José aufhält, wird, als er nach Brüssel zurückkommt, ebenfalls zum Diebstahl vernommen. Der Antiquitätenhändler, der sich für einen der »besten Experten in Europa« hält, wie er selbst sagt, gibt gegenüber der Polizei an, daß er während eines früheren Aufenthaltes in Brüssel mit den antiken Schmuckstükken zu einem Brüsseler Juwelier gegangen sei. Begleitet wurde er dabei von Felix. Gemeinsam wollten sie den Wert der Schmuckstücke schätzen lassen, »da ich kein Spezialist für diese Dinge war. Die gesamte Kollektion wurde in Deutschland gekauft, mit Ausnahme von zwei Stücken, die mir persönlich gehören«.

Doch selbst der Juwelier war nicht in der Lage, den Wert der Juwelen zu bestimmen. »Deshalb sollten wir sie bei ihm lassen, damit er eine Expertise in Antwerpen anfertigen lassen kann.« Zwei oder drei Tage später, so Mauricio, habe der Juwelier die gesamte Kollektion zu Don Felix bringen lassen, und der habe sie in seinem Tresor eingeschlossen. Genau dieser Tresor wurde bei dem Einbruch geleert. Wie ohne Gewalteinwirkung ein Tresor geöffnet werden kann, dessen Code nur Eingeweihte kennen, bleibt ein Rätsel. Obwohl die belgische Polizei wenige Tage später in einem Telex an alle Polizeidienststellen in Belgien und an Interpol die Liste der gestohlenen Gegenstände bekanntgibt, bleibt die Suche ergebnislos. Die Diebe werden nie gefaßt.

Einige Wochen nach dem Raub der Juwelen meldet sich Felix bei der Polizei, die bis dahin im dunkeln tappt. Er gibt zu Protokoll, ein Hans W. habe ihn im Restaurant »Alt-Wien« angesprochen, das er noch aus Schwarzmarktzeiten kannte. Hans W. habe ihn darüber informiert, daß er wisse, wo der Schmuck sei und wer ihn gestohlen habe. Don Felix quartiert Hans W. in das Brüsseler Hilton Hotel ein und bezahlt ihm angeblich auch noch eine Art Aufwandsentschädigung. Bei den anschließenden Recherchen der Polizei über Interpol stellt sich heraus, daß Hans W. selbst wegen Juwelendiebstahls in Hamburg einschlägig bekannt und zudem Anfang der siebziger Jahre wegen des Schmuggels von gestohlenen Autos in die USA sowie durch die Verteilung von Blankopässen aufgefallen sei. 1970 war er wegen Diebstahls von Führerscheinen und Reisedokumenten in Hamburg verhaftet und verurteilt worden.

Und siehe da, ein kleiner Teil des Schmucks, der nämlich mit dem geringsten Wert, taucht wenig später in Frankreich auf, nachdem Don Felix sogar noch einen Privatdetektiv eingeschaltet hatte, um die geraubten Juwelen und antiken Kostbarkeiten wiederzuerlangen.

Vier Jahre später, am 28. Juli 1981, wird der Juwelenraub aufgeklärt. An diesem Tag kommt die Polizei erneut in die Villa von Don Felix in Tervuren. Die Beamten legen dem Diplomaten aus Costa Rica einen Hausdurchsuchungsbefehl vor. Auf dem Wege der Amtshilfe für die deutschen Kollegen sind die Finanzermittler auf dubiose Geschäfte mit der deutschen Lufthansa gestoßen, in deren Zentrum Don Felix stand. Die Beamten haben wenig Interesse an den Kostbarkeiten in der Villa. Sie wollen Unterlagen sicherstellen, durchstöbern das ganze Haus. Dann öffnen sie den Tresor und entdecken Juwelen, viele Juwelen, kostbare antike Schmuckstücke. Außerdem finden sie in einem Koffer unter anderem 2 305 000 belgische Franc und 28 000 Mark in Bündeln von je 1000 Mark. Sichergestellt werden außerdem eine Pistole Smith & Wesson samt 45 Patronen und ein Winchestergewehr. Und sie finden vier Diplomatenpässe, ausgestellt auf Felix, sowie einen Diplomatenpaß, ausgestellt auf den Lufthansavorsitzenden Herbert Culmann, und zwei Konsulatspässe, ausgestellt auf den Namen Dr. Felix.

Dann schreiben die Beamten in ihr Beschlagnahmeprotokoll, was sie noch gefunden haben. Zum Beispiel im Tresor die Juwelen. Wenig später wird sich herausstellen, daß Edelsteine darunter waren, die Don Felix vier Jahre zuvor als gestohlen gemeldet hat und deren »Verlust« unterdessen von der Versicherung ausgeglichen worden sein dürfte.

In einem Schreiben der Staatsanwaltschaft Louvain an die Staatsanwaltschaft Brüssel vom 8. September 1981 (Not. 7348/77) vermerkt Staatsanwalt Cailloux: »Es betrifft den

Diebstahl von Juwelen und kostbaren Antiquitäten zum Nachteil von Don Felix in seiner Villa in Tervuren. Nach einer Hausdurchsuchung in seiner Wohnung in Tervuren, am 28. Juli 1981, wurden Juwelen, die 1977 als gestohlen gemeldet waren, in seinem Safe gefunden. Es stellt sich hier die Frage, ob nicht ein Versicherungsbetrug vorliegt und die Staatsanwaltschaft eingeschaltet werden soll.« Wohl aus Gründen diplomatischer Rücksichtnahme wird jedoch von den Behörden nichts weiter unternommen.

Don Felix ist zu dieser Zeit Botschafter in Wien, reicher Unternehmer, hat einflußreiche politischen Freunde, die für ihn durch dick und dünn gehen. Das gilt auch für seinen Freund Mauricio. Der ist nach offiziellen Angaben aus Costa Rica beratender Minister und Generalkonsul unter anderem in Luxemburg. Besonders oft dürfte er sich dort jedoch nicht aufgehalten haben. Jedenfalls ist Colette Flesh, die von Anfang bis Mitte der achtziger Jahre Außenministerin von Luxemburg war, ein »Mauricio nicht bekannt gewesen«.

Kurz vor dem Diebstahl, am 9. August 1977, taucht Mauricio erneut im Telexverkehr von Interpol Washington an Interpol Wien, Brüssel und Paris auf. Die Beobachtungen von Interpol über Mauricio und einen gewissen Bela Rabelbauer hängen mit einem neuen Geschäftszweig zusammen. Diesmal wird von Interpol auf Verbindungen zum Drogenhandel hingewiesen. Der Stein kam ins Rollen, als Interpol Washington (Telex-Nr. 3515 w/175) eine Anfrage nach Interpol Wien, Wiesbaden und Paris schickte. Demnach habe es Informationen des amerikanischen Zolls gegeben, wonach Mauricio in den Waffen- und Drogenhandel verwickelt sei. Über ihn steht in einem der Antworttelegramme aus Wien: »Mauricio, wie in vorhergehenden Nachrichten von Interpol Washington beschrieben, wurde im Zusammenhang mit Verbindungen zu Waffen und Drogen erwähnt. Stop.« Aufgeführt wird in diesem Telex außerdem ein gewisser Roberto Vesco. Vesco ist zur damaligen Zeit nicht nur ein international bekannter Millionenbetrüger und Drogenhändler, der Costa Rica als Fluchtburg wählte, sondern auch ein enger Freund des damaligen amerikanischen Präsidenten Nixon.

Mittlerweile ist Don Felix Ende der siebziger Jahre im Begriff, die Früchte seiner unternehmerischen Fähigkeiten zu ernten: Gewinne in Millionenhöhe, die er wieder investiert. Dabei offenbart sich 1978, daß er zudem über ausgezeichnete Beziehungen zum amerikanischen Verteidigungsministerium verfügt. In dieser Zeit erwirbt er in der Nähe von Washington, durch Vermittlung der Marine-Militärakademie, ein Riesengrundstück von 550 Hektar für einen Betrag von 2,4 Millionen Dollar. Besitzer des Anwesens ist das Pentagon. Bei der Domäne »Archwood Farm« handelt es sich um ein weitläufiges Gelände, auf dem Pferde und Kühe gezüchtet wurden, wie die *Washington Post* am 12. August 1978 geschrieben hat.

Nicht nur als geschäftstüchtiger Unternehmer, sondern auch als Diplomat auf dem internationalen Parkett glänzt er in dieser Zeit, wobei die Freundschaft zu einem Waffenhändler sich durchaus bezahlt gemacht haben dürfte.

Wien – Diplomaten, Drogen, Dealer

In Wien ist Don Felix in seinem Element. Die österreichische Hauptstadt – ein idealer Tummelplatz für Intriganten und Hochstapler, Ganoven und hochnäsige Frackträger. Eine Welt, in der ein Mensch erst durch Titel und Orden gesellschaftlich akzeptiert ist. Zuweilen ein Politkabarett, in dem ein Baulöwe und Partykönig auf dem berühmten Opernball den Ton angibt und die Exzellenzen ihre in festliche Roben gezwängten Ehefrauen vorführen, während Spitzenpolitiker in ihren Logen mit ordensgeschmückten Konzernchefs plauschen.

Am 23. Dezember 1976 akkreditierte das österreichische Bundesministerium für Auswärtige Angelegenheiten Don Felix aufgrund einer Verbalnote der Regierung der Republik Costa Rica als ständigen Vertreter Costa Ricas bei der Internationalen Atomenergiebehörde in Wien. Damit wird ein neues Kapitel im Leben von Don Felix aufgeschlagen.

Doch nicht wegen der Ernennung zum Botschafter ist er hier inzwischen ins Visier der Polizei geraten, sondern wegen schnöder Wirtschaftskriminalität. Als Mitverantwortlicher des Wiener Reisebüros Primus habe Felix seit dem Jahr 1969 »durch nicht oder nicht vollständige Verbuchung von Provisionen und Rabatten Abgabenhinterziehungen in Millionenhöhe begangen«, heißt es in einem Protokoll der österreichischen Polizei. Gleichzeitig bestand der Verdacht, daß diese Gelder ohne Bewilligung der Nationalbank ins Ausland verschoben worden seien. Deshalb wurde gegen ihn am 9. Juni 1978 kurzfristig ein Haftbefehl erlassen, der jedoch wenig später wieder außer Kraft gesetzt wurde. Das eingeleitete Strafverfahren wegen Verstoßes gegen das Devisengesetz und

Abgabenhinterziehung wurde eingestellt. Erwähnenswert erscheint den Wiener Behörden, daß die Sekretärin eines Freundes von Felix, eines bekannten Waffenhändlers, nicht nur die frühere Sekretärin bei Felix war, sondern »im Wege des Reisebüros Primus ›kleine Pakete‹ versandt haben soll«. Vermutet wurde, daß es sich um Drogen oder Diamanten handelt. Beweise dafür konnte die Polizei zu diesem Zeitpunkt nicht liefern.

Der heutige Besitzer des Reisebüros Primus lernte Don Felix bereits Ende der siebziger Jahre kennen. Er leitete schon damals die Geschäfte und kann sich an keine illegalen Aktionen erinnern. Gut erinnert er sich hingegen daran, daß »Don Felix der Mann im Hintergrund war, der das Sagen hatte«. Aber selbst sein damaliger Geschäftsführer weiß bis zum heutigen Tag nicht genau, welche konkrete Rolle Don Felix im Reisebürounternehmen spielte. War er nun Besitzer, war er Teilhaber?

»Ich wußte selbst nicht genau, was seine Funktion im Unternehmen war. Er wurde mir als einer der reichsten Leute Europas vorgestellt, und man wußte, daß er großen Einfluß hatte. Manchmal hat er mich besucht.« Es scheint das immer gleiche Strickmuster zu sein. Bis zum heutigen Tag ist im Falle vieler Firmen, die im Zusammenhang mit Don Felix genannt werden, nie klargeworden, wer der wirkliche Besitzer ist. So beschwert sich ein ehemaliger Geschäftspartner von Don Felix, der belgische Unternehmer Patrick L. Abraham, am 4. Juli 1996 in einem Schreiben an das Außenministerium in Costa Rica über den Botschafter Don Felix – er schulde ihm noch Geld. In seinem Schreiben heißt es: »Don Felix scheint professionell darin zu sein, seine Firmen zu verschleiern. Er operiert über Strohmänner, die im Vordergrund agieren. Wenn es Schwierigkeiten gibt, kann er sich jederzeit zurückziehen.«

Diplomat in Wien zu sein – das ist nicht mit Gold aufzuwiegen. Multimillionäre wie Don Felix müssen anscheinend Statussymbole anhäufen – der rote Diplomatenpaß allein genügt da nicht. Weil er ein armes Land repräsentiert, das Botschafter- und Konsularposten fast wie auf einem Basar verscherbelt, muß er die relative wirtschaftliche und politische Bedeutungslosigkeit des Staates, den er repräsentiert, durch Protz kompensieren: Luxuskarossen, ein Mercedes 600 SEL und zwei Mercedes 500. Was gilt jedoch ein großer Mercedes ohne Diplomatenkennzeichen? Mit dem CD-Schild ist man jedenfalls für Außenstehende eine bedeutende Persönlichkeit. Portiers, die sich tief verneigen, Machtgehabe bei den Cocktailempfängen – Zeichen der Genugtuung für die erbrachte Leistung.

Nicht zu vergessen, daß man mit den Insignien des diplomatischen Korps auch viele materielle Vorteile genießt. Kein Polizist wird ein Strafmandat verhängen, Diplomaten sind praktisch unantastbar, genießen Immunität gemäß den Bestimmungen der Wiener Konvention. Ihr Status hat jedoch weitere Vorzüge. Man kann transportieren, was man will: Koffer und Aktentaschen könnten ja nicht nur wichtige Demarchen und Staatsgeheimnisse enthalten. An der Grenze zeigt Exzellenz ihren Diplomatenausweis – schon sind eventuelle Hürden beseitigt. Erfahrungsgemäß werden auf diesem Wege »Geheimnisse« befördert, die mißtrauischen Augen verborgen bleiben sollen. Drogen, Gold, Diamanten können auch dazugehören. Die sind erfahrungsgemäß kein Verlustgeschäft, solange man sich nicht erwischen läßt. Selbst in diesem Fall hat es für einen Diplomaten, zumal wenn er Beziehungen hat, keine existentiellen Folgen. Bemerkenswert ist jedoch, daß es gerade Botschafter, Generalkonsule und Honorarkonsule in Diensten Costa Ricas sind, die immer wieder im Drogenhandel auffallen. Vielleicht hängt es damit zusammen, daß Costa Rica ein wichtiges Drogentransitland ist und einige costaricanische Diplomaten die besten Kuriere sind, um Drogen zu transportieren.

Die Elite unter den Botschaftern bilden wiederum diejenigen »Sonderbotschafter«, die bei einer internationalen UN-Behörde akkreditiert sind. Eigentlich schwer vorstellbar: Felix, der Mann, der einerseits im Begriff steht, ein deutsches

Unternehmen wie die Lufthansa in Millionenhöhe abzuzokken, agiert als braver und honoriger Repräsentant seines Landes bei einer UN-Behörde. Die Auskunft der Internationalen Atomenergiebehörde ist eindeutig: »Herr Felix war bis 1996 Botschafter, und er war in dieser Funktion regelmäßig als Vertreter seines Landes im Umgang mit dem Sekretariat und verschiedenen Gremien tätig. Zu seinen Aufgaben gehörte es, die von der Atombehörde verfaßten Berichte an die zuständigen Behörden in seinem Heimatland weiterzuleiten und gegebenenfalls Reaktionen dem Sekretariat zukommen zu lassen.« Viel Aufwand bedeutete der Posten als Botschafter bei der Internationalen Atomenergiebehörde für Don Felix wahrscheinlich nicht: an den Sitzungen teilnehmen, Berichte verfassen und sie ins Außenministerium nach Costa Rica schicken.

Die Internationale Atomenergiebehörde wurde 1957 als eine besondere Organisation der Vereinten Nationen gegründet. Die IAEA, der heute 128 Mitgliederstaaten angehören, hat die Aufgabe, ein zentrales Forum für Wissenschaft und technische Kooperation im nuklearen Bereich zu bieten. Gleichzeitig ist sie für die nukleare Sicherheit von Atomreaktoren sowie die Überwachung ziviler nuklearer Programme zuständig.

Costa Rica ist zwar kein Land, das in der Atomwirtschaft oder im nuklearen Forschungsbereich eine herausragende Rolle spielt. Aber wenn die Regierung keinen Dollar für einen solchen Posten aufwenden muß, weil der akkreditierte Botschafter alle Kosten selbst übernimmt, kann man sich rühmen, einer wichtigen internationalen Organisation anzugehören. Und für die Auserwählten ist die Teilnahme an den Plenarsitzungen günstig für das Knüpfen von Beziehungen auch nichtdiplomatischer Art. Insofern ist die Behauptung des deutschen Bundeskriminalamtes von Belang, daß Felix als Botschafter in Wien »Verbindungen zu einem Unternehmen gehabt haben soll, das im Nukleargeschäft den internationalen Strafverfolgungsbehörden« aufgefallen sei.

Warum wurde deshalb nicht weiter ermittelt? Niemand kann oder will es sagen. Oder wird da wieder ein Gerücht gestreut? Jedenfalls beschäftigte Don Felix als Helfer zwei Personen, die ebenfalls Diplomatenstatus hatten und von denen niemand weiß, was sie dort überhaupt zu suchen hatten. Einer von ihnen, ein Libanese, der mit einer Wienerin verheiratet ist, will, als ich ihn darauf anspreche, kein Wort darüber verlieren. Beim österreichischen Innenministerium lief gegen ihn ein Verfahren wegen »mißbräuchlicher Verwendung eines Diplomatenpasses«.

Felix hat es jedenfalls geschafft: Er ist nun Botschafter in Wien, schmückt sich inzwischen auch noch mit einem Doktortitel. Keiner kann genau sagen, wann und wo er jemals promoviert hätte. Mit Schreiben der »Mision Permanente de Costa Rica ante el OIEA« schickt »Doktor Felix«, wie er sich in den offiziellen Dokumenten nennt, seiner Regierung in Costa Rica Berichte über die verschiedenen Tagungen der Atomenergiebehörde. Doch kann ihn, den emsigen Unternehmer, das Zuhören bei stundenlangen langweiligen Protokolldebatten kaum ausgefüllt haben. Neben seinem Posten als Botschafter hat er viel zu tun. Etwa mit dem Chef der Lufthansa in Deutschland dubiose Geschäfte abwickeln. Doch dazu später mehr.

Schüsse in der Nacht

Ich erinnere mich in diesem Zusammenhang an das Gespräch, das ich in San José mit dem Ex-Direktor des Instituts für Kriminalprävention aus Costa Rica, Rodrigo Paris Steffens, führte. »Anfang 1979 habe ich Wien verlassen. Damals beklagte sich der Geschäftsträger meines Landes darüber, daß er bedroht worden sei und sogar ein- oder zweimal auf ihn geschossen wurde. Er hat mir nie erzählt weshalb. Und im Außenministerium war man nicht geneigt, ihm zu glauben.«

Dieser Spur nachzugehen lohnt sich, dachte ich, und dabei fiel mir ein Bericht der österreichischen Polizei in die Hände. Dort war nicht nur der von Rodrigo Paris Steffens erwähnte Vorfall ausführlich beschrieben, sondern es taucht auch wieder der Name von Mauricio auf.

Der hatte im Gespräch mit mir behauptet, er könne sich nicht daran erinnern, Felix jemals in Wien getroffen zu haben. Und an den bedrohten Geschäftsträger der Botschaft von Costa Rica in Wien konnte er sich ebenfalls nicht erinnern. In diesem Zusammenhang ist eine mir vorliegende Aussage eines costaricanischen Berufsdiplomaten aus der Schweiz von Interesse, der ich anfangs überhaupt keine Bedeutung geschenkt hatte. Er behauptete, daß »es in den achtziger Jahren eine Menge Leute aus der Hamburger Drogenszene in Costa Rica gegeben hat. Es war eine Drogenmafia, die ihr Geld mit illegalen Spielen, Prostitution und Kunstraub verdiente. Sie standen alle in Verbindung mit Mauricio.« Ein böser Vorwurf.

Doch nun behaupten auch österreichische Behörden, einiges über diesen Mauricio zu wissen. Einem Schreiben des Bundesministeriums für Auswärtige Angelegenheiten vom

26. April 1979 ist zu entnehmen, »daß der scheidende Geschäftsträger von Costa Rica, Tulio Ramirez, aufgrund verschiedener Umstände den dringenden Verdacht geäußert hatte, daß Felix seinen enormen Reichtum vermutlich dem Drogenschmuggel zu verdanken« habe. Ein Indiz für die Involvierung von Felix im Drogengeschäft, meinen die Wiener Behörden, sei sein Zusammentreffen mit dem costaricanischen Staatsangehörigen Mauricio und dem Kaufmann Dr. Walter Schön im Wiener Hotel Hilton. Walter Schön ist einer der bekanntesten österreichischen Waffenhändler.

Mauricio, wird nun im Polizeibericht behauptet, sei »in Costa Rica als notorischer Rauschgifthändler bekannt«. Und weiter: »Der damalige Außenminister Costa Ricas, Rafael Angel Calderon Fournier, hätte seinerseits nach Mauricio Fahndungsmaßnahmen eingeleitet. Die einflußreiche Familie des Mauricio habe aber auf den Außenminister starken Druck ausgeübt, weshalb die Maßnahmen zurückgezogen wurden.« Glaubt man diesen Berichten, so hat der Geschäftsträger von Costa Rica in Wien, Tulio Ramirez, damals sämtliche Vorfälle dem costaricanischen Außenministerium mitgeteilt. Die Informationen wurden jedoch von der Generaldirektorin des Auswärtigen Dienstes abgefangen. Ihr Sohn sei, so steht im Polizeibericht, ebenfalls costaricanischer Diplomat in Bukarest und Wien gewesen, und auch er sei wegen mutmaßlicher Drogengeschäfte abberufen worden. Hinzu kommt, daß die Generaldirektorin mit Felix und Dr. Schön in Verbindung stand. Zu Mauricio kann man noch folgendes lesen: »Er war im Jahr 62 Gegenstand von Ermittlungen wegen Verdachts des Diamantenraubes und -schmuggels. Gemäß einer Mitteilung von Interpol Washington vom 9. August 1977 wurden gegen ihn in den USA Ermittlungen wegen Suchtgift- und Waffenhandel geführt«. Im gleichen Dokument wird übrigens auch der Lufthansa-Vorstandsvorsitzende Herbert Culmann erwähnt. »Zu seiner Person konnten ebenfalls zwei Aktenvorgänge festgestellt werden.«

Was hat der Geschäftsträger der Botschaft von Costa Rica

in Wien nun tatsächlich erlebt, das der Erwähnung in einem Dossier der Wiener Polizei wert war? Waren es gegen ihn gerichtete Attentatsversuche, Einschüchterungen, weil er bei dubiosen Machenschaften seiner diplomatischen Kollegen aus Costa Rica in Wien nicht mitspielen wollte? Hatte er gar etwas erfahren, was unter allen Umständen nicht bekannt werden durfte? Nein, Tulio Ramirez war davon überzeugt, daß Felix im Drogenschmuggel mitmischte.

Seinen Verdacht stützte er in erster Linie auf den Umstand, daß ihn Don Felix Anfang September 1978, während seines ersten Aufenthalts als Geschäftsträger in Wien, in unmißverständlicher Weise zu bestechen versucht habe. Außerdem habe Felix, um den 20. September 1978, in seiner Anwesenheit ein Telefongespräch nach Paris geführt, in dem über die »Lieferung von Waren« gesprochen worden sei. Dabei habe er mit einem Beutel voller Juwelen gespielt. Einen weiteren Hinweis auf die Beteiligung von Felix in den Drogenhandel habe er, Ramirez, in den engen Kontakten zwischen Felix und Mauricio erblickt. Dr. Felix und Dr. Walter Schön hätten sich in der zweiten Oktoberhälfte 1978 mit Mauricio im Wiener Hilton-Hotel getroffen. Da Tulio Ramirez auf die Vorschläge und Angebote einer Kooperation mit Felix nicht einging, sind am 25. Oktober 1978 gegen 23.50 Uhr in der Nähe der Wohnung Schüsse auf ihn abgefeuert worden, die offensichtlich als Warnung gedacht waren. Tulio Ramirez hatte diesen Vorfall nicht der österreichischen Polizei gemeldet. Statt dessen versucht er eine Weisung seines Außenministeriums einzuholen, wie er sich verhalten soll. Doch er erhielt keine Antwort.

Am 17. Mai 1979 klingelt in der Privatwohnung von Ramirez das Telefon. Ein unbekannter Mann kündigt einen Bombenanschlag gegen ihn an. Diesmal informiert Tulio Ramirez die Polizei. Die Ermittlungen führen jedoch zu keinem Ergebnis. Bei der Polizei wird nun eine Akte angelegt. »Im Zuge der Erhebungen der Zentralstelle für die Bekämpfung der Suchtgiftkriminalität wurde Felix am 5. Juni 1979 in der Personeninformation ausgeschrieben. Da gegen Felix keine konkreten

Hinweise über eine Tätigkeit im Suchtgiftschmuggel ermittelt werden konnten, wurde die Ausschreibung im November 83 widerrufen.«

Trotzdem gingen die Behörden in Wien davon aus, daß aufgrund der Beschuldigungen »die Regierung der Republik Costa Rica dem Bundesministerium für Auswärtige Angelegenheiten mit Verbalnote vom 5. März 1979 mitgeteilt hat, daß Felix als ständiger Vertreter der Republik Costa Rica bei der IAEO seines Amtes enthoben worden sei«. Ob das tatsächlich so war, läßt sich heute nicht mehr verifizieren. Tatsache ist, daß Don Felix damals durch den damaligen Regierungschef Carazo seines Postens enthoben wurde. Carazo bestätigt das, nennt jedoch keinen Grund für die Abberufung. Er sagt mir lediglich, »daß Don Felix der falsche Mann auf einem diplomatischen Posten war.«

Als Reaktion auf ein Strafverfahren drängt Felix übrigens bereits Anfang der achtziger Jahre auf eine Erklärung des Landgerichts Wien, daß gegen ihn keinesfalls wegen Drogenschmuggels ermittelt werde. Er bekommt, was er will. Felix genießt diplomatische Immunität, und der Hauptbelastungszeuge wird nie von der Polizei vernommen. Auch der Anwalt von Felix in Costa Rica erklärt, daß es ein Verfahren gegen seinen Mandanten nie gegeben habe: »Da ist jemand mit kleinem Gepäck gekommen und hat es einem anderen gegeben. Da ist nichts herausgekommen.« Daß Don Felix heute noch in Berichten der österreichischen Polizei entsprechend erwähnt wird, ist ihm unbekannt.

Weshalb sind die Ermittlungen damals nicht weitergeführt worden? Die Antwort ist simpel. Don Felix hatte sich seit längerem nicht mehr in Österreich aufgehalten, und deshalb war das Fahndungsinteresse überaus gering. Hinzu kommt, daß Don Felix viele Freunde hatte, die alles daran setzten, daß er unberührbar blieb.

Einziger Zeuge für die damaligen Vorgänge ist also Tulio Ramirez selbst. Er lebt heute in San José und hat sich inzwischen von allen diplomatischen Aktivitäten zurückgezogen. Über Alfonso Cortes, den mit Ramirez befreundeten Journalisten in San José, versuche ich, Kontakt mit ihm aufzunehmen. Ich will ihm den Bericht der österreichischen Polizei vorlegen und erfahren, ob diese Angaben korrekt sind oder eine Erfindung übereifriger Polizeibeamten.

»Er hat Angst«, sagt mir Cortes, nachdem er das erste Mal mit Tulio Ramirez gesprochen hatte.

»Ich brauche aber seine Aussage«, wende ich ein.

»Die einzige Möglichkeit wäre«, sagt Alfonso Cortes, »daß ich zu ihm gehe, ihm die Unterlagen aus Österreich zeige. Und ihn bitte, mit Ihnen zu reden. Er kennt mich und meine Familie gut und hat zu mir Vertrauen.«

Einige Tage später trifft er ihn. Und Tulio Ramirez bestätigt alle Angaben, die im Report der österreichischen Polizei gemacht wurden. Zudem lieferte er weitere Details. So steht im Polizeiprotokoll, daß Felix versucht habe, ihn in das Schmuggelgeschäft einzubinden. Felix habe ihm, direkt nach seiner Ankunft in Wien, einen Rolls-Royce angeboten, wenn er mit ihm zusammenarbeiten würde. Ramirez bestätigte außerdem, daß damals tatsächlich auf ihn geschossen wurde. Er vermutet, das sei eine Reaktion auf seine Weigerung gewesen, mit Felix zusammenzuarbeiten. Seine Begründung: Am Morgen, nachdem auf ihn geschossen wurde, habe er einen Telefonanruf von Felix erhalten, »in dem sich Felix nachdrücklich nach meinem Wohlbefinden erkundigte«. Dies ist die Vermutung von Ramirez. Beweisbar ist dieser Sachverhalt nicht.

Wegen der Schüsse, die auf ihn abgefeuert wurden, habe er sich deshalb nicht an die Polizei gewendet, weil er auf Anweisungen seines eigenen Außenministeriums wartete. Von dem erhielt er jedoch keine Rückmeldung, was ihn nicht verwunderte, da er wußte, daß sein eigener Außenminister, der spätere Präsident Calderon, in engster Verbindung mit Felix stand. Um diese Zeit habe er auch die Bombendrohung erhalten. Diesmal erhielt er direkt einen Anruf vom österreichischen Außenminister, der ihn warnte und das Bombenräumkommando in seine Wohnung schickte, das jedoch nichts fand. Tulio Ramirez wußte auch einiges darüber zu erzählen, was und warum sein eigenes Außenministerium kein besonders großes Interesse an der Aufklärung der Vorgänge gehabt habe. Die von ihm übersandten Lageberichte zu den Vorgängen in der Botschaft von Costa Rica seien, welch ein Zufall, alle vernichtet worden, nachdem im Außenministerium ein Brand gelegt worden sei.

Die Bitte von Alfonso Cortes, daß er wegen dieser Affäre noch einmal mit mir über die Vorgänge sprechen solle, lehnte Tulio Ramirez ab: »Ich habe mit meiner Familie und meinen Verwandten darüber gesprochen. Aber ich will meine Ruhe, und die Sicherheit meiner Familie ist mir am wichtigsten. Ich habe Angst, daß meinen Enkelkindern, die noch zur Schule gehen, etwas zustoßen wird.«

Das mußte ich natürlich respektieren. Sicher ist jedenfalls, daß Tulio Ramirez in bezug auf seine Aussagen zu den Drogengeschäften niemals von der Polizei in Wien vernommen wurde. »Nein, nie ist ein Gerichtsverfahren oder eine Untersuchung aufgrund meiner Anschuldigungen eingeleitet worden. Alles habe ich auf diplomatischer Ebene erledigt, das heißt durch Berichte und Mitteilungen an meine Vorgesetzten.« Nach diesen Turbulenzen ist er, fast über Nacht, in Wien abgezogen und zur Botschaft nach Japan versetzt worden.

Die Verdachtsmomente gegen Felix wurden jedoch zumindest in Österreich aktenmäßig weiterverfolgt. So steht in einem weiteren Bericht der österreichischen Polizei: »Felix dürfte sich immer wieder seiner diplomatischen Immunität bedient und dadurch mit größter Wahrscheinlichkeit eine Organisation aufgebaut haben. So ist auch eine unmittelbare Involvierung weiterer Personen mit diplomatischem Status durchaus möglich.« Die Ermittlungen laufen bis zum heutigen Tag unter dem Aktenzeichen AZ 1453742/OC/25, wie Michael Sika, Generaldirektor für Öffentliche Sicherheit, noch im August 1999 bestätigt.

Stoffwechsel

Ende der siebziger Jahre fährt Felix von Wien aus häufig nach Brüssel. José Luis Redondo ist zu dieser Zeit Botschafter Costa Ricas in Belgien. Eines Tages klingelt in seinem Büro das Telefon, am Apparat meldet sich ein Beamter des belgischen Zolls. Er fragt, ob ein Angehöriger der Botschaft fünfzig Kilo Kaviar aus der Sowjetunion bestellt habe, die seien im Zolllager und müßten abgeholt werden, weil es sich um verderbliche Ware handle. Der Diplomat antwortet, daß keiner aus der Botschaft eine solche Bestellung aufgegeben habe. Auf die Frage, wer denn der Auftraggeber sei, erhält Redondo die Antwort »Felix«.

Erst daraufhin findet man heraus, daß Felix noch immer einen Diplomatenpaß besitzt, obwohl ihn Regierungschef Carazo zuvor seines Postens enthoben hatte. Am gleichen Tag meldet sich bei Redondo sein Kollege, der Botschafter Costa Ricas in Paris. Redondo wußte damals, daß Felix die Botschaft in Paris häufig aufgesucht hatte. Empört erkundigt sich Redondo in Paris, warum Felix immer noch einen Diplomatenpaß habe, und erzählt ihm die Kaviargeschichte. Zwanzig Minuten später ist Don Felix in der Leitung und beruhigt ihn, daß mit dem Kaviar alles in Ordnung sei. Trotzdem kommt es zwischen beiden zu Meinungsverschiedenheiten, insbesondere weil Redondo in dem Gespräch mit dem belgischen Zollbeamten den Eindruck bekam, es ging um mehr als nur die Einfuhr von Kaviar.

Im folgenden zeigt sich ein weiterer Modus operandi der Vereinnahmung, die Felix perfekt beherrscht.

Als der Vorgänger von Redondo, Cuillermo Lachner, in

Brüssel eintraf, wurde er sofort von Don Felix zu einem Dinner in eines der besten Restaurants der Hauptstadt eingeladen. Während des Essens sprach ihn Felix auch auf Regierungschef Carazo an. Der Präsident, so Felix, sei herzlich eingeladen, auf seine Kosten einen Wochenendurlaub in seiner Villa in Antibes zu verbringen, um sich dort zu entspannen.

Darauf erwiderte Lachner, daß der Präsident auf ein solches freundliches Angebot ganz sicher nicht eingehen werde. »Das entspricht nicht seiner Lebensweise.« Die freundliche Geste von Don Felix wurde also brüsk abgewiesen. Zugleich sollte sie eine Reihe neuer Verdachtsmomente auslösen, was Don Felix zu diesem Zeitpunkt nicht ahnen konnte. Denn als bekannt wurde, daß er sich als Diplomat in Brüssel ausgab, erinnerten sich einige Diplomaten an einen Vorfall in Paris. Unter ihnen war der damalige Botschafter Costa Ricas bei der UNESCO in Paris, Alvaro Ortiz. Er galt als pflichtbewußter Staatsbeamter.

Nachdem Felix durch Regierungschef Carazo von seinem Posten als Botschafter bei der UN-Behörde IAEA abberufen worden war, wurde Alvaro Ortiz sein Nachfolger in Wien. Felix organisierte in einem Wiener Luxushotel einen Empfang für seinen Nachfolger. Vielleicht ahnte er, daß seine Abberufung in Wien nur von kurzer Dauer sein würde. Bei diesem Empfang stellte er Ortiz einen Bekannten vor. Sein Name: Peter Helmut K., deutscher Staatsbürger.

Peter Helmut K. besaß einen Diplomatenpaß und gab sich als Honorarkonsul Costa Ricas für Monaco aus. Als Alvaro Ortiz wenig später erfuhr, daß K. von Interpol gesucht wurde, setzte er alles daran, daß ihm der Diplomatenstatus aberkannt wurde. Untersucht man die Rolle von Peter Helmut K., stößt man automatisch auf die Botschaft Costa Ricas in Paris. 1979 hatten Interpol und die französischen Justizbehörden einen internationalen Haftbefehl gegen ihn, den damaligen Konsul von Costa Rica in Monaco und Nizza, ausgestellt. Initiiert hatten diesen Haftbefehl unter anderem die deutschen Behörden, die ihn wegen Betruges suchten. 32 Millionen Dollar soll er in

Deutschland durch Ölgeschäfte unterschlagen haben. Doch K. war auf der Flucht und tauchte erst in Costa Rica wieder auf. Dort hatte er einflußreiche Freunde, die auf hoher diplomatischer Ebene in Europa tätig waren. Wie entgeht man einem Haftbefehl? Indem man seinen Namen ändert. K. wollte Bürger von Costa Rica werden. Um die costaricanische Staatsangehörigkeit zu erhalten, ist K. wie jeder andere Ausländer verpflichtet, in Costa Rica zu investieren. Mit Hilfe seiner Freunde legte er Pläne für Projekte vor, die durchaus wohlwollend aufgenommen wurden. Doch das reichte für eine Einbürgerung nicht aus. Da kam ihm der 73jährige Alexander B. zu Hilfe, Mitglied einer einflußreichen adligen Familie. Einem Amigo von K. gelang es, den alten Mann davon zu überzeugen, K. zu adoptieren. Und wer war der Freund? Der alte Bekannte Mauricio. So wurde aus dem von der deutschen Justiz gesuchten Helmut Peter K. ein gewisser Pedro B.

Ob und wie gut Felix diesen Helmut Peter K., alias B., kannte, läßt sich nicht eindeutig aufklären. Er selbst dementiert, in irgendwelche dubiosen Geschäfte mit K. involviert gewesen zu sein. Auch der derzeitige Botschafter von Costa Rica in Brüssel, der noch vor Jahren genau das Gegenteil behauptete, sagt heute, daß Felix nichts mit K. zu tun habe. Allerdings gibt es Diplomaten, die das genaue Gegenteil behauptet haben.

Zu ihnen gehört Dr. Alvaro Ortiz, der angesehene Arzt und Diplomat. Er hat gegen Felix und K. Anschuldigungen erhoben. Ihm waren inzwischen weitere Merkwürdigkeiten über costaricanische Diplomaten in Europa zu Ohr gekommen. Alvaro Ortiz gab Don Felix Mitschuld daran, daß das Pariser Botschaftsgebäude eines Tages von der Polizei durchsucht wurde. Peinlich für jede Regierung, wenn ihr exterritoriales Areal von der Polizei durchkämmt wird, um einen Kriminellen zu fassen, der sich dort aufhalten soll – in diesem Fall Helmut Peter K. Und der wurde inzwischen nicht nur wegen Betruges von den deutschen Behörden gesucht, sondern auch von der französischen Polizei wegen Drogenhandels.

Don Felix, behauptet Alvaro Ortiz, habe durch seine Verbindungen und Beziehungen, unter anderem zu K., diesen Eklat mit herbeigeführt. Ortiz, Zeuge der Polizeirazzia, ist noch immer empört, als er nach Costa Rica zurückkehrt. Dort erzählt er seinen Freunden und Bekannten, was er in Paris erlebt hatte und belastet dabei Felix schwer. Nach kurzer Zeit wird er vom damaligen Präsidenten der Republik, Rafael Angel Calderon, in sein Amtszimmer bestellt. Der Präsident warnt Ortiz davor, Negatives über seinen Freund Don Felix zu verbreiten. Dieser Drohung wird Nachdruck verliehen, denn wenig später wird in seine Wohnung eingebrochen. Doch es verschwindet eigentlich nichts, weder Wertsachen noch irgendwelche Einrichtungsgegenstände. Nur seine Aktentasche mit allen Aufzeichnungen, in denen er seine Erfahrungen mit Don Felix und K. festgehalten hatte.

Eines ist sicher: K. war ein wichtiger Drogenschmuggler, der als Honorarkonsul von Costa Rica mit Fahrzeugen der diplomatischen Mission, unter anderem aus Wien, Drogen durch ganz Europa transportierte. Und es gibt einige Indizien für ein Netzwerk, die jedoch von der Polizei nie weiterverfolgt wurden.

Demnach soll bei den Drogentransporten, wie die österreichische Polizei vermutet, unter anderem ein Wagen benutzt worden sein, der auf die Vertretung Costa Ricas bei der Internationalen Atomenergiebehörde zugelassen war. Mit diesem Fahrzeug seien regelmäßig Kurierfahrten von Wien nach Nizza durchgeführt worden – Heroin, als diplomatisches Gepäck getarnt. Auf dem Rückweg von Südfrankreich über Genf nach Wien seien dafür im Auto die Drogendollars zurücktransportiert worden.

Doch zurück zu Don Felix. Felix sollte nämlich 1990 zum Botschafter bei der UNESCO in Paris berufen werden. Mit der Akkreditierung beim Quai D'Orsay gab es jedoch erhebliche Schwierigkeiten. Victoria Guardia, die spätere Botschafterin Costa Ricas bei der UNESCO, erinnert sich: »Wir erhielten von der Regierung Frankreichs keine Antwort. Felix drängte jedoch auf eine Antwort. Daraufhin meldete sich das Außenministerium und wollte über ihn Informationen haben, wie Wohnsitz, Tag seiner Einreise in Frankreich, Austellungsort und -tag seines Visums. Das war vollkommen unüblich. Don Felix legte alle Informationen vor. Danach erhielten wir wiederum keine Antwort, was in diplomatischen Kreisen sehr bedeutungsvoll ist. Im Oktober 1990, als ich nach Paris kam, rief mich das französische Außenministerium an. Man ließ mich deutlich wissen, daß das Außenministerium an der Akkreditierung von Felix nicht interessiert sei. Ich rief daraufhin Felix zu mir. Er kam gemeinsam mit seinem Sohn und einem Anwalt in mein Büro. Ich erklärte ihm die Situation und bat ihn, daß er bitte nicht weiter auf den Posten bestehen solle. Beide reagierten ärgerlich, besonders sein Sohn. Warum bestand er auf diesem Posten, obwohl er schon Botschafter bei der Atomenergiebehörde war? Damals sagte mir Don Felix, daß er Freunde in der französischen Regierung hätte und auf einer Akkreditierung beharren würde. Ende 1993 erhielt ich erneut die Anweisung meines Außenministeriums in San José, ihn in Frankreich akkreditieren zu lassen. Die Antragsformulare wurden wieder ausgefüllt. Damit man nicht den Eindruck gewann, daß ich einen negativen Einfluß ausübte oder eine antisemitische Einstellung hatte, beauftragte ich J. Weinstock direkt mit diesen Formalitäten. Nun, die Zeit verging und wir reichten wieder die Papiere ein, mit denen wir erneut die Ernennung beantragten. Doch wieder antwortete die Regierung Frankreichs nicht. Daraufhin erbat ich eine schriftliche Antwort. Und dann erhielt ich ein Schreiben, daß die Ernennung von Felix abgelehnt wird.«

Das erwähnte Schreiben des französischen Außenministeriums vom 9. Dezember 1993 (Nr. 1305/PRO/oi) enthält tatsächlich diese Ablehnung. In dem vertraulichen Dokument wird aufgelistet, was der französischen Regierung verdächtig erschien. So sei Felix am 7. September 1972 bei einer Zollkontrolle mit seinem Mercedes aufgefallen, in dem er Uhren aus der Schweiz nach Frankreich geschmuggelt haben soll.

Am 15. August 1976 wurde er im Flughafen von Nizza angehalten, weil er Devisen illegal nach Frankreich brachte. Am
9. Juni 1979 habe es ein Telegramm von Interpol Wien gegeben, in dem er wegen Drogenhandels erwähnt sei. Und am
15. Juli 1981 gab es im Auftrag eines belgischen Untersuchungsrichters ein Rechtshilfeersuchen, um seine Residenz in
Antibes zu durchsuchen.

Für den Rechtsanwalt von Don Felix stellt sich alles ganz
anders dar. Auf die Frage, ob Don Felix in Frankreich Probleme hatte, antwortete Francisco Castillo: »Das war eine Klei-
nigkeit. Das war eine Sache zuerst mit der Steuer, eine Klei-
nigkeit. Er mußte bezahlen wegen eines Autos. Er hatte die
Grenze mit einem Auto mit ausländischem Kennzeichen überschritten. Wegen dieser Sache mußte er eine Buße zahlen. Das
war nicht kriminell, sondern eine administrative Angelegenheit. Das war alles.«

An etwas mehr erinnert sich ein Freund von Don Felix,
Alfonso Guardia: »Er hatte sehr viel Bargeld bei sich, hatte
jedoch vergessen, es zu deklarieren.«

Wahr ist, daß Fahrzeuge mit diplomatischen Kennzeichen
von Costa Rica, die von Wien nach Frankreich fuhren, nur
selten kontrolliert wurden.

Zum Netzwerk der Drogenkuriere im diplomatischen
Dienst gehörte auch ein gewisser Roberto M. M. war Kultur-
attaché an der Botschaft Costa Ricas in Brüssel und betrieb in
den Jahren 1983 bis 1985 im Zentrum von Brüssel eine Disko-
thek. Zwei Schritte davon entfernt – in der Rue de Marchè au
Fromage – lag die einschlägig bekannte Latino-Bar El Puma.
Drogenkuriere hatten hier einen ihrer wichtigsten Stützpunkte.
Im Jahr 1992 wurde M. in Deutschland auffällig, nicht wegen
eines lehrreichen Vortrags über Theater und Museen in Costa
Rica, sondern mit 400 Kilo Kokain im Gepäck. Im Oktober
1992 wurde er deshalb in einer gemeinsamen Operation von
BKA und dem bayerischen Landeskriminalamt verhaftet. Nach
seiner Verurteilung mußte er Deutschland unverzüglich verlas-
sen. Als besonders zynisch empfanden die Ermittler, daß Ro-

berto M. als offizieller Berater in Drogenfragen für den damaligen Präsidenten Rafael Angel Calderón tätig war.

Mitglieder des diplomatischen Korps als Drogenhändler – da darf Carlos V., der Botschafter Costa Ricas in Polen, nicht fehlen. Zu seinem Amtsbereich gehörten auch Bulgarien, Ungarn und Tschechien. Am 20. März 1993 landete er, aus Neu Delhi mit der Maschine Aeroflot 558 kommend, auf dem Flughafen Okecie in Warschau. Als die Zollbeamten sein Gepäck kontrollierten, fanden sie 12 Kilo Heroin. »Ich bin unschuldig«, lamentierte der Botschafter. Gegenüber polnischen Journalisten erklärte er gleichzeitig, daß er lieber in Polen vor Gericht gestellt werden wolle als in seiner Heimat. In Polen riskierte er wegen des illegalen Handels mit Drogen zwischen 3 und 15 Jahren Gefängnis, in Costa Rica 28 Jahre. Die Polizei kam bei ihren weiteren Ermittlungen zu dem Schluß, daß der Botschafter nur ein kleines Rad in einer großen Organisation war, »die über ausgezeichnete Kontakte nach Deutschland, Costa Rica, Kolumbien und Polen verfügte«.[5]

So gab es Verbindungen zu einem gewissen Barabahz M., der mit 350 Kilo Kokain am 16. November 1992 in Hamburg verhaftet wurde, und zu dem Ex-Konsul von Costa Rica in Polen, Murillo D. In Polen hatte man sich derweil entschieden, den Botschafter V. nicht auszuweisen. Nachdem er von einem dortigen Gericht in der ersten Instanz zu einer fünfjährigen Gefängnisstrafe verurteilt wurde, zog es der Botschafter vor, nach Costa Rica zu flüchten, obwohl eine Anordnung des Generalkommandanten des Grenzschutzes existierte, nach der V. nicht ausreisen darf. Man wußte damals bereits, daß es Pläne gab, wonach V. das »polnische Territorium verlassen will«. Dies geht aus entsprechenden Dokumenten des Grenzschutzes hervor.

Das 8. Strafgericht von Warschau hatte nämlich Hinweise, daß es »Gründe gibt anzunehmen, daß der Verurteilte mit einem nicht rechtskräftigen Urteil das Land verläßt. Das Gericht beantragt, daß er das Land nicht verlassen darf.« Die Anordnung nutzte wenig.

V. floh, bevor das Urteil gegen ihn rechtskräftig wurde. Über seine Flucht erzählt er folgende Version: »Ich bin nicht geflohen. Ich habe in Warschau einen Zug nach Amsterdam genommen und bin aus Polen am 2. März ausgereist. Die Behörden hatten falsch gerechnet. Sie dachten, daß ich fliege.«

V. fügte in einem Interview mit der Zeitung *La Nacion* hinzu, daß es nie ein Ausreiseverbot gegen ihn gegeben habe. Als ihm die Journalisten die entsprechende Verfügung vorlegten, meinte er lapidar: »Ich habe Ihnen niemals gesagt, daß ich kein Ausreiseverbot hatte. Ich habe Ihnen nur gesagt, daß Einschränkungen bestanden, als ich im Gefängnis war.«

Immerhin muß er Freunde und Fürsprecher gehabt haben, die von seiner Unschuld überzeugt gewesen sind. Der damalige Generalkonsul Costa Ricas in Wien, Johann Nitschinger, erinnert sich heute ziemlich genau: »Der Botschafter von Costa Rica, Carlos V., der wegen Drogenbesitzes in Polen verhaftet wurde, war ein Protegé von Felix. Damals hatte Felix sogar interveniert, damit er möglichst schnell wieder freikommt. Das habe ich persönlich mitbekommen, und es war für mich ein Schlag ins Gesicht, weil ich wußte, daß die Regierung bei solchen Vergehen mit Drogen sehr sensibel ist.«

Ein Schlag ins Gesicht für die »sensible« Regierung in Costa Rica mußte später die Verhaftung eines anderen Diplomaten gewesen sein. Auf dem Flughafen Wien-Schwechat wurden Anfang 1998 der langjährige Diplomat, Generalkonsul und beratende Minister von Costa Rica in der Slowakei Lyman Z. und seine Ehefrau verhaftet. In seinem Gepäck befanden sich 31 Kilo reines Kokain. Bei seiner Verhaftung hatte Lyman Z. gefälschte Diplomatenpässe bei sich, die im Juni 1994 ausgestellt, jedoch später für ungültig erklärt wurden. Es war übrigens nicht das erste Mal, daß der Ex-Diplomat versuchte, Drogen zu schmuggeln.

Drogenschmuggel über diplomatische Kanäle – das schien mehr als ein Zufall zu sein, das hatte System. Doch das diplomatische Korps von Costa Rica in Wien fiel auch schon in der Vergangenheit stets durch merkwürdiges Verhalten auf.

Kaviar für den Papst

Welch kurioses Personal sich für Costa Rica auf dem Wiener diplomatischen Parkett bewegt, zeigt das Beispiel eines gewissen Bela Rabelbauer, auch Big Bela genannt. Er war quasi der Vorgänger von Don Felix in Österreich und der lebende Beweis, was mit Geld alles möglich ist. Bela Rabelbauer war ein Finanzjongleur, Millionenbetrüger, Diplomat, Präsidentschaftsanwärter, Freund des Papstes und V-Mann der Polizei.

In Deutschland tauchte er erstmals im Sommer 1998 in Zeitungsmeldungen auf. Damals wurde er von Beamten des Münchner Landeskriminalamtes auf der Autobahn von einer Polizeistreife angehalten, zu einem Parkplatz eskortiert und dort festgenommen. Der Vorwurf: Handel mit gefälschten Wertpapieren im Wert von mehr als zwei Millionen Mark und der Versuch, gefälschte US-Dollarnoten im Wert von rund 2,5 Millionen Schilling in D-Mark umzutauschen. Ähnliche Vorwürfe waren bereits 1992 in Wien gegen ihn erhoben worden. »Auch in Wien gab es Erhebungen wegen Geldfälscherei. Das war 1991 oder 1992«, so sein Wiener Anwalt. Rabelbauer habe für die US-Antidrogenbehörde gearbeitet. Verdeckt und mit allen Mitteln. Also auch mit Dollarblüten. Weil er lediglich Dealer überführen wollte, sei das Verfahren eingestellt worden.

Wenn man den Anwalt in seinem Büro im 1. Bezirk von Wien besucht, hallt seine kräftige Stimme bereits durch das gesamte Treppenhaus.

»Ja«, sagt er, »der Name Felix sagt meinem Mandanten etwas. Er kennt ihn.«

Doch Rabelbauer selbst erklärt mir nach der Rückkehr von

einem Südostasienaufenthalt kurz und bündig: »Ich kenne keinen Felix.« Ziemlich merkwürdig, wo doch beide im diplomatischen Dienst für Costa Rica in Österreich tätig waren. Doch es ist immer das gleiche Strickmuster: Personen, die in Netzwerke eingebunden sind, leugnen ihre Verbindungen, weil sie befürchten, daß die mühsam geknüpften Netze zerreißen könnten.

Immerhin war Rabelbauer Mitte der siebziger Jahre Wirtschaftsattaché für Costa Rica und dann bis 1978 im Range eines Botschafters von Costa Rica in Brüssel bei der Welternährungsorganisation tätig, um, so sagen seine Kritiker, auch seine eigennützigen Geschäfte voranzutreiben. Brüssel war zur damaligen Zeit ein wichtiges Betätigungsfeld von Don Felix. Gut erinnern kann sich Bela Rabelbauer hingegen an den intimen Freund von Felix – an Mauricio. Im Gefolge einer Regierungsdelegation aus Costa Rica sei er mit Mauricio zusammen in Persien gewesen. »Ich habe noch ein Foto mit ihm«, erzählt er stolz. »Schon am nächsten Tag fand ein Empfang beim Außen- und Handelsminister statt. Vor der Abreise wollte Dr. Facio, der Außenminister Costa Ricas, noch einen Termin beim Schah von Persien. Das schien unmöglich. Als ich davon hörte, setzte ich meine Beziehungen ein, und zwölf Stunden später bekam ich mit dem Außenminister eine anderthalbstündige Audienz beim Schah.«[6]

Costa Rica und dessen politische Führer kennt Bela Rabelbauer ebenfalls besonders gut. Den einstigen Multimillionär verband eine enge Freundschaft mit José Maria Figueres, dem ehemaligen Präsidenten von Costa Rica, »Don Pepe« genannt. Der soll ihm – nachdem Bela Rabelbauer die Finanzierung für den Hafen von Limon an der Karibikküste arrangiert hatte – angeboten haben, für die Botschaft Costa Ricas bei der Europäischen Wirtschaftsgemeinschaft in Brüssel als Wirtschaftsattaché tätig zu werden. »Er wollte sich mit dem Angebot die Provisionen sparen, die ich für meine Vermittlungstätigkeit eingefordert hatte«, erinnert sich Bela Rabelbauer.

»Ich erkannte, daß ich das Geld ohnehin nie sehen würde

und nahm daher sein Angebot an. Warum nicht? So eine diplomatische Tätigkeit konnte ja wirklich interessant sein und auch sicher geschäftliche Möglichkeiten eröffnen«, erinnert er sich. Als Wirtschaftsattaché von Costa Rica verbrachte er viel Zeit bei der EWG. Und er tat einiges für Costa Rica.

So pflegte Bela Rabelbauer in den siebziger Jahren ausgezeichnete Verbindungen zum Vatikan. Diese Kontakte sind ein Paradebeispiel dafür, wie und in welchem Umfang sich Netzwerke aufbauen.

Rabelbauer vermittelte Anfang der siebziger Jahre ein Gespräch zwischen dem damaligen Außenminister von Costa Rica und Papst Paul VI. »Wir wurden in die Privatgemächer des Papstes geführt und dort in der Bibliothek empfangen. Geschenke wurden ausgetauscht und einige politische Angelegenheiten betreffend Costa Rica besprochen.« Sein Wiener Rechtsanwalt erinnert sich dabei an einen Vorgang in Rom. »Wir waren damals mit dem Sekretär des Heiligen Vaters Paul VI. in Rom zum Essen verabredet. Wir kommen also in ein wunderschönes Restaurant, da erscheint der Sekretär mit den Worten: ›Mein lieber Bela, herzliche Grüße vom Heiligen Vater. Der Kaviar war wieder exzellent.‹ Bela hatte in der Vergangenheit dem Papst stets Kaviar geschickt, und ich habe auch Briefe des Papstes an ihn gelesen.«

Rabelbauer hatte mit seinen Verbindungen zum Vatikan und zu Papst Paul VI. sicher nicht nur geistlichen Beistand im Sinn, als er den Vatikan an seiner Firma Teston Finanz AG mit einem zehnprozentigen Aktienanteil beteiligte. Bela Rabelbauer dachte bereits weiter: »Was glauben Sie, was man mit einer Firma machen kann, an der der Papst selbst und der Vatikan beteiligt sind. Da glaubt doch jeder, daß hinter dem Rest auch die Kirche steht.«

Und so übergab er Paul VI. und seinem Staatssekretär »schenkungshalber« jeweils zehn Prozent der Aktien der Teston Finanz AG. Die Dividenden sollten wohltätigen Zwecken zufließen. »Als mir der Heilige Vater und auch der damalige Staatssekretär, Kardinal Villot, bei der Übergabe des Aktienpaketes sagten: ›Gott möge Ihnen das Geschenk tausendmal vergeben‹, erschien es mir eher wie eine Floskel. Keiner dachte wohl in dem Moment daran, wie sehr dieser Wunsch in Erfüllung gehen sollte. Das gesamte Aktienkapital der Teston erwirtschaftete in den Jahren 1972 bis 1974 einen Nettoreingewinn von 15 Millionen Mark. Zwanzig Prozent davon kassierte der Heilige Stuhl.« Was versteckte sich hinter der Teston Finanz AG? »Ein Geschäft, das sich schon an der Grenze der Legalität bewegte: Rabelbauer verschaffte ausländischen Interessenten bundesdeutsche Wertpapiere, deren Kauf für Ausländer einige Jahre nur sehr beschränkt möglich war.«[7]

Große Summen wurden dabei umgesetzt: »Damals hatte zum Beispiel die Dresdner Bank, immerhin eines der ersten Bankinstitute in Deutschland, auf dem von uns betriebenen Sektor einen Jahresumsatz von 33 Millionen Mark. Wir als kleine Firma mit nur sechs Mitarbeitern aber einen solchen von über 1,5 Milliarden Mark.«

Daß der Vatikan nach dem Geld gierte, hing mit einem anderen Vorgang zusammen. Denn während Bela Rabelbauer großzügig den Vatikan an seinem Unternehmen beteiligte, erklärte Kardinal Vagnozzi einem seiner Kollegen: »Man müßte eine Kombination aus KGB, CIA und Interpol aufbieten, um auch nur einen entfernten Eindruck davon zu gewinnen, wieviel Geld da ist und wo es steckt.«

Vertrauter von Papst Paul VI. war in jenen Tagen bereits Kardinal Marcinkus, der Chef der Vatikanbank. Aus der kriminellen Kooperation zwischen Kardinal Marcinkus mit dubiosen Geschäftsleuten sollte sich später einer der großen Skandale entwickeln, die bis zum heutigen Tag die Glaubwürdigkeit des Vatikans dauerhaft beschädigt haben.

Der berüchtigte Bankier der italienischen und US-amerikanischen Mafia, Michele Sindona, hatte zusammen mit Licio Gelli, dem Chef der geheimnisumwitterten Loge P2, und in enger Kooperation mit Kardinal Marcinkus eine Vielzahl von Finanzmanipulationen vorgenommen. Michele Sindona war der Banker der Mafia, die Banco Ambrosiano deren Waschanlage. Über die Banco Ambrosiano wurden insgesamt 1,4 Milliarden US-Dollar der amerikanischen und italienischen Mafia geschleust und danach auf Konten in Panama und auf den Bahamas transferiert. Gleichzeitig wurde über die Banco Ambrosiano, im Auftrag der Vatikanbank IOR (Instituto per le Opere Religiose), mit Devisen spekuliert. Luigi Mennini, der Sekretär der IOR, der direkt unter Marcinkus gearbeitet hatte, hatte mit dieser Mafiabank zusammengearbeitet. An ihn kann sich ein Mitarbeiter der Banco Ambrosiano, Carlo Bordoni, ziemlich gut erinnern. »Obwohl er auftrat wie ein Prälat, war er ein mit allen Wassern gewaschener Spekulant. Er piesackte mich in jeder Beziehung, weil er Geld und immer mehr Geld verdienen wollte. Er spekulierte mit der Finabank, mit Aktien, mit Rohstoffen. Ich erinnere mich, daß er mir eines Tages ein kurzes Schreiben von Paul VI. gab, worin mir der päpstliche Segen für meine Arbeit als Berater des Heiligen Stuhles ausgesprochen wurde.«

Nachdem Papst Paul VI. gestorben war, wurde Johannes Paul I. sein Nachfolger. Der neue Papst war ein heftiger Kritiker der finanziellen Machenschaften seines Vorgängers, insbesondere von Kardinal Marcinkus. Er wollte die bisherige Vatikanpolitik radikal ändern und das System von Korruption und Betrug, sowie die Geschäfte mit der Cosa Nostra beenden. Die drohende Gefahr hatte Kardinal Marcinkus schnell erkannt. Seinen Mitarbeitern sagte er: »Stellen Sie sich darauf ein, daß dieser Papst andere Anschauungen hat als der letzte. Es wird hier Veränderungen geben. Große Veränderungen.«

Johannes Paul I. war nur Papst für 33 Tage. Am 28. September 1978 starb er unter bislang nicht gänzlich geklärten Umständen. Sein plötzlicher Tod war Anlaß für viele Spekulationen. »Die konkreten Umstände, unter denen diese Entdeckung vor sich ging, deuten mit überwältigender Klarheit darauf hin, daß der Vatikan hier etwas vertuschte. Es begann mit einer Lüge und setzte sich mit einem ganzen Lügengespinst fort. Sie logen im Kleinen. Sie logen im Großen. Mit allen ihren Lügen verfolgten sie nur einen Zweck: zu vertuschen, daß Albino

Luciani, Papst Johannes Paul I., irgendwann zwischen 21.30 Uhr am Abend des 28. September und 4.30 Uhr am Morgen des 29. September 1978 ermordet wurde.«[8]

Von seinem Nachfolger aus Polen, Johannes Paul II., drohte nun keine Gefahr mehr. Er stand vollkommen in der erzkonservativen Tradition von Papst Paul VI., hatte kein Interesse an irgendwelchen Veränderungen im korrupten Machtapparat des Vatikan. Im Gegenteil: Die Machenschaften von Kardinälen, Bankern und der Mafia konnten wieder ungehindert fortgesetzt werden. Don Felix unterdessen schmückt sich übrigens mit einem Foto, das ihn zusammen mit seiner Heiligkeit Karol Wojtyla, Papst Johannes II., zeigt.

Nicht zu trennen von der Vatikanbank und ihren Beziehungen zur Cosa Nostra ist die Loge P2. Über den mächtigsten Clan der Cosa Nostra, den Clan Corleone aus Sizilien, wurden Investitionen durch die Vatikanbank IOR getätigt. Und über die Loge P2 urteilte ein Untersuchungsausschuß des italienischen Parlaments: »Es gibt Verbindungen des Chefs der Loge P2, Licio Gelli, nach Südamerika, besonders Argentinien, Peru und Uruguay. Es ist bewiesen, daß Angehörige der P2 Waffen geschmuggelt hatten und zwar organisiert von den P2-Angehörigen, die zur gleichen Zeit Mitglieder der Armee waren. Es ist klar, daß die finanziellen Transaktionen der Loge P2 über eine Bank, die Privatbank Banco Ambrosiano, gingen. Die Loge P2 ist ein Zentrum der Kommunikation zwischen Geheimdiensten, Rechtsextremisten, führenden Christdemokraten und der Mafia gewesen.«

Unter den rund 2500 Logenmitgliedern befanden sich 43 Generäle, darunter die gesamte Führungsspitze der Geheimdienste der letzten dreißig Jahre, der komplette Generalstab des Heeres, hohe Polizeiführer und Carabinieri-Generäle sowie etwa 400 Offiziere. Eng waren die Verbindungen auch zu amerikanischen Dienststellen. Die Stationschefs der CIA in Rom waren die Verbindungsleute zur Loge P2 und ließen der Loge monatlich zehn Millionen Dollar zukommen. Durch den hohen Anteil an Militärs und Geheimdienstlern unter ihren

Mitgliedern konnte die P2 den Militär- und Sicherheitsbereich zum großen Teil kontrollieren und beeinflussen. Da dürfte es niemanden verwundern, daß der mehrmalige italienische Ministerpräsident Giulio Andreotti als die graue Eminenz, der eigentliche Chef, der P2 galt. Andreotti wurde bereits Anfang der achtziger Jahre durch die Ergebnisse der P2-Untersuchungskommission schwer belastet. Die Sekretärin Gellis, Nara Lazzeroni, sagte vor dieser Kommission aus, daß in der Loge »der eigentliche Chef Andreotti und nicht Gelli war«. Und die Witwe des P2-Bankiers Roberto Calvi, als Präsident der Banco Ambrosiano zu seiner Zeit einer der mächtigsten Finanziers Italiens, bestätigte ebenfalls, daß Gelli in ihrer Gegenwart von Andreotti als dem »Mann über sich« sprach.

Calvi wurde im Juni 1982 zum Selbstmord gezwungen, nachdem er Enthüllungen über die P2 angekündigt hatte. Weitere Aussagen, darunter die des Geheimdienstgenerals Luigi Bittoni, bestätigen Andreottis Chefrolle in der Putschistenloge. Konnte sich Andreotti vor der P2-Kommission des Parlaments noch herausreden, wurde es mit der 1995 gegen ihn wegen »Beteiligung an einer mafiosen Vereinigung« erhobenen Anklage ernst. In dem Prozeß geht es nicht nur um den Mord an dem Journalisten Pecorelli, den die Mafia im Auftrag Andreottis ausgeführt haben soll, sondern generell um die Verflechtung zwischen der »ehrenwerten Gesellschaft« und der P2 und um die Rolle des Ex-Premiers als Kontaktmann. Es sei in der Mafia bekannt gewesen, daß »einer der Kanäle, um an Andreotti heranzukommen, der Weg über die Geheimloge« war. Daß Andreotti dem Unternehmer Gelli in seiner Zeit als Verteidigungsminister lukrative NATO-Aufträge zuschanzte, dürfte ein vergleichsweise harmloses Delikt sein. Schwer wiegt dagegen, daß er ein aktiver Förderer des P2-Bankiers Michele Sindona war, einem der damals international größten Finanzmagnaten, Vertrauensmann des Vatikans und der Mafia in einer Person.

Als dieser nach seinem Bankrott zu lebenslänglicher Freiheitsstrafe verurteilt wurde, die »Omerta« brach und über das

Geflecht von Mafia und P2 auspacken wollte, wurde er im Gefängnis mit Zyankali vergiftet.

Den Akten des P2-Untersuchungsausschusses ist außerdem zu entnehmen: »Sie hatten zusammen ein System entwickelt, das eine effektive Kontrolle über die Banco Ambrosiano erlaubte. Sie waren Geschäftspartner und hatten bestimmte Finanzoperationen zu diesem Zweck durchgeführt. Calvi (der Banker der Loge P2 und Präsident der Banco Ambrosiano) war es gelungen, im Ausland Finanzgesellschaften zu gründen, die vor der Kontrolle von Finanzämtern geschützt waren«. Die Verbindungen zwischen dieser Banco Ambrosiano und der Vatikanbank sind inzwischen hinlänglich bekannt. Gemeinsam wurde das Kapitel der Vatikanbank zum Kauf von Aktien etwa von General Motors freigegeben. Gefälschte Wertpapiere, die von der US-amerikanischen Mafia geliefert wurden, und zwar im Wert von 950 Millionen Dollar, wurden über Kardinal Marcinkus und die Vatikanbank nach Europa eingeschleust, um damit für die Bilanz der Vatikanbank den Eindruck zu erwecken, daß sie über erhebliche Geldmittel verfügt.

Als die Geheimloge in Italien aufflog, gelang Gelli die Flucht ins Ausland. Am 13. September 1982 wurde er jedoch in einer Filiale der Schweizerischen Bankgesellschaft in Genf gefaßt. Er war gerade dabei, mehrere Millionen Franken von seinem Konto abzuheben, um damit nach Südamerika zu flüchten. Ein Jahr später floh Gelli, mit Hilfe eines Wärters, aus seiner Gefängniszelle. »Mit seinem Wissen über die Hintergründe des Skandals, der die Republik erschütterte, seinem Namensarchiv mit über 600 prominenten Adressen, seinen Beziehungen zum Bankchef Calvi, zum schwer angeschlagenen Medienkonzern Rizolli sowie seinen ominösen Geheimtreffen mit einem Carabinierigeneral in seinem toscanischen Landhaus, ist Gelli zum gefürchteten Zeitzünder geworden.«[9]

Wie meinte doch Tina Anselmi, die Vorsitzende des P2-Untersuchungsausschusses dazu: »Die P2 ist keineswegs tot. Sie verfügt immer noch über Macht. Sie ist in den Institutionen aktiv. Sie kriecht durch die Gesellschaft. Ihr stehen noch immer Geld, Instrumente und Möglichkeiten zu Gebote. Sie verfügt über gutfunktionierende Machtzentren in Südamerika.«

Nach seiner Flucht kehrte Gelli wieder nach Italien zurück. Er hoffte, daß ihn wegen seiner intimen Kenntnisse aus dem Innenleben der Macht niemand vor ein Gericht stellen würde. Lange Zeit sollte er sogar Recht behalten. Dann wurde er jedoch 1997 wegen betrügerischen Bankrotts zu einer zwölfjährigen Haftstrafe verurteilt. Kurz bevor er seine Strafe antreten mußte, flüchtete er erneut. Diesmal nach Frankreich. Im September 1998 wurde er endlich in Cannes verhaftet und nach Italien ausgeliefert. Dies war das Ende einer langen Karriere, die erst dann jäh abbrach, als das in Italien herrschende Geflecht von Korruption und Mafia ansatzweise zerschlagen werden konnte. In anderen Ländern kann hiervon keine Rede sein.

Big Bela

1975 war Bela Rabelbauer immer noch Botschafter von Costa Rica bei der EG. Und einer der größten Steuerzahler im österreichischen Bundesland Vorarlberg. »Aufgrund eines 1980 mit der Finanzbehörde abgeschlossenen Vertrages hatte ich nicht weniger als 56 Millionen an Steuern entrichtet, obwohl meine Firmen allesamt im Ausland waren. Meine Finanzgesellschaft saß in Zürich, zwei weitere Finanzgesellschaften hatten ihren Sitz in Deutschland, in Italien hatte ich eine Fabrik für medizinische Bedarfsartikel; in den USA, Thailand und Ungarn gab es Düngemittelfabriken, und die Holding war in Liechtenstein.«

Inzwischen war ihm auch die deutsche Steuerfahndung auf den Fersen. Ein gefeuerter Mitarbeiter hatte gegenüber dem Finanzamt behauptet, daß Bela Rabelbauer jährlich viele hundert Millionen Mark verdiene und keine Steuer bezahle. »Aus dem Vatikan erhielt ich die Warnung, daß Montag früh die Steuerfahndung das Büro in Augsburg durchsuchen werden.« Kurzerhand packte der Botschafter Costa Ricas alle Akten in seinen Bus und brachte die belastenden Dokumente nach Zürich in Sicherheit.

»Bela Rabelbauer ist ein Grenzfall: stets an jener Grenze entlang turnend, die den übertüchtigen Geschäftsmann vom schlichten Kriminellen trennt, den Ehrgeizigen vom Phantasten, den Genialen vom Gaukler.«[10] Die deutschen Steuerbehörden sahen in ihm eher einen schlichten Kriminellen und blieben entsprechend hartnäckig. Sie eröffneten ein internationales Rechtshilfeverfahren, daß auch Österreich einbezog und für Rabelbauer mit weiteren Problemen verbunden war. Kurz vor Weihnachten wollte ihn deshalb die Polizei wegen des Auslieferungsbegehrens aus Deutschland in seiner Villa in Vorarlberg aufsuchen.

Rabelbauer befand sich gerade im Bad, als ihm seine Frau berichtete, daß vor der Tür zwanzig Polizisten stünden.

»Du gehst jetzt hinunter und sagst den Leuten: ›Seine Exzellenz der Herr Botschafter sitzt im Bade und empfängt zur Stunde nicht.‹«

Aber diesmal nützte es nichts. Die Polizeibeamten holten einen Schlosser und drangen gewaltsam in das Haus ein. Auf das Angebot von Bela Rabelbauer, die beschlagnahmten Akten eigenhändig in seinem Wagen in sein Büro nach Dornbirn zu bringen, gingen die Beamten ein. Die Akten wurden in seinem Auto verstaut, dem Wagen der diplomatischen Vertretung von Costa Rica bei der EG.

»In wenigen Minuten hatte ich die Herren mitsamt ihrem schönen Hausdurchsuchungsbefehl weit hinter mir gelassen und traf lange vor ihnen in meinem Büro ein. Ich fuhr mit dem Lift in den dritten Stock, blockierte die Aufzugstür. Ich wollte nur etwas für die Gesundheit der Herren von der Finanz tun.«

Als die Beamten in sein Büro eindrangen, um endlich die Akten beschlagnahmen zu können, intervenierte Rabelbauer erneut.

»Das kommt überhaupt nicht in Frage.«

»Dann werden wir den Wagen gewaltsam öffnen.«

»Bravo, das werde ich gerne fotografieren, wie sie den Wagen einer ausländischen Botschaft aufbrechen.« Noch heute erinnern sich die Polizeibeamten in Vorarlberg an den Vorgang. »Der hatte einen so großen Einfluß, daß wir nicht wagten, irgend etwas gegen ihn zu unternehmen.«

Sicherheitshalber verzog sich Bela Rabelbauer trotzdem nach Costa Rica. Die deutschen Behörden hatten inzwischen einen internationalen Haftbefehl gegen ihn erwirkt, wegen Steuerbetrugs. Rabelbauer wollte sich gerade mit dem ehemaligen Präsidenten »Don Pepe« Figueres treffen, als er von vier Männern in einen großen amerikanischen Wagen gezerrt und in ein finsteres Gewölbe gebracht wurde. »Da sah ich, daß ich im Gefängnis war, denn der ziemlich große Raum hatte links und rechts Gitterkäfige, in denen jeweils 15 bis 20 Personen gefangen waren.«

Aber er hatte gute Beziehungen. »Endlich um halb elf Uhr nachts kam Don Pepe. Freudig begrüßte er mich und entschuldigte sich sofort für das Vorgehen der Polizei. Ich hätte in Costa Rica nichts zu fürchten, ich möge mich nur ein wenig gedulden. Sehr bald hatte er telefonisch erreicht, daß ich wieder ins Hotel zurückgehen konnte. Ich durfte auch mit dem österreichischen Konsul, Herrn Nagel, telefonieren, der mir sagte, daß der Kommandant der Polizei früher sein Chauffeur gewesen sei und ich nichts zu befürchten hätte.«

Am nächsten Tag entschied der zuständige Richter in San José, daß Bela Rabelbauer, trotz der Intervention des Ex-Präsidenten, wieder ins Gefängnis zurück mußte. Doch wurde nun der Kommandant des Gefängnisses angewiesen, sein Zimmer zu räumen, um Platz für den neuen Häftling zu schaffen. Er schlief unterdessen im Flur auf dem Fußboden.

»Als nach drei Tagen die Deutschen noch immer nicht die angekündigten Unterlagen bei Gericht vorlegten, wurde ich dem Richter vorgeführt. Da es für Steuerverfahren keine Auslieferung in Costa Rica gibt, ließ er mich frei. Er sagte, ich könne gehen, wohin ich wolle, aber den Paß gab er mir nicht zurück. Als ich ihm sagte, daß ich ohne Paß nicht nach Hause reisen kann, meinte er, daß man ohne Probleme von Costa Rica nach Panama gelangen könne, auch ohne Paß.«

Inzwischen hatte der Sekretär von Don Pepe den Fall Rabelbauer in die Hand genommen. Bela Rabelbauer, von der deutschen Polizei gesucht, wurde mit der Maschine des Präsidenten von Panama aus Costa Rica herausgeflogen. Der Freund des Ex-Präsidenten von Costa Rica konnte zu neuen Abenteuern aufbrechen.

Und die sind wieder typisch wienerisch. Bela Rabelbauer betritt nun die politische Bühne in Österreich, unterstützt über ein sogenanntes »Bürgerforum« die konservative Österreichische Volkspartei (ÖVP) im Wahlkampf gegen den damaligen

SPÖ-Bundeskanzler Bruno Kreisky. Im Zusammenhang mit diesem Wahlkampf macht Rabelbauer 1980 Schlagzeilen als »der Mann mit einem schwarzen Aktenkoffer«.

»Bei Nacht und Nebel will der Vorarlberger Geschäftsmann ÖVP-Politikern im Parlament eine Spende von mehreren Millionen Schilling übergeben. Die schwarzen Granden lehnen das unsittliche Angebot ab«, schrieb die Zeitschrift *Profil*. Ob die ÖVP das lukrative Angebot 1980 wirklich ablehnte, ist mehr als fraglich. Aus der Sicht von Bela Rabelbauer sah das jedenfalls anders aus.

»Der Vorsitzende der ÖVP, Alois Mock, schien ganz gierig nach Geld für seine Partei zu sein. Er forderte von uns ganz energisch die Übergabe von 10 Millionen Schilling. Ja, er kam sogar zu mir nach Vorarlberg, um die Zahlung der 10 Millionen einzumahnen.«

Bela Rabelbauer erklärte sich nach seinen eigenen Worten bereit, vier Millionen Schilling zur Verfügung zu stellen.

»Wie von Dr. Mock verlangt, meldeten wir uns etwa gegen sechs Uhr abends beim Portier des Parlamentseingangs. Dr. Mock veranlaßte, daß wir alle in sein Büro geführt wurden, wo er dann auch nach einiger Zeit erschien. Die Herren vom Bürgerforum hatten die besagten vier Millionen mitgebracht, allerdings nicht, wie das später in den Medien verbreitet wurde, in einem schwarzen Koffer, sondern in einer bordeauxroten Aktentasche. Dr. Mock nahm die Tasche, ging zu seinem Schreibtisch, öffnete sie und entnahm ihr das Geld. Als er feststellte, daß es nur vier Millionen waren, bekam er einen Tobsuchtsanfall.« Alois Mock verlangte nach dieser Schilderung von Rabelbauer lautstark und kategorisch, daß der Restbetrag umgehend herbeizuschaffen sei und komplimentierte die Herren aus seinem Büro.

Als die Affäre an die Öffentlichkeit kam, wollte niemand von der ÖVP von dem Geldbetrag gewußt haben. Dr. Alois Mock machte weiter Karriere in der ÖVP. Zusammen mit der SPÖ bildete er später eine Koalitionsregierung.

Unabhängig davon macht Bela Rabelbauer, der einstige

Millionär und Ex-Botschafter, weiter von sich reden. Mit einer Reihe großangelegter Täuschungsmanöver auf Kosten mehrerer Banken. Um einer Anklage zu entgehen, besticht Rabelbauer einen Wiener Staatsanwalt mit einer Million Schilling, der das Verfahren in der Folge einstellt. Als der Vorgang ruchbar wird, streitet der Staatsanwalt zuerst einmal alles kategorisch ab, bezeichnet die Vorwürfe als Lüge und Verleumdung. Doch dann muß er klein beigeben. Pech für den Staatsanwalt: Rabelbauer hatte die Verhandlungsgespräche, die in der Schweiz stattfanden, auf Video aufgenommen.

»Er fragte mich unvermittelt, was wir wohl an dem Geschäft verdient hätten. Doch sicherlich an die drei bis fünf Millionen Franken. Was ich davon abgeben könne. Er wolle aus dem Staatsdienst ausscheiden und sich als Wirtschaftsjurist selbständig machen. Er würde den Betrag gerne abarbeiten, d.h. für unsere Firma als Anwalt tätig werden und sein Honorar schrittweise aufrechnen. Ob ich nicht 1,5 Millionen Franken zur Verfügung stellen könne. Dr. M. kam später in die Schweiz und holte sich einen Teilbetrag ab.«

Erst nach Rabelbauers Aussage bekannte der korrupte Staatsanwalt seine Schuld: »Ich bin zu dem Schluß gekommen, daß er eben als Geschäftsmann großen Stils wohl den Weitblick haben würde zu begreifen, daß es für uns zwei nur gab: gemeinsam durchkommen oder gemeinsam untergehen. Ein dritter Mitwisser würde irgendwann einmal nicht den Mund halten können und alles verraten.«

Im Dezember 1988 wird Rabelbauer schließlich doch wegen schweren Betruges (es geht um 342 Millionen Schilling und Anstiftung zum Amtsmißbrauch) zu siebeneinhalb Jahren Haft verurteilt. Er legt Berufung ein. Doch als das Urteil 1991 rechtskräftig wird, flüchtet er nach Thailand. Von dort aus kontaktiert er einen alten Freund, den Wiener Erzbischof Hans Groer, der darauf hinwirken soll, daß ihm seine noch in Österreich abzusitzende Gefängnisstrafe erlassen wird. Am 4. Juli 1992 schreibt ihm Groer: »Lieber Bela. Ich habe mehrmals mit dem Bundespräsidenten gesprochen.« In einem weiteren Brief vom 14. Juli 1992 schreibt der Erzbischof an Bela: »Ich werde Deinen Bittbrief als Postbote an Klestil [der amtierende Bundespräsident, J.R.] übergeben bzw. übermitteln.« Doch die Bemühungen waren vergeblich. 1993 wird Bela Rabelbauer aufgrund eines österreichischen Auslieferungsersuchens in Thailand verhaftet.

Im Januar 1996 taucht ein Foto von ihm in österreichischen Tageszeitungen auf: Auf dem Wiener Flughafen Schwechat entsteigt ein Mann einem Flugzeug. Es ist Bela Rabelbauer, Ex-Diplomat und Ex-Multimillionär. Er ist notdürftig bekleidet, mit einem T-Shirt und Shorts, in Badesandalen, an den Händen gefesselt. Jetzt wird er seine Reststrafe von eineinhalb Jahren absitzen müssen. Kaum aus der Haft entlassen, gründet er gemeinsam mit einem rechtskonservativen und erzkatholischen Aktivisten einen sogenannten »Schutzverband der Klein- und Mittelbetriebe«, um eine »Steuerwiderstandsbewegung« aufzubauen. Doch das füllt den agilen Mann nicht aus. Er bewirbt sich 1998 sogar um das Amt des Bundespräsidenten. Weil er zuwenig Unterschriften vorweisen kann, muß Rabelbauer den ehrgeizigen Plan jedoch wieder fallenlassen. Danach sucht er wieder nach neuen Tätigkeitsfeldern und findet sie prompt im Drogen- und Waffenhandel. Jetzt hat er Verbindungen zur italienischen Mafia in Lüttich, »natürlich nur als Agent der amerikanischen Behörden«, wie zu hören ist. Belgische Ermittlungsbehörden sehen das anders. Sie glauben zwar auch, daß er als Agent einer US-Dienststelle arbeitet, aber gleichzeitig auch für sich selbst einiges abzweigt. Es ist kaum vorstellbar, daß die mächtige italienische Mafiafamilie Spadaro aus Palermo, mit einem Stützpunkt in Lüttich, bei der Drogengeldwäsche über Argentinien und Luxemburg sich durch einen V-Mann stören lassen würde.

Der Konsul als Waffenhändler

Im Wiener Sumpf agiert ein weiterer Mann, der ebenfalls für Costa Rica gearbeitet hat. Auch er wird als Mitglied der »Organisation Diplomat« und wichtiger Teil des Netzwerkes vermutet. Sein Name: Walter Schön senior. Ein Waffenhändler, der im Staatsauftrag mit der europäischen Rüstungsindustrie lukrative Geschäfte besiegelte. Wie Felix war Walter Schön ein »Freund von Costa Rica« und gleichzeitig Generalkonsul und beratender Minister dieses kleinen Landes.

In der Wiener Tageszeitung *Die Presse* konnte man am 3. Oktober 1986 folgende kleine Anzeige lesen: »Generalkonsul Kommerzialrat Dr. h.c. Dkfm. Dr. Walter Schön wird am 6. Oktober 70 Jahre alt. Aus diesem besonderen Anlaß wünscht die Ständige Vertretung von Costa Rica bei der Internationalen Atomenergiebehörde Herrn Generalkonsul und Ministro Consejero Dr. Walter Schön von ganzem Herzen ein langes und gesundes Leben und eine weiterhin erfolgreiche Tätigkeit für unser Land.« Unterzeichner: »Botschafter Herr und Frau Felix«.

Daß es enge Verbindungen zwischen dem Waffenhändler Walter Schön und Felix gegeben haben muß, davon ist auch Rodrigo Paris Steffens überzeugt, der Mitte der siebziger Jahre häufig in der Botschaft Costa Ricas in Wien war.

»In Wien habe ich Walter Schön kennengelernt. Felix und Schön waren gute Freunde. Als Schön nicht mehr Generalkonsul war, hatte Felix alles versucht, damit er [Schön, J.R.] wieder den Titel erhält. Also Schön, Mauricio und derjenige, der zehn Millionen Schilling der ÖVP brachte, Rabelbauer, das sind alles Mitglieder seiner Organisation. Ich habe ja persönlich Schön und Felix zusammen gesehen, mehrmals, im Konsulat. Das war bereits 1975. Damals war die Botschaft zugesperrt, wegen eines Botschafters, der seine Rechnungen nicht bezahlt hatte.« Soweit diese Behauptung von Rodrigo Paris Steffens.

Don Felix wiederum sagt, er kenne einen Walter Schön nur am Rande, ja eigentlich überhaupt nicht, was auch sein Anwalt unterstreicht: Auf meine Frage, ob es Verbindungen zwischen Felix und Walter Schön gegeben habe, antwortet er kategorisch: »Nein, nein. Es gab keine Beweise dafür.«

Auch Walter Schön junior, jüngster Sohn und Nachfolger des 1992 verstorbenen Walter Schön, kann sich nicht an Don Felix erinnern. Der ehemalige Generalkonsul von Costa Rica in Österreich, Johann Nitschinger, sieht das wiederum anders: »Walter Schön und Felix waren gut miteinander bekannt. Ich weiß, daß sie öfter zusammen waren. Walter Schön hat sogar Schulden der Botschaft bezahlt und viel Geld für Costa Rica ausgegeben.«

Tatsache ist, daß die Wiener Polizei Berichte verfaßt hat, in denen sowohl Walter Schön wie Don Felix gemeinsam erwähnt werden. Walter Schön ist demnach derjenige, der gemeinsam mit Don Felix und Mauricio im Hotel Hilton in Wien im Zusammenhang mit vermuteten Drogengeschäften im Polizeibericht Erwähnung findet. Aber nicht nur in diesem Kontext wird Walter Schön in den Polizeidokumenten aufgeführt.

Die Ermittler verstehen nicht, daß Walter Schön am 9. September 1974 zum Honorargeneralkonsul von Costa Rica berufen, am 20. Februar 1979 abgesetzt wurde und danach trotzdem den Titel Generalkonsul führten konnte. Der Grund für seine offizielle Abberufung 1979? Seltsame Waffengeschäfte waren ruchbar geworden. Erst neun Jahre später, 1988, wurde er dann erneut, ganz offiziell, wieder zum Ehrengeneralkonsul von Costa Rica ernannt. Und am 7. März 1990 beehrte sich die »Organisation für industrielle Entwicklung bei den Vereinten Nationen« UNIDO mitzuteilen, daß Walter Schön senior und sein Sohn Georg als Mitglieder der permanenten Mission von

Costa Rica akkreditiert wurden. Er war, wie es die costaricanische Tageszeitung *La Nacion* am 8. September 1990 meldete, »ein aufrichtiger Freund von Costa Rica«. Als nämlich ein Botschaftsangehöriger in Wien Schulden in Höhe von 300000 Dollar hinterlassen hatte, übernahm er die Kosten für die Erhaltung der Botschaft.

In Österreich galt Walter Schön senior als ein »hochgeachteter Geschäftsmann, ein guter Patriot und ein gottesfürchtiger Christ«, wie ihn einer seiner vielen Freunde charakterisiert hat. Ende der sechziger Jahre erwarb er im Tiroler Ort St. Anton einen Landsitz – den von ihm selbst so genannten »Feldherrnhügel«. Seine Kampfeslust kompensierte er in christlich getönten Vereinen. Kein Fest, kein Opernball, wo er sich nicht mit Orden schmückte. Im Cartellverband der katholisch-österreichischen Studentenverbindung zeigte er vaterländische Gesinnung unter dem Coleurnamen »Götz«, schwor, als Ritter kostümiert, heilige Eide im »Lazarus-Orden«, mehrte die Ehre Gottes im Malteser Ritterorden und hütete christliche Sittlichkeit im »Alten Orden vom St. Georg«.

Titel, Orden, Ehrenzeichen, Insignien der Macht, der Imponiersucht und der Eitelkeit – sie markieren die Karriere des Walter Schön, der stets davonkam und stets vorankam.

Bereits im Jahr 1955 schloß Walter Schön senior mit der Rüstungsfirma Oerlikon in der Schweiz einen Vertrag ab, demzufolge die Schön-Gruppe die Interessen von Oerlikon in Österreich vertreten sollte. Bei Geschäftsabschlüssen erhielt sie dafür Provisionen und hatte Anspruch auf Ersatz eines Teiles der Geschäftsspesen.

Später wurde Walter Schön senior für Österreich Generalbevollmächtigter der zur Oerlikon-Holding gehörenden Firmen Oerlikon-Bührle, Contraves und Pilatus. Außerdem vertrat er seit 1976 die Firma Rhein-Flugzeugbau. Seit 1988 bestand ein Vertragsverhältnis mit der Firma Sekur-Pirelli, die Gasmasken, Laufrollen für Kettenfahrzeuge und ABC-Schutzanzüge herstellte, und der Firma Haegglands Schweden, die ein mit Ketten ausgestattetes Schneefahrzeug für zivile und für militärische

Zwecke produzierte. Seit 1989 war er außerdem noch Vertreter von zwei weiteren Rüstungsfirmen.

Im Jahre 1979, als ihm der Titel »Generalkonsul« kurzfristig verlustig ging, erwarb er den Titel »Kommerzialrat«. 1983 wurde er Präsident des Aufsichtsrats der Dynamit Nobel GmbH. Er schmückte sich mit dem Namen Nobel und erfand einen »Schön-Nobel-Award«. Seine Parteifreunde verliehen ihm 1985 eine der höchsten Auszeichnungen des Bundeslandes Niederösterreich, das Silberne Komturkreuz. Schließlich erwarb er noch das Recht auf Führung des Staatswappens. Wer das verliehen bekommt, muß außergewöhnliche Leistungen für die heimische Wirtschaft erbracht haben. Das hat er wohl getan – und zwar mit Rüstungsgeschäften. Mittels Kompensationsdeals rüstete er das Bundesheer mit Fliegerabwehrwaffen samt Feuerleitgeräten und mit Munition aus. Das brachte ihm und manchem seiner politischen Freunde viel Geld ein.

In Österreich ist es durchaus üblich, daß bei der Vergabe von Rüstungsaufträgen die beiden größten Parteien, die ÖVP und die SPÖ, abkassieren. Anschauung bietet ein Gespräch zwischen dem Generalsekretär der SPÖ, Peter Marizzi, mit Klaus Kraft, dem wehrpolitischen Sprecher der Österreichischen Volkspartei ÖVP. Konspirativ setzten sich beide im Februar 1995 in einem Raum des Parlaments zusammen, nicht ahnend, daß ihr Gespräch heimlich aufgezeichnet wurde.

»Marizzi: Angenommen, die Engländer kriegen das ganze Paket – Regierungsflugzeug, Kampf- und Transporthubschrauber ...

Kraft: Wäre der günstigste Weg.

Marizzi: Also von mir aus. Wie Du es sagst, das wäre der günstigste Weg. Drei Milliarden Schilling.

Kraft: Zwei Prozent.

Marizzi: Du sagst also zwei Prozent. Von den drei Milliarden. Wie werden die verteilt?

Kraft: Das teilen wir uns auf.«

Walter Schön senior war daher zweifellos die Verkörperung von Österreichs Machtelite. Die geht sonntags zur Kirche, betet innig, spendet wohlgefällig für die Armen. Walter Schön hat keinen Freund vergessen, und Freunde gab es viele. Es waren Männer aus Wirtschaft und Politik. Er verkehrte mit dem Adel und dem Klerus, was auch für ihn einen gewissen Glanz abwarf. Einen Monat vor einer Hausdurchsuchung bei ihm war sogar der damalige amtierende Bundespräsident Kurt Waldheim in seiner Villa zu Gast. Kurz zuvor hatte dieser ihm das »Große Ehrenzeichen für Verdienste um die Republik Österreich« zuerkannt.

Ihn wurmte, daß man ihm den Titel Ehrengeneralkonsul aberkannt hatte. In seinem Bemühen, den Titel wiederzuerlangen, unterstützte ihn der Botschafter von Costa Rica, Manuel Constenla, der offiziell erklärt hatte, den Waffenhändler gar nicht zu kennen. Tatsächlich war er Gast auf Schöns Geburtstagsfest zum 70. Geburtstag und mit diesem ständig in Kontakt. Aber es ist eine Welt der Halbwahrheiten, in der die halbseidenen Diplomaten aus Costa Rica leben. Sicher ist jedenfalls, daß der Wohnsitz des damaligen Botschafters von Costa Rica für Österreich, Manuel Constenla, nicht weit von dem des Waffenhändlers Schön lag – in der gleichen Straße, ein paar Villen entfernt. Die Nähe muß allen gut bekommen sein. Bis dann ein großer Waffendeal aufflog.

Fledermäuse und Dynamit

Am 16. Dezember 1989 erhielt Walter Schön unerwarteten Besuch von Beamten der Bundespolizeidirektion Wien. Sie präsentierten ihm einen Hausdurchsuchungsbefehl für seine Villa und seine Büroräume. Doch nicht nur Polizeibeamte, sondern auch Angehörige des Abwehramtes aus dem Verteidigungsministerium waren an der Aktion beteiligt. In dem vertraulichen Bericht der Polizei zu dieser Hausdurchsuchung steht unter anderem folgendes: »Im Zuge der Durchsuchung konnte bemerkt werden, wie Gertrude Schön – sie war als Zeugin anwesend – versuchte, einen vom Schreibtisch im Wohnzimmer stammenden Notizzettel in ihre Handtasche zu stecken. Aufgrund dieses Verhaltens wurde die Handtasche durchsucht, wobei ein Notizzettel vorgefunden wurde, der bereits zur Sicherstellung abgelegt war.«

Der Zettel sollte später noch einigen Wirrwarr auslösen. Es war nämlich ein Hinweis auf eine Parteienfinanzierung. »Beschlagnahmt wurden außerdem zahlreiche Akten des Verteidigungsministeriums, die den Vermerk ›Verschlußsache‹ trugen.«

Die Durchsuchung dauerte fast den ganzen Tag. Dann, um 18.30 Uhr, wurde sie plötzlich unterbrochen. Der vor Ort anwesende Staatsanwalt fand Beweise, daß auch der damalige Bundesverteidigungsminister Robert Lichal in Verbindung zu Schön stand. Daraufhin beschloß der Staatsanwalt, das Büro des Verteidigungsministers durchsuchen zu lassen. Belastende Unterlagen wurden aber nicht gefunden. »Es konnte festgestellt werden, daß einige Wandschränke ohne Inhalt waren«, stellten die Ermittler frustriert fest.

90

Der Verteidigungsminister Österreichs als williger Helfer eines Waffenhändlers? Als entsprechende Meldungen in den Medien verbreitet wurden, schoß der ins Visier geratene ÖVP-Verteidigungsminister mit schwerem Geschütz zurück und bezeichnete die Vorwürfe als Lügengebäude, falsche Behauptungen und dreckige Kampagne. Demgegenüber meinte der SPÖ-Wehrsprecher Alois Roppert: »Das parteipolitische Spitzel- und Intrigantenwesen, das Robert Lichal in seiner unmittelbaren Umgebung duldete, muß den Rücktritt von Robert Lichal erzwingen.« Was war nun das Ergebnis der Razzia bei Walter Schön und Verteidigungsminister Robert Lichal?

Das Bundesheer hatte auf Anweisung des Ministers Oerlikon-Übungsmunition um 20 Millionen Schilling zu teuer eingekauft. Der Minister wurde – durch Zeugenaussagen belegt – zumindest im November 1987 ausdrücklich darauf aufmerksam gemacht, daß ein Zweijahresbedarf an dieser Munition noch gedeckt und eine Neuanschaffung vollkommen überflüssig sei. Trotzdem erteilte Lichal im Dezember 1987 die Weisung, Oerlikon-Munition zu kaufen, obwohl er darauf hingewiesen wurde, daß das Angebot der französischen Konkurrenzfirma Matra wesentlich billiger sei. Die Pointe der ganzen Angelegenheit: Vertreter von Oerlikon in Österreich war der Generalkonsul von Costa Rica in Wien Walter Schön. Zwischen ihm und Lichal bestanden seit langem enge private und freundschaftliche Beziehungen. Das sollte sich doch bezahlt machen, und zwar für alle Beteiligten.

Besonders aufmerksam lasen die Ermittler eine eigenhändig verfaßte Notiz von Walter Schön, in der, neben zahllosen Anmerkungen, die Worte »Parteienfinanzierung« und »Auftragsvolumen von 35 Millionen« sowie der Name Spindelegger aufgeführt war. Spindelegger war der Sekretär des Verteidigungsministers. In einem Aktenvermerk vom 5. Dezember 1989 hielt er fest, daß sein Minister Robert Lichal mit Walter Schön senior und Walter Schön junior über den Ankauf von 3,5-cm-Oerlikon-Kanonen gesprochen hatte. Doch besonders brisant war der zweite Aktenvermerk des Sekretärs. »Der

Herr BM [Bundesminister] hat am heutigen Tag mit Herrn Generalkonsul Schön und Dr. Schön jun. ein Gespräch geführt. Dabei wurde von den beiden Herren an den Herrn BM folgendes herangetragen. Eine Ausstattung des Bundesheeres mit Feuereinrichtungen 3,5 cm/Flak 895 sei nach dem neuen Einsatzkonzept Luft in Form von weiterer solcher Einheiten erforderlich. Generalkonsul Schön erklärt, daß die bereits Ende 1988 an das BMfLV (Bundesministerium für Landesverteidigung) herangetragenen Angebote betreffend die Anschaffung solcher Einheiten auch noch bis 31. Dezember 1989 Gültigkeit haben.«

Walter Schön widersprach damals dem Vorwurf der Parteienfinanzierung. Denn der Ausdruck »35 Millionen« habe auch »35 mm« bedeuten können. Es sei also nicht um 35 Millionen aus dem Munitionsgeschäft, sondern um die 35-mm-Kanonen gegangen, über deren Ankauf durch das Bundesheer er mit Robert Lichal verhandelt hatte. Auf das Thema Parteienfinanzierung sei man deshalb zu sprechen gekommen, weil er, Schön, gehört habe, daß dieser Vorwurf zuvor erhoben worden sei.

Bereits am 5. Oktober 1988 gab ein Oberleutnant vor dem Disziplinaranwalt des Heeres eine andere Aussage zu Protokoll. Demnach habe ein »Munitionsabnahmebeamter« der deutschen Bundeswehr namens L. von einem Oerlikon-Mitarbeiter erfahren, daß Oerlikon dem österreichischen Heer die Munition um 200 bis 300 Prozent überhöht verkaufe. Er, Oberleutnant F., habe dann selber bei Oerlikon nachgefragt und vom Verkaufsleiter die Bestätigung erhalten. 1983 oder 1984 habe er dann den Wiener Oerlikon-Repräsentanten, Walter Schön, zur Rede gestellt. Im Protokoll der Disziplinarkommission des Bundesheeres heißt es dazu wörtlich: »L. habe damals Dr. Schön senior informiert, er kenne einerseits die von der Bundeswehr bezahlten Preise für die Oerlikon-Munition und die Einkaufspreise des österreichischen Bundesheeres. Dr. Schön habe unmittelbar nach dieser Information Herrn L. sinngemäß eröffnet: ›Wenn Sie diese Preisunterschiede publik machen, sind Sie ein toter Mann.‹ L. hat mir weiters erzählt, daß er aufgrund der Drohung durch Schön senior einige Monate betreffend die Preisunterschiede aus Angst keine Aktivitäten entwickelt hat und damals gemeint, daß bei einem jährlichen Verdienst des Dr. Schön senior von 200 bis 300 Millionen Schilling leicht fünf Millionen für einen Killer ausgegeben werden.« Walter Schön, damals auf diese Aussage angesprochen, dementierte, so etwas jemals gesagt zu haben.

Zweifellos war Walter Schön eher großzügig als gefährlich, solange man seine Freundlichkeiten erwiderte. Auch bei anderen Anschaffungen für die österreichische Armee war Walter Schön zu Diensten. Geplant war beispielsweise, daß vier Flugzeuge mit verschiedenen Reichweiten durch den Verteidigungsminister bestellt werden sollten – unter anderem die militärische Version einer Maschine der British Aerospace. Preis: 200 Millionen Schilling.

»Finanzminister Lacina zögert vorerst noch, dem freihändigen Ankauf dieser Maschine seine Zustimmung zu geben. Lacina bezweifelt den grundsätzlichen Sinn dieser Anschaffung. Vor allen Dingen stört es ihn, daß die Maschine ohne Ausschreibung angekauft werden soll.«[11] Da aber die Verhandlungen und Planungsarbeiten bereits weit fortgeschritten waren, konnte der Kauf nicht mehr rückgängig gemacht werden. Besonders Walter Schön freute sich darüber, hatte er doch rechtzeitig eine neue Firma gegründet, die nun den entsprechenden Auftrag erhalten sollte.

Dubiose Waffengeschäfte begleiteten den Generalkonsul von Costa Rica seit langem. Der erste Waffen-Skandal datiert bereits aus dem Jahr 1965, als der österreichische Verteidigungsminister 3,5-cm-Fluggeschütze anschaffen ließ – die Schwester jener 2-cm-Kanone, deretwegen Verteidigungsminister Robert Lichal in Bedrängnis geriet. Die Geschütze wurden zu einem weit überhöhten Preis geordert. Während die deutsche Bundeswehr rund 700 000 Mark für eine Kanone samt ihrer elektronischen Zieleinrichtung namens Fledermaus bezahlte, berechnete Oerlikon den Österreichern fast eine Million pro Stück. Im Jahr 1975 gelang Oerlikon und Schön ein weiterer Coup. Die Fledermäuse waren bereits 1972 und 1973 durch Zielgeräte der nächsten Generation mit dem sinnigen Namen »Superfledermaus« ersetzt worden. Sie kamen aber gar nicht erst zum Einsatz. Der Verteidigungsminister handelte mit Walter Schön eine Vertragsänderung aus, worauf Oerlikon die originalverpackten Superfledermäuse wieder zurücknahm und statt dessen die nächste Generation lieferte. Das österreichische Bundesheer legte satte 300 Millionen Schilling drauf.

In die Schlagzeilen geriet darüber hinaus eine weitere Firma, die Walter Schön in Wien vertreten hatte: die Dynamit-Nobel. Bis Ende 1987 gehörte das traditionsreiche Unternehmen noch zu 50 Prozent dem Schweizer Rüstungsunternehmen Oerlikon-Bührle und zu 50 Prozent der »Chemie-Linz«. Dynamit-Nobel produzierte Sprengstoff, den das iranische Regime dringend damals im Golfkrieg mit dem Irak benötigte. Obwohl die Waffenlieferungen aufgrund eines internationalen Boykotts verboten waren, erhielt der Iran tonnenweise Sprengstoff über das »Dynamit-Kartell«. Jeder versuchte Mitte der achtziger Jahre, auf dem riesigen Waffenmarkt Golfkrieg seine Produkte abzusetzen. Die besten Geschäfte, daran gibt es keinen Zweifel, machten dabei die iranischen und irakischen Waffeneinkäufer in Europa. Unter anderem in Österreich.

So wurden Ladungen von Sprengstoff aus Schweden mit einer offiziellen Ausfuhrerklärung für Österreich an Dynamit-Nobel in Wien verkauft und bei einer Spedition zwischengelagert. Dynamit-Nobel verkaufte, wieder offiziell, mit einer Ausfuhrgenehmigung die Fracht postwendend an ein finnisches Unternehmen. Dort kam der Sprengstoff natürlich nie an. Denn nun ging der Sprengstoff an die DDR-IMES Import-Export GmbH, die dann den heißbegehrten Sprengstoff in den Iran lieferte. Alle Beteiligten machten dabei einen guten Schnitt. Nun konnten die Verantwortlichen der Firma Dynamit-Nobel in Wien behaupten, daß sie nicht wußten, für wen die Sprengstoffe in Wirklichkeit bestimmt waren. Die merkwürdigen Transfers der Kriegsprodukte über Schweden, Österreich, DDR, Finnland seien, so sagte es ein Sprecher von Dynamit-Nobel in Wien, »aus vielerlei Gründen geschäftliche Notwendigkeit« gewesen.

Dem stehen Dokumente entgegen, die vom schwedischen Zoll beschlagnahmt wurden. Unter dem Titel »spezielle Weisungen« heißt es: »Kein Dokument außer den Währungsfakturen darf den Namen der Dynamit-Nobel Gesellschaft tragen. Als Absender auf dem Eisenbahnfrachtbrief darf auch nicht der Name des Verkäufers als Absender erwähnt werden.« Den Managern in Wien war also klar, daß die Lieferung niemals bis nach Finnland gelangen würde. Daß der Endabnehmer der explosiven Ladungen überall zu finden sei, nur nicht in Finnland, läßt sich auch einem anderen Telex entnehmen. Da schreibt der (offizielle) Käufer, die finnische Firma Sevico, der (offiziellen) Verkäuferin Dynamit-Nobel: »Wir haben jetzt dem Endabnehmer klargemacht, daß ihre Bedingungen zu akzeptieren sind ... Wir bedauern das Hin und Her der Probleme, die aber keine Probleme sind. Endabnehmer wollte nur für Sie eine Erleichterung gewährleisten.« Ermittlungen gegen die Firma Dynamit-Nobel in Wien wurden nie eingeleitet. Warum? Sprengstoffe fallen in Österreich nicht unter das Kriegsmaterialgesetz, und auch der Tatbestand der Neutralitätsgefährdung (Ausfuhr von Kampfmitteln für kriegsführende Länder) wäre, weil die Lieferung nach Finnland fakturiert wurde, schwerlich zu konstruieren.

Auch Don Felix wird im Zusammenhang mit den Waffengeschäften des Walter Schön von der österreichischen Polizei erwähnt. Im Telegramm von Interpol Wiesbaden an Interpol San José, Telex 29144, vom 11. September 1990 heißt es: »Felix war Untersuchungsgegenstand im Jahr 1982 wegen vermuteter Steuerhinterziehung. Die Untersuchungen wurden 1982 abgeschlossen. 1984 wurden erneut Ermittlungen gegen ihn durchgeführt, wegen des Verdachts des Waffenhandels. Das Ergebnis ist nicht bekannt.«

Felix hingegen streitet vehement ab, je etwas mit Waffengeschäften zu tun gehabt zu haben. Der Vorwurf wurde in Costa Rica laut und zwar im Zusammenhang mit Waffenlieferungen in den Nahen Osten und für Jugoslawien. Bestätigt wird der Vorwurf von einem ehemaligen KGB-Agenten, der jetzt in Wien als »Unternehmer« tätig ist: »Verwickelt war neben Felix ein Igor B., der in Wien lebt.« Alles nur Gerüchte? Felix ist empört: »Ich habe die Schädlichkeit der Waffen gespürt. Wie kann man mich beschuldigen, mit Waffen zu handeln. Ich habe voller Stolz zehn Jahre lang Costa Rica vertreten, da dieses Land, das von mir bewundert wird und nicht bewaffnet ist, die besten Werte der Menschheit darstellt.«

Das wilde Botschaftsleben

Das Beziehungsgeflecht, in dem Generalkonsuln, Honorarkonsuln, Gesandte und Exzellenzen agieren, war zweifellos noch ausbaufähig. Und so tritt im Kreise geschäftstüchtiger Samariter im diplomatischen Gewand ein weiterer Mann auf, ebenfalls ein Österreicher. Natürlich, ist man versucht zu sagen, kann sich Felix an diesen Mann mit Namen Johann Nitschinger nicht erinnern. Umgekehrt sieht das ganz anders aus. Johann Nitschinger wurde am 1. 7. 1993 zum Generalkonsul der Republik Costa Rica ernannt. Sein Amtsbereich erstreckte sich auf ganz Österreich, wobei er Beglaubigungs-, Paß- und Visabefugnisse erhielt. Johann Nitschinger erinnert sich: »Der Name von Felix ist damals immer wieder im Zusammenhang mit Wünschen und Aufgaben, die außerhalb der Atomenergiebehörde lagen, genannt worden. Auch sind verschiedene Geschäftstätigkeiten, die im Rahmen seines Mandates nicht zuzuordnen waren, aufgetaucht.«

Wer ist dieser Johann Nitschinger? Am 22. Juli ging bei der Geschäftsträgerin von Costa Rica in Wien ein Schreiben des »Consulado General de Costa Rica en Austria« ein. Johann Nitschinger teilte ihr mit, daß aufgrund der mit dem Präsidenten Calederon ausgehandelten Bedingungen für die Übernahme des Generalkonsulats folgendes vereinbart wurde: »Benützung des Diplomatischen Status für persönliche Wareneinkäufe, wobei alle Ausgaben direkt von mir bezahlt werden. Versicherungsmäßige Benützung des internationalen Statuts. Einführung bei anderen permanenten Missionen, insbesondere bei den Handelsdelegierten.«

Aus einem Gesprächsprotokoll der Botschaft von Costa

Rica vom 15. 7. 1994 geht hervor, daß Nitschinger mitteilt, »daß ihm die Funktion und Position des Honorar Generalkonsuls erteilt wurde«. Er hätte in diesem Zusammenhang viel Geld investiert und möchte diese Investitionen teilweise rückerstattet bekommen. Eine der von ihm genannten Investitionen war eine spanischsprachige Sekretärin, die nach Aussage von Nitschinger die Arbeit am Konsulat verrichtet. In den Bedingungen, die schriftlich festgehalten wurden, stellte Nitschinger einen Schreibtisch sowie ein Faxgerät und Telefonanschluß für die Botschaft zur Verfügung. Herr Nitschinger betonte mehrmals, »daß er als Geschäftsmann diese Vereinbarung als geschäftliches Abkommen sehe und keine Zeit oder Geld verschwenden möchte, sollte er daraus keinen Nutzen haben«.

Wie so viele Konsuln, Generalkonsuln und Botschafter von Costa Rica fiel auch Johann Nitschinger negativ auf, weil er mit seltsamen Geschäftspartnern verkehrte. Einer von ihnen war Emil P., der 1988 wegen Betruges zu fünf Jahren Haft verurteilt wurde, wovon er drei Jahre absitzen mußte. Kaum aus dem Knast entlassen, gründete er eine »Firma« im Burgenland. Sitz der Firma war Wilmington, im steuerschonenden US-Bundesstaat Delaware. Nachdem P. Johann Nitschinger als Partner gewonnen hatte, gründete er im April 1992 eine Tochtergesellschaft. P., der gerne mit Hochschulabschlüssen der renommierten amerikanischen Universitäten Stanford und Harvard prahlte, witterte seine große Chance. Bald darauf waren eine Holding auf der britischen Kanalinsel Jersey, sowie Tochtergesellschaften in Nordamerika, Taiwan und Hongkong aus der Taufe gehoben. Aufgrund des guten Kontaktes zu dem Generaldirektor der Burgenländischen Elektrizitätsgesellschaft (BEWAG) kam viel Geld in das Unternehmen. Es ging um die Produktion von Durchlauferhitzern. Kaum war das Geld geflossen, meldete das Unternehmen Konkurs an. »Der Vorwurf damals, sowohl gegen Nitschinger wie gegen seien Partner: Das Duo habe die vermeintlich vorliegende Bestellungen aus Fernost für die Durchlauferhitzer nur vorgetäuscht, der BEWAG ihre Vorstrafen verheimlicht und Geld ins Ausland abgezweigt.«

Die Staatsanwaltschaft schlug daraufhin zu, Nitschinger und sein Geschäftspartner wurden verhaftet. Während Nitschinger nach zehn Wochen Untersuchungshaft wieder entlassen wurde, mußte sein Ex-Partner P. weiter einsitzen. Nitschinger, der sich von P. getäuscht fühlte, kämpfte nun verbissen um seine Rehabilitation: Die beiden BEWAG-Vorstände, so sein Vorwurf, hätten die internationale Organisationsstruktur der Gruppe genau gekannt und eine bewußte Vernichtungspolitik betrieben. Nitschinger gegenüber dem Journalisten Hannes Reichmann: »Es war ein Wahnsinn, das investierte Kapital zu diesem Zeitpunkt zu vernichten. Man hat ohne Grund unsere Kreditlinien gekappt.« Es nutzte nichts. Zwar wurde Nitschinger später in der Tat rehabilitiert, seine Karriere jedoch mehr oder weniger vernichtet. Auch half in diesem Fall der Posten als Generalkonsul wenig, zumal Nitschinger sich wenig Freunde in Costa Rica und bei den Diplomaten in Wien gemacht hatte.

In den diplomatischen Vertretungen von Costa Rica in Wien ging es derweil chaotisch zu. 1991 meldete sich der Botschafter von Costa Rica in Österreich, Universitätsprofessor Manuel A. Constenla, bei der Polizei. Ihm waren aus Costa Rica zwei Botschaftsräte und ein Angestellter zugeteilt worden. Bitter beschwerte sich der Botschafter, daß einer der Botschaftsräte »überhöhte Gehaltsbestätigungen« ausgestellt hätte. Mit diesen Gehaltsbestätigungen wurden bei verschiedenen Banken Kredite aufgenommen. Botschaftsrat S. hatte sich bei der Creditanstalt 560000 Schilling und bei der Z-Länderbank 300000 Schilling geliehen. Ein anderer Botschaftsrat hatte ebenfalls bei der Creditanstalt 400000 Schilling Kredit aufgenommen. Botschaftsrat S. bezog ein Monatsgehalt von 1800 Dollar netto und sollte monatlich eine Rückzahlung von 22470 Schilling leisten. »Somit ist ersichtlich, daß S. einen Kredit aufgenommen hat, den er auf Grund seines Einkommens unmöglich zurückzahlen konnte«, meldete die amtierende Generalkonsulin nach San José. Entsprechend gespannt war nun die Atmosphäre in der Botschaft. Es kam zu heftigen Auseinandersetzungen. Costenla lehnte nun eine Zusammenarbeit mit den beiden Botschaftsräten ab. Einer der Botschaftsräte stellte im Oktober 1991, bei der Generalversammlung der UNIDO, seinen Chef deshalb zur Rede und beschwerte sich, daß er ihn nicht für die Konferenz akkreditiert hätte.

»Ich sagte, er solle mich nicht anfassen. Das Gespräch wurde in spanisch geführt und da kann ›Anfassen‹ auch ›Berühren‹ oder ›Schlagen‹ bedeuten. Er antwortete darauf, daß er mich nicht anfassen, sondern eine Kugel in den Körper jagen werde.«

Darauf entließ der Botschafter die Botschaftsräte. »S. wurde von mir aufgefordert, seine persönlichen Sachen am selben Tag aus der Botschaft zu entfernen. Bis auf ein Weihnachtsbild aus dem Jahr 1990, das uns beide zeigt und auf dem auf der Rückseite handschriftlich ›Quien matara 'a quien primero‹ vermerkt war, ›Wer wird wen zuerst töten‹.« Doch auch Botschafter Constenla selbst wurde von seiner geschiedenen Ehefrau Irene beschuldigt, »zu seinen Zeiten als Diplomat Costa Ricas in Wien als transnationaler Kurier für kleine Päckchen von Felix gedient zu haben«.

Anscheinend wurde das Treiben schließlich selbst dem Außenministerium in Costa Rica zu bunt: Die Botschaft wurde am 31. Dezember 1991 geschlossen, bis zum heutigen Tag. Offizielle Erklärung: finanz- und budgetpolitische Probleme. Nun ist nur noch das Generalkonsulat geöffnet, welches auch Botschaftsfunktionen übernimmt.

Felix wurde mittlerweile wieder in seine alte Position als Vertreter Costa Ricas bei der Internationalen Atomenergiebehörde eingesetzt: Bereits am 4. Dezember 1992 wurde er als Gesandter Botschaftsrat vom österreichischen Außenministerium akkreditiert.

Die amtierende Generalkonsulin, Stelle Aviram Neumann, versucht seit geraumer Zeit etwas Ordnung in das Chaos der diplomatischen Vertretung Costa Ricas zu bringen. Als eine ihrer ersten Maßnahmen bemühte sie sich darum, die auf Don Felix laufenden Diplomatenkennzeichen der Mercedesflotte stornieren zu lassen, die alle unter der Adresse der Internationalen Atomenergieagentur gemeldet waren: Seitdem herrscht Ruhe an der Wiener Diplomatenfront.

Nicht nur in Wien hat Don Felix bleibende Spuren hinterlassen. Auch in Deutschland war er außerordentlich aktiv. Aber weniger als Diplomat, sondern als ein Unternehmer, dessen dubiose Machenschaften schließlich zum Sturz des Lufthansa-Chefs Herbert Culmann führen sollten.

Die Lufthansa-Affäre

Wenige Eingeweihte in Deutschland erinnern sich heute noch an eine Affäre, die Anfang der achtziger Jahre Schlagzeilen machte. Es ging um Korruption, um Erpressung und die Lufthansa. Deren Vorstandsvorsitzender war damals Herbert Culmann. Zwischen ihm und Don Felix entwickelte sich im Laufe der Jahre eine tiefe Freundschaft, die dazu führte, daß Culmann zum Honorarkonsul von Costa Rica ernannt wurde und auch zu den Gästen in Felix' Anwesen in Antibes gehörte. Culmann lobte Felix bei jeder passenden Gelegenheit: »Er ist völlig unkonventionell, aber ein guter, solider und zuverlässiger Partner.« Don Felix und seine Aktivitäten in Deutschland – das ist eine Story über Wirtschaftskriminalität und Korruption, über die bis zum heutigen Tag niemand reden möchte.

3. Juli 1981. An diesem Tag stellt das Amtsgericht Köln einen Durchsuchungsbefehl gegen eine Firma aus: »In dem Strafverfahren gegen die Verantwortlichen der Firma T., vertreten durch den Verwaltungsrat wegen des Verdachts der Hinterziehung von Körperschafts-, Kapitalertrags-, Gewerbe- und Umsatzsteuer ab dem Jahr 1974 wird die Durchsuchung der Räume der Global Bank in Düsseldorf angeordnet.« Es sei zu vermuten, »daß die Durchsuchung zur Auffindung von Beweismitteln, wie Konten, Kreditakten, Wertpapierdepots, Bankbelegen etc. in Verbindung mit dem Beschuldigten persönlich führen wird«.

Der Beschuldigte ist Felix, und über die von den Finanzermittlern heimgesuchte Bank soll er Grundstücksgeschäfte in großem Ausmaß finanziert haben. Wenig später wird ein Haftbefehl gegen ihn erlassen, weil Felix über keinen Wohnsitz in

Deutschland verfügt und sein Vermögen im Ausland angelegt haben soll. Die Ermittler stellen darüber hinaus fest, daß Felix Verbindungen nach Belgien und Mittelamerika und Österreich hat und »angesichts der Höhe der Hinterziehung der Steuern mit einer empfindlichen Freiheitsstrafe zu rechnen habe«. Außerdem nehmen die Ermittler an, daß Don Felix in den Jahren zuvor den wirtschaftlichen Hintergrund seiner geschäftlichen Transaktionen durch manipulierte internationale Finanzkonstruktionen verschleiert und die in- und ausländischen Steuerbehörden auf diese Weise getäuscht hat. Aufgrund seiner wirtschaftlichen Möglichkeiten und Verbindungen befürchten die Steuerbeamten, daß er Beweismittel vernichten, verändern und beiseite schaffen und, wie es im Haftbefehl steht, »auf Mittäter und Zeugen in unzulässiger Weise einwirken würde«. Nach dieser Aktion betreten Steuerfahnder auch das Heiligtum der Deutschen Lufthansa, die Chefetage. Ihr Ziel: der Vorstandsvorsitzende Herbert Culmann. Der galt bis zu diesem Zeitpunkt als ein honoriger Mann mit besten politischen Beziehungen. Culmann muß sich peinlichen Fragen der Beamten stellen. Sie filzen sein Büro und seine Schreibtische und verhören weitere Manager. Zum Schluß beschlagnahmen sie Dokumente. Auch hier sind die Ermittlungen gegen Don Felix wegen Steuerhinterziehung der Anlaß.

Die Aktionen der Steuerbehörden in Düsseldorf und Köln decken auf, daß persönliche Freundschaften zu überaus profitablen Geschäftsabschlüssen für Don Felix führten. Einer seiner deutschen Anwälte bestätigt diese Verbindungen zu dem Lufthansachef, will jedoch nicht mehr sagen. Was war geschehen?

Die Geschäftsbeziehungen zwischen der Lufthansa und Felix begannen bereits in den fünfziger Jahren, damals, als Felix verdächtigt wurde, im Schwarzhandel gute Geschäfte gemacht zu haben. Trotzdem dürfte er Ende der fünfziger Jahre kein besonders vermögender Mann gewesen sein, obwohl er sich bereits einen Privatsekretär halten konnte: Joseph Christian Gilissen, der ihm vom 1962 bis 1969 diente und auch später, bis 1981, noch in ständigem Kontakt mit Don Felix stand. 1982 erinnert sich Gilissen: »Zu Beginn meiner Tätigkeit bei ihm war er mit dem Verkauf von Kugelschreibern beschäftigt. Er ging von Haus zu Haus, um sie zu verkaufen.« Hatte Felix mit solchen eher mühseligen Arbeiten so viel Geld verdient, daß er bereits im Oktober 1961 das Vertrauen der belgischen Bank Societé Générale de Belgique erlangen konnte? Die Bank stellte ihm nämlich Empfehlungsschreiben für die in New York ansässigen Fluggesellschaften TWA und Pan American aus. Dem Schreiben zufolge sei Felix ein »außerordentlich guter Kunde der Bank, und die Geschäfte mit ihm sind immer zur vollen Zufriedenheit abgewickelt worden«. Glaubt man dem Privatsekretär von Felix – der es eigentlich wissen muß – dann hatte er den Haustürverkäufer Felix mit einem Verwandten zusammengebracht, der bei der belgischen Luftverkehrsgesellschaft Sabena in der Werbeabteilung arbeitete. Mit ihm kam Felix anscheinend ins Geschäft und produzierte nun für die Sabena Reisetaschen, Kulis und Schlüsselanhänger.

So richtig in Fahrt kam Felix aber erst, als Herbert Culmann die Gesamtführung der Lufthansa übernommen hatte. Felix stieg nun mit ungewöhnlich hohen Mengen von Geschenkartikeln bei der Lufthansa ein. Preise und Umfang des von Felix gelieferten »Kleinkrams« übertrafen bei weitem die Usancen der Branche. Und obwohl es 1970 einen Beschluß des Aufsichtsrats der Lufthansa gab, die Geschäfte mit Felix abzubrechen, wurden sie weitergeführt. Zuvor hatte der Bundesrechnungshof in einem Bericht moniert, »daß bereits in den Jahren 1966 bis 1970 in Abwicklung von Geschäften der Lufthansa mit Herrn Felix erhebliche Schwierigkeiten aufgetreten sind, die zu Prüfungsbeanstandungen durch den Bundesrechnungshof und zum Ausscheiden von leitenden Mitarbeitern der Lufthansa geführt haben«. Culmann entschuldigte seine Zusammenarbeit mit Felix damit, daß die Lieferung von Werbematerial »im Zusammenhang mit Passagegeschäften gesehen werden müssen, die der Lufthansa neue Kunden zugeführt haben und lange Zeit positive Resultate für die Erträge der Lufthansa gebracht hätten«.

In den siebziger Jahren befand sich die Lufthansa in hartem Konkurrenzkampf auf dem internationalen Markt. Es mußte kräftig geschmiert werden. Don Felix sollte hier beratend und helfend seine Fähigkeiten entwickeln können. Bestätigt wird das von einem der Rechtsanwälte, die Felix damals vertreten haben. Demnach sei Felix deshalb ins Geschäft mit der Lufthansa eingestiegen, weil er über besonders gute Kontakte nach den USA verfügte. »Er macht der Lufthansa klar, daß das Transatlantikgeschäft schwer ist. Und er könne da weiterhelfen. Er hat das ohne Büros, ohne alles geschafft.«

Als Gegenleistung für diese »Hilfen«, so die offizielle Version, verpflichtete sich der damalige Lufthansa-Vorstand, von einer Brüsseler Firma von Don Felix unter anderem Werbegeschenke zu beziehen. Der Clou war, daß für die millionenschweren Aufträge über Geschenkartikel entweder überhaupt keine Konkurrenzangebote eingeholt oder Don Felix' Firmen direkt beauftragt wurden, obwohl sie die höchsten Preisangebote abgegeben hatten.

So durfte Felix zum Beispiel 863 000 Kofferanhänger zum Preis von drei Mark liefern, obwohl ein deutscher Anbieter nur 1,36 Mark pro Stück verlangt hatte. Grundsätzlich wurde seine Firma, eine Liechtensteiner Briefkastenfirma, gegenüber der weitaus günstigeren Konkurrenz begünstigt.

Ein Freund von ihm erinnert sich. »Als ich ihn in seinem Hotelzimmer in Düsseldorf traf, hatte er drei Telefone neben sich stehen. Wir sprachen auch über seine Angebote von Kulis und anderen Werbematerialien für die Lufthansa. Als ich ihm sagte, daß er die Dinger doch viel zu teuer berechnet, sagte er mir: ›Aber die zahlen doch. Und wenn sich jemand bei der Lufthansa beschwert, dann rufe ich direkt Oben an und die Sachbearbeiter führen das aus. Ich bekomme alle Aufträge.‹«

Aber es blieb nicht bei den profitablen Aufträgen mit den

Werbeartikeln. Die Freundschaft ging soweit, daß Felix für Zusatzverkäufe von Flugpassagen 1974 zehn Prozent, im April 1975 sogar zwanzig Prozent forderte und auch erhielt.

Bezahlt wurden diese Provisionen aus einer geheimen Kasse der Lufthansa, der Sonderkasse K2. In dieser Zeit, von 1974 bis Mitte 1980, wurden insgesamt 96 Millionen Mark an Felix bezahlt. Zusätzlich forderte Felix noch einen Betrag von 57 Millionen, der später als Darlehen für seine Reisebürokette umetikettiert wurde. Der Vorstand der Lufthansa vertrat dazu die Meinung, daß der zusätzliche finanzielle Aufwand nur der Markterschließung diene und zum Einstieg in den externen Vertrieb notwendig gewesen sei.

Zu diesen »Markterschließungskosten« gehörten auch die Lieferungen von Werbematerialien. Kaum hatte Felix beispielsweise den Auftrag über eine Taschenlieferung im Wert von 5 129 250 Mark erhalten, stellte er Nachforderungen. Er verlangte eine Anzahlung in Höhe von fünf Millionen Mark. Das wurde später moniert, weil dadurch die Konkurrenten ausgebootet wurden. Dann wurden die Termine für die Teillieferungen nicht eingehalten und die Flugmanager mußten sich mit der Zollverwaltung auseinandersetzen. Denn die Taschen wurden »als Waren aus dem EG-Raum deklariert«, obwohl sie aus Südkorea stammten. Auch die Qualität ließ zu Wünschen übrig. Es wurden »sowohl Mängel in Ausführung und Qualität der Waren bis hin zur Nichtverwendbarkeit als auch Fehlmengen« festgestellt. Skrupel hatte Felix bei diesen Geschäften anscheinend nicht.

Nach diesen mehr oder weniger undurchsichtigen Geschäften ging es weiter. Nun stimmte Lufthansa-Verkaufschef Hans Süssenguth einem nach den IATA-Regeln unzulässigen Tickethandel zu. Das Geld sprudelte, so daß Felix in der Lage war, im Dezember 1976 eine Beteiligung an den internationalen Kühne&Nagel Reise- und Frachtbüros zu erwerben. Dafür bezahlte ihm die Lufthansa, über stille Beteiligungen, acht Millionen Mark. Er selbst hatte für sein Engagement nur fünf Millionen Mark bezahlt und kassierte allein für 1976 12,8 Millionen Mark an Provisionen von der Lufthansa für Ticketverkäufe. Als ein Konkurs der Reisebürokette drohte und Felix sein Geld im Ausland angelegt hatte, war die Lufthansa wieder hilfreich zur Stelle und übernahm sie in eigener Regie. Mit einem Teil des Profits konnte er sich sogar 10 000 Aktien der Gerling-Globalbank in Düsseldorf kaufen. Preis der Transaktion: 11 856 428 Mark, bezahlt über seine Firma T. Felix kontrollierte damit ein Drittel des Bankkapitals. Aber die Globalbank transferierte gleichzeitig 150 Millionen belgische Franc an die Firma T. – ein Gegengeschäft?

Inzwischen gelang es Don Felix, in Deutschland eine Reisebürokette zu kaufen, die nur einem einzigen Zweck diente, nämlich »Lufthansatickets zu verkaufen und alle Konkurrenten leer ausgehen zu lassen«, so einer seiner Anwälte. Als Gegenleistung kassierte Felix, nach den Ermittlungen der Fahnder, ungewöhnlich hohe Provisionen. Außerdem verpflichtete sich der Lufthansa-Vorstand, Felix erneut ins Geschäft mit Werbeartikeln zu bringen, obwohl der Aufsichtsrat genau dies untersagt hatte. Aufgrund der scharfen Kritik aus dem Aufsichtsrat und durch den Bundesrechnungshof versicherte Herbert Culmann, man werde sich von Felix, der auch als »Monsieur Felix«, »F«, »MOF« oder »P« zitiert wird, alsbald und für immer trennen. Lange hielt sich Culmann nicht an die eigene Zusage. Folglich deckte eine Wirtschaftsprüfungsgesellschaft in ihrem Bericht vom November 1978 auf: »Herr Felix ist seit einigen Jahren auch wieder als Werbemittellieferant für LH tätig.« So kaufte die Lufthansa erneut tonnenweise Fluggast-Taschen. Um diese lagern zu können, mußten eigens Hallen angemietet werden. Die Lufthansa wurde bei Felix Stammkunde. In unvorstellbarer Menge trafen Lieferungen in den Lagern ein – Kugelschreiber und Schlüsseltaschen und Kofferanhänger. *Der Spiegel* meldete damals, daß Felix mit der Lufthansa nur mit diesem billigen Kleinkram Umsätze in Höhe von 85 Millionen Mark gemacht haben soll.

Erst Ende 1979 löste Culmann die Geschäftsbeziehungen zu Felix Schritt um Schritt. Bis zum teuren Ende blieb er »generös«. »Nach Abtretung aller Zahlungsvorgänge« bekam Felix noch mal 6,4 Millionen Mark ausgezahlt – von Lufthansa deklariert als »für 1980 vermiedene Zahlung«.[12]

Im Jahr 1982, als die Lufthansa-Affäre bereits aufgeflogen war, versuchte Felix bei der 10. Kammer für Handelssachen des Kölner Landgerichts die Abnahme von 300000 Ledertaschen im Wert von 8,8 Millionen Mark einzuklagen. Das Gericht wies die Klage ab: Der Vertrag, so die Richter, sei sittenwidrig und deshalb nichtig.

Zur gleichen Zeit beklagte die Lufthansa mit ganzseitigen Zeitungsanzeigen »dunkle Vertriebskanäle« und »unerlaubte Rabatte« beim Geschäft mit Flugtickets: »Die deutsche Fluglinie würde solche illegalen Praktiken des grauen Marktes unnachsichtig verfolgen.« Wer im wahrsten Sinne linientreu war, wurde bei der Lufthansa selbst mit großzügigen Rabatten beglückt. »Insgesamt habe Monsieur Felix zwischen 200 und 300 Millionen Mark bei der Fluggesellschaft kassiert, zum Teil sogar ohne echte Gegenleistung.«[13]

Als nun im Spätsommer 1981 diese seltsamen Geschäfte bekannt wurden, setzte der damalige Aufsichtsratsvorsitzende der Lufthansa, der Chef der Bank für Gemeinwirtschaft Walter Hesselbach, einen Untersuchungsausschuß ein. Dieser sollte ermitteln, »ob der Deutschen Lufthansa durch den Komplex Markterschließungskosten ein wirtschaftlicher Schaden entstanden sei und gegebenenfalls die Höhe«. Das Ergebnis: Die Lufthansa hat mindestens 34,7 Millionen Mark zuviel gezahlt.

Im entsprechenden Protokoll des Aufsichtsrats wird das Geschäft immerhin folgendermaßen beschrieben: »Ein Betrag von 34 Millionen bleibt offen. Der Vorstand vertritt die Meinung, daß nur ein Betrag von 18 Millionen Mark offen bleibt und daß dies der Preis für den Einstieg in den externen Vertrieb sei. Der Aufsichtsrat hingegen hat sich dem Urteil des Sachverständigengremiums angeschlossen und festgestellt, daß ›die Grundsätze einer ordnungsgemäßen und gewissenhaften Geschäftsführung‹ nicht beachtet wurden.« Am 26. Juni 1982 meldete die Frankfurter Rundschau: »Monsieur Felix-Akte ist zu.«

Für Don Felix machten sich die herzlichen Beziehungen zu seinem Freund, dem Lufthansachef Culmann, allemal bezahlt. Nach Auskunft eines seiner deutschen Anwälte soll er bis 1980 über 300 Millionen Mark durch die Lufthansa verdient haben. Wobei die Gelder, wie der Anwalt von Don Felix mir sagt, »an verschiedene Gesellschaften geflossen sind, deren Gesellschaftsverhältnisse nicht zu erkennen waren«.

Felix machte Geschäfte, ohne irgendein Büro in Deutschland zu benutzen, sondern lediglich ein Hotelzimmer. Geschäfte sozusagen auf dem Schmierzettel, vom Hoteltelefon aus. Kosten fast null.

Herbert Culmann wurde aufgrund der Affäre 1982 zum Rücktritt gezwungen, obwohl sein Vertrag noch bis 1984 lief. Er hat diese für ihn kritische Phase, in der seine Integrität heftig bezweifelt wurde, einmal mit den Worten kommentiert: »Natürlich waren die letzten Monate die schwerste Zeit für mich bei der Lufthansa.« Mit dem Diplomatenpaß von Costa Rica, den ihm Felix besorgte, konnte er nun auch nicht mehr viel anfangen.

Was ist seitdem passiert: Hat die Lufthansa, die so viel Wert auf ihr sauberes Image legt, den Skandal um Don Felix aufgearbeitet?

Im Sommer 1996 erhielt ein Dr. Sacher von der Lufthansa Frankfurt ein vertrauliches Schreiben aus der Konzernzentrale in Köln. »Betrifft: M. Felix«. Der Hintergrund: Die Lufthansa hatte im Zusammenhang mit dem Streit um Felix gegen ihn Forderungen in Höhe von 2 600 000 Mark geltend gemacht. Ein solcher Betrag ist jedoch für das Unternehmen kaum relevant. Denn, so steht in dem Protokoll der Lufthansa: »Die Parteien waren des Streitens müde und der Schuldner, die Firma Serdan in ihrer während des Rechtsstreits bestehenden Form, existierte spätestens zirka Ende 1983 nicht mehr. Im übrigen schlugen die Anwälte zunächst vollmundig die Eintreibung mit in Costa Rica einzuholendem Titel ebendort vor und verloren danach den Mut zu jeglicher weiterer Aktivität.«

Dabei stellte sich am Rande heraus, daß bei der Suche nach entsprechenden Unterlagen im Mikrofilmarchiv der Lufthansa »zwei Positionen aus der Rückstellungsliste nicht mehr aufzufinden waren«. Diese Positionen »wurden offensichtlich getürkt verfilmt und sind nicht mehr aufzufinden«.

Doch dabei blieb es nicht. Auch Rechtstitel für die Eintreibung der Beträge aus diversen Rechnungen wurden »gründlichst aus allen vorhandenen Unterlagen getilgt«.

»Dr. Culmann«, so steht in einem anderen internen Dokument, »hatte nach beiden zweitinstanzlichen Entscheidungen verfügt, keinerlei weitere Umtriebe anzufangen, insbesondere um die Kosten nicht noch mehr zu erhöhen. Sein Nachfolger im Amt hatte später erst recht kein Interesse mehr daran, die unappetitliche Sache aufzuwärmen. Schriftliches darüber gibt es nicht, nur Ohren-, Augen- und Zeitzeugen.«

Bei den Recherchen der Buchhaltung zur Untermauerung der in der Rückstellungsliste aufgeführten Positionen stellte sich gar heraus, daß unter den Belegnummern offenbar bewußt falsche Belege mitverfilmt wurden. Das Motiv dieser Manipulationen: »Die Firmenleitung hat kein Interesse daran, sich möglicherweise einem neuen rufschädigenden Sandsturm in der Presse auszusetzen. Aus diesem Grund werden die Akten noch ein Jahr bei der Lufthansa verwahrt und danach dem Giftschrank des Archivars übereignet.«

Fragt man heute nach dem Hintergrund dieser Geschäfte, stößt man bei der Lufthansa auf eisiges Schweigen. Auf die Frage, warum die Lufthansa Geschäfte mit Don Felix machte und wie der erste Kontakt zwischen der Lufthansa und dem Unternehmer zustande gekommen ist, kann die angeschriebene Lufthansa-Pressestelle keine Auskunft geben: »Wie bereits telefonisch mitgeteilt, können wir Ihre Fragen nicht im Detail beantworten, da die Aufbewahrungsfristen für die relevanten handelsrechtlichen Unterlagen bereits abgelaufen sind (§257

Handelsgesetzbuch, HGB).« Dabei ging es nicht um Kleckerbeträge.

Würde jemals bekannt werden, wer der mysteriöse Felix wirklich ist, mit dem die Lufthansa Millionengeschäfte gemacht hat, die bis heute nicht daran denkt, rechtsverbindliche Forderungen gegen Felix einzutreiben, dann wäre ein Sandsturm geradezu ein laues Lüftchen.

Einer der wenigen Bundestagsabgeordneten, die sich 1981 in einem parlamentarischen Untersuchungsausschuß mit der Lufthansa-Affäre befaßten, ist Professor Bernhard Friedmann, der spätere Präsident des Europäischen Rechnungshofs. »Da ich keine gerichtliche Klarheit in die Angelegenheit im Ausschuß hineinbrachte, fuhr ich damals zum Chef der Lufthansa, zum Herrn Culmann, und habe ihn gebeten, mir doch Näheres zu sagen. Ich ging ohne Voranmeldung dahin. Und als ich ankam, waren Culmann und Ruhnau, als sein designierter Nachfolger, gerade zusammen. Ich habe darum gebeten, das Gespräch mit Culmann allein führen zu können. Ruhnau ging hinaus und sagte, danach sollten wir miteinander reden. Ich habe Herrn Culmann gebeten, mir zu sagen, was sich hier abspielt. Ob er erpreßbar sei. Er hat ein Weilchen geschwiegen. Und hat mir gesagt, darüber könne er mit mir mal reden, wenn er nicht mehr Vorstandsvorsitzender sei. Das sagte er mir, nachdem ich ihn fragte, ob es Bildmaterial oder andere Dinge gibt, durch die er erpreßbar sei. Mehr kam im Gespräch mit ihm nicht heraus.«

Als Friedmann das Zimmer verließ, wartete Heinz Ruhnau vor der Tür.

»Sie müssen sich das so vorstellen«, erklärte Ruhnau dann Friedmann, »wenn man in Asien oder irgendwie ins Geschäft kommen will als Luftverkehrsgesellschaft, muß man Bestechungsgelder zahlen. Da fährt man eben mit einem Koffer voller Geld hin, und unter dem Tisch tauscht man das Geld aus, damit man ins Geschäft kommt.«

Der ausgewiesene SPD-Politiker Heinz Ruhnau ist sicher

kein Mann, der solche Geschäftspraktiken fördert. Aber er war damals mit einer Situation konfrontiert, in der es darum ging, Schaden für das Image der Lufthansa abzuwenden. Für ihn ist das, was im Zusammenhang mit der Lufthansa und Felix passierte, »mafiös« gewesen, und Don Felix ist für ihn das genaue Gegenteil von einem Ehrenmann. Auch er vermutet, daß »sich hinter diesen Geschäften etwas verborgen hat, was wir nie aufklären konnten.« Der Zynismus der Geschichte ist für ihn, daß Felix als ehemals Verfolgter der Nazis mit genau jenen Geschäfte machte, »die aus den Kasinos von Göring kamen«, denn nicht nur für Ruhnau gehörte die Luftwaffe im Dritten Reich zu den treuesten Helfern von Hitler. Und viele Angehörige der Luftwaffe sind später zur Lufthansa gegangen.

Ansonsten konnte und wollte keiner der damals Beteiligten darüber Auskunft geben, warum Culmann und Felix gut 20 Jahre lang einander so eng verbunden waren, zum Wohle von Don Felix.

Zu Don Felix sagt Prof. Bernd Friedmann heute: »Er war eine geheimnisumwitterte Person. Ich habe damals in Privatinitiative versucht, über Auskunfteien einiges mehr zu erfahren. Ich bin ein Stück weit gekommen, in Richtung Schweiz, Liechtenstein. Aber nie zur letzten Wahrheit.« Für ihn war es »ein Fall für die Staatsanwaltschaft. Irgendwo war ja ein Geschädigter, der sich wehren müßte, und das war die Lufthansa.« Doch die schweigt bis heute.

Don Felix war zur Zeit der politischen Turbulenzen in Deutschland bereits längst abgetaucht. Er hielt sich nun abwechselnd in Brüssel, Wien oder Israel auf. Die Steuerschuld, wegen der im Sommer 1981 gegen ihn der Haftbefehl in Deutschland erlassen wurde, hat er zwei Jahre später prompt bezahlt. »Er war es leid, nicht international agieren zu können, da dieser Haftbefehl gegen ihn bestand. Deshalb haben wir in guten Gesprächen mit dem Finanzamt eine Lösung gefunden«, erzählt mir einer seiner Rechtsanwälte. Die Strafakte von Felix bei der Staatsanwaltschaft in Köln (Az 111 Js

456/81), es geht um einen Strafbescheid von einer Million Mark, unterliegt heute den Sperrfristen. Nur mit Einwilligung des Betroffenen kann man im Nordrhein-Westfälischen Hauptstaatsarchiv darin Einblick nehmen.

Ermittlungen ohne Ende

Ende der siebziger Jahre ging es Don Felix bereits so prächtig, daß er, wie sich sein ehemaliger Privatsekretär Joseph Gilissen erinnert, eines Tages Goldbarren, angeblich eine Tonne, in einem Tresor bei der Genfer Bank UBS deponierte. Joseph Gilissen sagte das gegenüber Untersuchungsrichter Pierre Lambeau im Dezember 1981 aus, der gegen Felix ermittelte, nachdem sich herausstellte, daß zwei belgische Firmen in die Lufthansaaffäre verwickelt waren. »Als ich mich mit Felix in den Kellern der Bank UBS befand, war ich bei der Zwischenlagerung von Goldbarren in einem Safe von Felix dabei. Ich hörte ihn zu einem ebenfalls anwesenden Freund sagen, daß das 200 Barren von je 12 Kilo sind.« Gilissen war nicht der einzige, dem Don Felix seinen Goldschatz zeigte. Auch einen französischen Immobilienhändler und Freund wollte er beeindrucken. Dieser erinnert sich folgendermaßen: »Ich fuhr mit Felix in die Schweiz, genauer nach Genf, zur UBS. In seiner Begleitung gingen wir in den Tresorraum. Ich war ziemlich erstaunt, als er mir eine Tonne Gold zeigte, sowie eine Kassette mit Diamanten und viele Bankschecks.«

Was bewegte ihn dazu? Wollte er imponieren, den kleinen Mitläufern zeigen, welch mächtiger Mann er ist? War es eine Art von Rausch?

In der Kommandozentrale von Felix, seiner Villa in Tervuren, muß auf jeden Fall Hektik ausgebrochen sein, nachdem man von einer drohenden Hausdurchsuchung erfahren hatte, die im Wege des Rechtshilfeersuchens von deutschen Behörden durch den Untersuchungsrichter Lambeau angeordnet wurde.

»Kurz vor der Hausdurchsuchung hatte ich den Eindruck«, so Gilissen, »daß die Eheleute Felix sich in einem panischen Zustand befinden. Sie haben in den Rolls-Royce und Mercedes eine Menge Gepäckstücke geladen, genauso wie in ein drittes Fahrzeug, daß von einem ihrer Söhne gefahren wurde. Felix hat das Steuer des Rolls übernommen und seine Frau das des Mercedes.« Nicht von ungefähr fanden die belgischen Ermittler bei der Hausdurchsuchung einen besonderen Brief vor. Absender war der belgische Verteidigungsminister José Desmarets. Der schreibt an D., einen der Söhne von Don Felix: »Du hast mich um Rat gefragt, wie Du Dich verhalten sollst: Alles weg damit.« Gemeint waren wohl belastende Unterlagen.

Die Ermittlungen des Untersuchungsrichters Lambeau wurden damals aufgrund der diplomatischen Immunität von Felix auf Eis gelegt. Zudem verfügte er in Belgien über Beziehungen bis in die höchsten Spitzen der Politik hinein. Außerdem, so steht in einem Bericht des belgischen Untersuchungsrichters Lambeau vom 24. Juni 1982, habe Felix »die Untersuchungen boykottiert«. Denn inzwischen wurde auch in Belgien wegen Steuerhinterziehung gegen ihn ermittelt.

Daraufhin drohte Don Felix in einem Telefongespräch vom 16. September 1982 einem Beamten der Finanzverwaltung mit einer Medienkampagne, die zu einem politischen Skandal führen würde. Der Beamte der Steuerbehörde, Robert Stockmann, protokollierte das Gespräch mit Felix: »Felix hat erneut die ISI, die Finanzbehörde, angerufen. Die Unterhaltung hat zwei Stunden gedauert. Felix wollte den Stand der Strafverfolgung wissen. Er möchte eine Vereinbarung mit der Finanzverwaltung in Belgien.« Demnach würde sich Felix dafür einsetzen, daß die Steuerbeamten die Genehmigung bekommen, ihn in einem dritten Land zu treffen. Der Untergetauchte diktierte die Bedingungen – auch das hatten die Finanzbeamten bisher noch nicht erlebt. Die Länder, die von Felix für ein Treffen mit den Beamten vorgeschlagen wurden, waren Costa Rica, die Schweiz oder Israel. Außerdem erklärte er sich be-

115

reit, alle anstehenden Kosten zu bezahlen. Gleichzeitig lobte er in dem Gespräch die Untersuchungsrichter. Dann fragte er die Finanzbeamten, »unter welchen Umständen das Dossier geschlossen werden könne. Er würde, wenn eine Einigung zustande käme, auf jede Schadenersatzforderung samt Zinsen gegen den belgischen Staat verzichten«.

Felix war nämlich fest davon überzeugt, daß er bzw. sein Unternehmen von den Behörden in den Ruin getrieben und sein Name in der Presse zu Unrecht genannt worden sei.

Im Verlauf des Telefongesprächs kommt Brisantes zutage. Demnach erklärte Felix, daß er die Aufträge bei den Fluglinien ja nicht aufgrund seiner schönen Augen bekommen habe, sondern weil er niemals die Wahrheit über die Hintergründe der Geschäfte enthüllen werde. Dafür riet er dem Finanzbeamten doch einmal, darauf zu achten, was sich bei der belgischen Luftlinie Sabena getan hatte und daß »wir in diesem Zusammenhang einmal einen Verantwortlichen der Sabena anhören sollten.« Seiner Meinung nach gibt es bei der Sabena Praktiken, die identisch sind mit denen bei der Lufthansa. Das bedeutet die Zahlung von Kommissionen unter dem Tisch. Ohne es ausdrücklich zu sagen, gab er zu verstehen, daß diese »Kommissionen an Belgier bezahlt wurden.« Soweit die Aussage des Finanzbeamten gegenüber Untersuchungsrichter Lambeau. Die Verantwortlichen der Sabena wurden niemals dazu befragt. Vielleicht wäre es in Belgien dann zu einem ähnlichen Eklat gekommen wie in Deutschland.

Nachdem es dann schließlich, wie in Deutschland, auch in Belgien zu einer Einigung mit den belgischen Finanzbehörden gekommen war, öffneten sich Don Felix in Brüssel wieder alle Türen – er hatte seine Steuerschuld in Höhe von 96 Millionen belgische Franc bezahlt. Eventuelle Verurteilungen oder Bußbescheide verbucht Felix als reine Betriebskosten.

Finanzbeamte und andere Ermittler können freundlich gestimmt werden, Steuern werden zu einem Teil der Beute, die zwischen Finanzamt und Schuldner aufgeteilt wird. Das Einhalten oder Brechen von Gesetzen verkommt zur Abwägung von Kosten und Nutzen. Juristisch haben derartige Praktiken keinerlei Konsequenzen, was beim normalen Steuersünder selbst im belgischen Sumpf erfahrungsgemäß ganz anders aussieht. Dieses System funktionierte in Österreich, Belgien und Deutschland und sollte gerade in Costa Rica zum Erfolg führen – dem Land, das Felix als Botschafter in Europa repräsentierte.

Überhaupt scheint Costa Rica über eine im Vergleich zur Größe und Bedeutung des Landes außerordentlich hohe Zahl von Konsuln, Generalkonsuln und Botschaftern auf der ganzen Welt zu verfügen, und auffällig viele sind in dubiose Geschäfte verwickelt gewesen. Die meisten Konsuln und Generalkonsuln arbeiten ehrenamtlich, stellen selbst Büros und die Einrichtungsgegenstände zur Verfügung. Sie kosten den costaricanischen Staat nichts. Allein in Deutschland gibt es neben dem Botschafter in Bonn sechs Honorarkonsuln, alles ehrenwerte Unternehmer, die die Interessen von Costa Rica vertreten. Besonders viele Honorarkonsuln und Generalkonsuln findet man in Kolumbien, der Drogendrehscheibe Lateinamerikas. Selbst große Nationen verfügen nicht über ein derartiges Netzwerk von diplomatischen Repräsentanten wie Costa Rica.

Costa Rica – Mafialand

Am 20. Februar 1972 betritt Don Felix zum ersten Mal den Boden von Costa Rica. Während es in Europa kalt und ungemütlich ist, scheint in San José den ganzen Tag die Sonne, es ist warm, 25 Grad, kein Regen zu erwarten. Den Zollbeamten am Flughafen legt er einen belgischen Paß mit der Nummer 926938 vor. Aus einer Eintragung in einem anderen Paß mit der Nummer 130–114–700–581 geht hervor, daß er zum ersten Mal am 4. Februar 1974 in Costa Rica eintraf. Schon wieder fallen Ungereimtheiten auf.

Im Jahr 1976 wird er, unter der Regierung von Daniel Oduber, bereits zum Botschafter Costa Ricas bei der Internationalen Atomenergiebehörde in Wien ernannt. Felix bleibt meist nur für kurze Zeit in San José. 1977 zum Beispiel wird er kein einziges Mal bei den Einwanderungsstellen registriert. Ein Jahr später ist er wieder in Costa Rica. Einmal zwei Tage und dann im Sommer sogar für zwei Monate. Jetzt erhält er eine ständige Aufenthaltserlaubnis. Anfang der achtziger Jahre hält er sich öfter in Costa Rica auf. In den Jahren 1981 und 1982 zwei Monate; im Jahr 1983 drei Monate und 1984 wieder zwei Monate.

Fünf Jahre ständig im Land zu leben hat er nicht fertiggebracht. Das ist jedoch, laut Einbürgerungsgesetz Nr. 1155 aus dem Jahr 1950 Pflicht, um eingebürgert werden zu können. Dennoch wird Don Felix im Januar 1985 Staatsbürger von Costa Rica. Das hat vor allem einen beträchtlichen Vorteil: Steuervergünstigungen für die erwirtschafteten Gewinne. Wie konnte er Staatsbürger werden, obwohl er die gesetzlichen Bestimmungen nicht erfüllte?

»Ich habe einen Freund, Rafael Villegas, den Präsidenten der obersten Wahlbehörde. Eines Tages, bei einem Empfang, habe ich ihm gesagt: Schau, dieser Mann kann hier nicht fünf Jahre gelebt haben. Seine Staatsbürgerschaft sollte untersucht werden. ›Aha. Ich werde das tun‹, sagte er. Rafael ist ein alter Freund und deshalb sagte ich ihm: Du mußt wissen, wenn Du das tust, wirst Du Dir die ehemaligen Präsidenten Monge und Calderon nicht zu Freunden machen. Ich habe ihm von deren Verbindungen zu Felix erzählt. ›In diesem Fall‹, hat er geantwortet, ›werde ich nichts tun.‹ Das alles ist sehr traurig.« Diese Geschichte erzählte mir Rodrigo Paris Steffens. Er wollte damit verständlich machen, warum man sich mit den Mächtigen und ihren Freunden nicht anlegt.

Zweifellos hat sich Don Felix mit der Wahl von Costa Rica die richtige Basis, mit entsprechenden Rückzugsmöglichkeiten, ausgewählt. Man kennt sich, weiß voneinander, ist auf die eine oder andere Weise verbunden durch gemeinsame wirtschaftliche oder sogar politische Interessen. Costa Rica gilt bis zum heutigen Tag als Paradies für Steuerflüchtlinge. Inzwischen steht Don Felix hinter mehreren Firmen. Zwei Unternehmen in Europa, eines in Genf und in Brüssel sowie eine Firma in den USA und in Costa Rica. Dabei scheint es sich jedoch lediglich um Firmen zu handeln, die von Strohmännern geführt werden. Produktive Aktivitäten werden jedenfalls nicht bekannt.

Fünfzehn Minuten von San José entfernt liegt die kleine Stadt Escazu. Einst sollen hier Hexen gelebt haben. Heute haben sich die Reichen und Superreichen hier niedergelassen. Am Rande von Escazu steht ein imposantes Appartementhaus, das Condomina Bellavista. Goldbraune Scheiben schlucken neugierige Blicke in das Innere der Zimmerfluchten.

Es ist eine Trutzburg, eingezäunt von einem hohen massiven Eisengatter. Zehn Meter vor dem Komplex steht das Wachhäuschen mit schwer bewaffneten Gardisten, die mit ihren Pump-Guns in den Händen mißtrauisch jeden Fremden im

Auge behalten, während im üppigen Grün des Gartens bunte Vögel herumschwirren. In diesem Luxussilo residiert Felix, wenn er sich in Costa Rica aufhält, um sich von seinen weltweiten aufreibenden Aktivitäten zurückzuziehen.

Aus seinem Fenster blickt er direkt auf den hinter Palmen liegenden »Country-Club«. Es ist ein weitläufiges Areal, in dem nur Mitglieder und ihre Gäste die automatischen Schranken überwinden. Don Felix ist selbstverständlich Mitglied. Für Politiker, Ex-Präsidenten, Kaffee- und Drogenbarone, Gerichtspräsidenten und Spekulanten, also die Spitzen der costaricanischen Elite, ist dies ein Refugium der Ruhe und Sicherheit. Manchmal spielt Don Felix Golf mit dem Außenminister.

Anfang der achtziger Jahre mußte Felix seine unterschiedlichen Geschäftsaktivitäten koordinieren. Als Botschafter bei der Internationalen Atomenergiebehörde war er, wider Erwarten, abgelöst worden und wurde, wohl zum Ausgleich, kurz darauf zum Ministerialrat bei der EG in Brüssel ernannt. Eigentlich blieb es aber ein Abstieg. Um solch einen Abstieg zu verhindern, benötigt man mächtige Freunde. Am besten die Präsidenten der Republik. Und mit denen verbindet ihn in der Regel herzliches Einvernehmen. Daniel Oduber Quiros, Luis Alberto Monge, Angel Calderon und José Maria Figueres-Olsen – alles Figuren, die im Verlauf seiner Karriere immer wieder auftauchen werden.

Die Präsidentschaft ist in Costa Rica eine Art Erbhof. Drei Viertel der Präsidenten Costa Ricas stammen aus nur drei einflußreichen Familien. Einige Kandidaten waren nicht unbedingt vermögend, als sie das Regierungsamt anstrebten. Am Ende der Regierungszeit mußten sie zum Glück nicht mehr über Geldmangel klagen. Die Verfassung begrenzt die Präsidentschaft auf vier Jahre. »Man erwartet, daß ein Präsident reich nach Hause kommt. Das ist genau wie in Mexiko. Und genau wie in Mexiko ist es sehr gefährlich, das zu kritisieren«, sagt Rodrigo Paris Steffens, Kenner der politischen Szene in Costa Rica.

Wenn in Reiseführern zu Recht geschrieben wird, daß nur wenige Länder in Mittel- und Südamerika wegen der Vielfalt an Pflanzen und Tieren mit Costa Rica konkurrieren können, dann gilt das in gleichem Maße für die erstaunliche Offenheit gegenüber zwielichtigen Figuren. Costa Rica ist ein Paradies für Mafiosi und gewiefte Hochstapler, skrupellose Drogenbarone und verwegene Abenteurer, Steuerflüchtlinge, Geldwäscher und für Urlauber – die Schweiz Mittelamerikas. »Das ist Mafialand«, sagt mir der Vertreter der Friedrich-Naumann-Stiftung in Costa Rica. »Ich würde jedem Mafioso raten, nach Costa Rica zu gehen.«

Strategisch liegt Costa Rica ideal zwischen den USA und Lateinamerika. Im Gegensatz zu fast allen anderen zentral- und mittelamerikanischen Ländern hat es auf dem Territorium Costa Ricas keine Kriege gegeben. Es existieren äußerst liberale Steuergesetze und ein korrupter Staatsapparat. Costa Rica ist stolz auf die niedrigste Analphabetenquote und höchste Lebenserwartung Zentralamerikas und auf etwas Einzigartiges – es gibt hier keine Armee. Die wurde im Jahr 1949 für immer abgeschafft.

An der Karibikküste haben dafür die Standard Fruit Company, Chiquita oder Dole das Sagen. Eventuelle Streiks der Bananenarbeiter werden in der Regel gewaltsam unterdrückt. Im Valle Central, im Landesinneren, herrschen die alteingesessenen Kaffeebarone. An der Pazifikküste wuchert der Tourismus. Im Süden stößt Costa Rica an Drogenwaschland Panama, im Norden an das einst vom Bürgerkrieg heimgesuchte Nicaragua. Mindestens 600 000 Nicaraguaner, die dem Elend ihres Landes entkommen wollen, leben heute in Costa Rica, in einer Welt voller Gegensätze und Widersprüche.

Im Herzen von San José, an der Avenida Nummer 1, ein paar Schritte vom Morazan Park entfernt, steht ein fünfstöckiger flamingofarbener kolonialer Prachtbau: das Hotel El Rey. Das Vier-Sterne-Hotel ist ein wichtiger Treffpunkt. Vor der Eingangstür stehen muskulöse Leibwächter, ausgerüstet mit

Kopfhörern, Mikrophon vor dem Mund und schwarzen Schlagstöcken. Mitten in der Eingangshalle blickt man auf eine von Scheinwerfern angestrahlte Harley Davidson. Ansonsten herrscht Dämmerlicht. Links eine kleine Wechselstube und rechts eine Art Reisebüro. Auf der Theke stapeln sich Zigarrenkisten mit Cohibas und Montecristos aus kubanischer Produktion. Das Reisebüro vermittelt Hochseeangeltouren vor der Pazifikküste. An der Wand dahinter hängen Schwarzweißfotos mit stolzen Anglern und einem Blue Marlin an der Angel, dem mächtigen spitzschnabeligen, manchmal über zwei Meter großen Pazifikfisch.

Special Blue Marlin heißt die Bar, gleich neben dem Reisebüro. Sie ist 24 Stunden geöffnet und zu jeder Tageszeit herrscht reger Betrieb. An der vom Rauch dunkel gebleichten Decke hängen ausgestopfte Catfische und Blue Marlins. Auf den ersten Eindruck ein Hotel, in dem sich anscheinend sämtliche Hochseeangler Costa Ricas treffen, um ihre abenteuerlichen Geschichten zu erzählen.

An der Bartheke aus schwarzem Holz sitzen Chicas, junge Frauen aus Costa Rica, Nicaragua und der Dominikanischen Republik, die sich am zehn Meter langen Tresen zwischen Geschäftsleute und Touristen zwängen. Sie werden ständig von den Männern begutachtet, zum Bier oder Wodka eingeladen – eine durchaus entspannte Atmosphäre. Englisch verstehen die jungen Frauen nicht, und die ausländischen Gäste sprechen kaum Spanisch. Doch irgendwie weiß jeder, um was es geht. Zehn Minuten kann es dauern, eine halbe Stunde oder länger. Irgendwann verschwinden die Chicas mit ihren Kunden. Weit müssen sie nicht gehen. Um die Ecke der Bar ist der Aufzug zu den Zimmern. Durch eine Stufe von der Bar abgegrenzt ist ein kleines Spielkasino, 24 Stunden besucht. Ständig sitzen Spieler um drei Tische mit Roulettkesseln, fast ausschließlich US-Touristen.

Hier treffe ich einen deutschen Geschäftsmann, der in San José als »Klein Felix« wohlbekannt ist. Er ist nach Costa Rica ausgewandert, nachdem er in Frankfurt am Main im Zusammenhang mit der Verhaftung eines Bordellkönigs Probleme mit den Steuerbehörden bekommen hatte. »Ich habe für die Frankfurter Bahnhofsmafia die gesamte Buchhaltung erledigt«, erzählt er stolz nach dem zweiten Whisky. Klein Felix ging bei Hersh Beker ein und aus, dem Bordellkönig von Frankfurt, den er seinen großen Förderer nennt, und verschob das im Bahnhofsviertel verdiente Geld aus Drogengeschäften oder Prostitution. Kleine und größere Gangster waren seine besten Freunde in Frankfurt. Er kennt sie alle: die Anwälte, die für seinen Boß gearbeitet haben, die anständigen Bürger Frankfurts. Stadtverordnete, die im Puff seines Arbeitgebers Unterhaltung suchten, und die geschmierten Magistratsmitglieder, die sich von ihm aushalten ließen.

»Ich bin mit einem Funken Anstand gekommen«, meint er. »Das war verkehrt. Entweder macht man mit oder man geht unter. Entweder man kauft sich die Leute, oder Du wirst zugrunde gehen.« Klein Felix hat es in Costa Rica inzwischen zu Wohlstand und Einfluß gebracht. Ihm gehört ein großes Anzeigenunternehmen. Nicht um zu protzen, sondern als ginge es um das alltägliche Geschäft, redet er über seinen neuen Partner, den in Süddeutschland lebenden Immobilienkaufmann Lothar K., der für »die Italiener« Schwarzgeld nach Costa Rica bringt und in Hotelprojekte investiert. Kofferweise, 25 Millionen Mark in den letzten beiden Monaten.

Auf den Barhocker neben ihn setzt sich sein Steuerberater, ein Rechtsanwalt aus Guatemala. Er bestellt ein Bier und fängt an zu plaudern. »Ich habe für den Ex-Präsidenten hier die Steuererklärung gemacht. 30 Prozent Einkommen gebe ich an, der Rest fällt weg.« Klein Felix redet über seinen guten Freund José Maria Figueres-Olsen, Sohn vom Ex-Präsidenten Figueres-Ferrer. Der war einst Präsident von Costa Rica und ist heute ein erfolgreicher Unternehmer. »Er hat mir ein Geschäft angeboten. Ich wollte die Erlaubnis, Helikopter anzuschaffen. Wir machen ›Halbe Halbe‹ hat er mir gesagt. ›Du gibst mir – ich gebe Dir‹.«

Neugierig frage ich ihn, ob er Don Felix kennt. Natürlich,

»das weiß doch jeder, was der hier macht«, meint Klein Felix. Doch Genaues weiß er nicht. Auf meine Nachfrage erzählt er von Gerüchten, von Mutmaßungen.

Wenig später, es ist inzwischen zwei Uhr morgens, kommt sein deutscher Partner dazu. Er ist etwa 35 Jahre alt, braungebrannt, trägt eine Goldkette. »Ich habe wieder einen Koffer dabei«, raunt er seinem Partner zu. Der lächelt mich freundlich an und geht mit ihm in eine Ecke der Bar. Die ist inzwischen überfüllt. Nur durch das ständige Kommen und Gehen der Mädchen mit ihren Kunden wird wieder ein Barhocker frei. Stimmung und Menschen in diesem Hotel sind typisch für das kulturelle und gesellschaftliche Klima im gesamten Land, wo Gesetze wenig gelten, schneller Profit und Pflege von Beziehungen umso mehr.

Nicht weit von der Residenz des Don Felix entfernt, in Lomas de Ayarco, ist ein imposantes Anwesen zu bewundern. Die prächtige 5000-Quadratmeter-Villa steht zum Verkauf an. Mit Gästehaus, Schwimmbad und einem riesigen Palmengarten wird sie von Maklern in San José zum Preis von 1,2 Millionen Dollar angeboten. Sogar im Internet wurde für das Anwesen mit dem Slogan geworben: »Schwelgen in den Erinnerungen und Abenteuern des famosen Robert Vesco.« Schließlich ist Don Felix nicht der einzige ausländische Millionär, der in Costa Rica einen sicheren und komfortablen Platz suchte.

Robert Vesco

Im Sommer 1996 meldete die amtliche kubanische Nachrichtenagentur Prensa Latin, daß ein Mann in Havanna zu 13 Jahren Gefängnis verurteilt worden sei, weil er illegal Medikamente gegen Krebs und Arthritis hergestellt und vertrieben haben soll. Der Name des Verurteilten, der in blaugrauer Gefängniskleidung den Urteilsspruch vernahm: Robert Vesco.

Vesco stand seit 25 Jahren auf den Fahndungslisten vieler Länder, allerdings nicht wegen Vergehens gegen das Arzneimittelgesetz, sondern als internationaler Finanzschwindler, der seine Spuren auch in Deutschland hinterlassen hat. Zu seinem riesigen Vermögen kam Robert Vesco über den 1956 von Bernard Cornfeld gegründeten Investmentfonds IOS (Investors Overseas Services), ein Anlageunternehmen, das auch in Deutschland für Schlagzeilen sorgte. Insbesondere die extrem hohen Gewinne, die den Anlegern versprochen wurden, sorgten bei den konkurrierenden deutschen Banken und Investmentgesellschaften für große Unruhe.

Der Höhepunkt der IOS-Deutschland war erreicht, als sich der ehemalige deutsche Vizekanzler und FDP-Vorsitzende Dr. Erich Mende zum IOS-Verwaltungsratsvorsitzenden in Deutschland küren ließ. Sein Renommee sollte die IOS aufwerten. Erich Mende nutzte seine führende Stellung in der Partei, um Kunden und Vertriebsleute für den Investmentfonds zu begeistern. Am Ende hatte die IOS 15 000 Außendienstmitarbeiter. In Frankreich gründete die IOS zusammen mit der berühmten Rothschild-Bank einen gemeinsamen Investmentfonds, und in München besaß die IOS sogar eine eigene Bank, die Orbisbank. Doch dann kam alles anders.

Anfang der siebziger Jahre begannen sich bei der IOS die finanziellen Probleme zu häufen, und »Bernie« Cornfeld suchte nach einem Retter. Er fand ihn in Robert Vesco. Vesco war zweifellos ein Mann mit viel Fortüne, mit einem eigenem Flugzeug und einer eigenen Yacht, der Patricia II. Bis ihm das FBI, die US-Steuerbehörde und die CIA wegen Millionenbetrugs auf den Fersen waren. Seine Geschäftspraktiken fand die US-Börsenaufsichtsbehörde SEC nämlich so ungewöhnlich, daß sie eine Untersuchung einleitete, der Vesco sich 1972 durch Flucht entzog. Ihm wurde vorgeworfen, den von ihm dirigierten Investmentfonds IOS um 224 Millionen Dollar betrogen zu haben. Das IOS-Imperium brach daraufhin zusammen. Über eine Million Anleger und über 15 000 IOS-Anlageberater wurden in den Abgrund gerissen.

Für Robert Vesco hatte das Fiasko zuerst keine großen Nachteile. »Es ist den Strafverfolgern nie gelungen, Robert Vesco vor ein Gericht zu bringen, weil es ihm immer wieder gelang zu entwischen. Sein langes Flüchtlingsdasein verbrachte er allerdings durchweg in luxuriösen Umständen.«[14]

Zur gleichen Zeit, als Don Felix erstmals den Boden Costa Ricas betrat, schwebte auch Robert Vesco mit seiner eigenen Boeing auf dem Flughafen in San José ein. Am 29. Juni 1972 wurde er dort herzlich empfangen vom ältesten Sohn des Präsidenten José Maria Figueres. Ohne jegliche Zollformalitäten fuhr er in einer Prozession edler Karossen in San José ein. Robert Vescos Boeing 707 flog unterdessen nach Nassau auf den Bahamas zurück, um den gesamten Haushalt der Familie nach Costa Rica zu bringen. Diese bevorzugte Behandlung konnte Vesco deshalb genießen, weil er in Costa Rica einiges investiert hatte – in Firmen des Präsidenten Figueres.

Der Multimillionär versprach, darüber hinaus dreizehn Millionen Dollar im Land zu investieren und kündigte weitere Investitionen in Höhe von 42 Millionen Dollar an. Damit wurde Vesco automatisch ein »resident investor«, ein investierender Bürger Costa Ricas. Fünf Jahre genoß er die Gastfreundschaft der Costaricaner, obwohl inzwischen ein Auslieferungsantrag der Vereinigten Staaten gegen ihn vorlag. Doch beherzt stellte sich Präsident Figueres vor seinen Freund.

Das mögliche Motiv des Präsidenten, sich für Don Vesco einzusetzen, läßt sich anschaulich einem Telefongespräch vom 16. März 1973 entnehmen, das der damalige US-Präsident Richard Nixon mit seinem außenpolitischen Berater John Ehrlichman führte – jenem Mann, der einer Einbrecherbande im Juni 1972 den Auftrag erteilte, in das Hauptquartier der Demokratischen Partei im Watergatehotel in Washington einzubrechen. Sie sollten geheime Unterlagen stehlen und die Telefone der Wahlkampfmannschaft der Demokraten anzapfen. Richard Nixon deckte nicht nur diesen Skandal, der als Watergateaffäre weltweit für Aufsehen sorgte, sondern er entpuppte sich als Initiator der illegalen Aktion. 1974 mußte er deshalb von seinem Amt zurücktreten.

In dem oben erwähnten Telefongespräch unterhalten sich beide über Robert Vesco. Vesco unterhielt früher beste Beziehungen zu Richard M. Nixon und dessen Familie, die derart herzlich waren, daß der US-Präsident gar Miteigentümer eines Tourismusprojektes von Vesco auf den Bahamas wurde.

»Wahrscheinlich«, sagt Ehrlichman zu Nixon, »ist er nach Costa Rica gegangen, wo er den Präsidenten gekauft hat.«

»Figueres?« fragt Nixon.

Ehrlichman: »Yeah.«

Richard Nixon daraufhin in seiner bekannt blumigen Ausdrucksweise: »Dieser elende Sohn einer Hure.« Ehrlichman darauf: »Er (Vesco) hat ihn in Bausch und Bogen gekauft.«

Tatsächlich erhielt Präsident José Figueres von dem Millionenbetrüger 325 000 US-Dollar, die auf sein Konto in New York eingezahlt wurden.

1974 erschien in Costa Rica ein Bestseller mit dem bezeichnenden Titel: »Roberto Vesco kauft eine Republik«. In dem Buch schrieb der Autor Julio Sunol, ein ehemaliger kommunistischer Abgeordneter: »Präsident Figueres hatte seine Verdienste in der Vergangenheit. Aber gleichzeitig führte er zum ersten Mal in 150 Jahren Unabhängigkeit und politischer Au-

128

tonomie ein zynisches System von Korruption und Respektlosigkeit gegen die guten Traditionen ein. Das ist ein Preis, den jeder von uns zahlen muß.«

Im Laufe der nächsten Zeit machte Vesco sich mit seinem Geld viele Freunde. Zu ihnen gehörte auch Daniel Oduber, der 1974 Staatschef in Costa Rica wurde. Zwei Tage vor seiner Inauguration, am 10. Mai 1974, traf er sich mit Robert Vesco in seiner privaten Residenz zu einem geheimen Dinner. Nach dem Essen bat Oduber seinen Freund Robert Vesco wieder einmal um Wahlkampfhilfe. Robert Vesco hatte ihm bereits 200 000 US-Dollar für seine letzte Kampagne überwiesen. Dafür versprach Daniel Oduber seinem Freunde, dafür zu sorgen, daß er unbehelligt bleibt: Tatsächlich wurde Robert Vesco nicht in die USA ausgeliefert.

Erst im Frühjahr 1978 verließ er Costa Rica in Richtung Bahamas. Inzwischen war der politische Druck, insbesondere durch den Präsidentschaftskandidaten Rodrigo Carazo Odio in Costa Rica auf Don Vesco und seine alten politischen Förderer immer stärker geworden, und selbst die Fürsprache der beiden Präsidenten Oduber und Figueres nutzte wenig. Im Juli 1978 wurde sein Einbürgerungsantrag abgelehnt, wegen seiner »Einmischung in die lokale Politik« und weil er »falsche Angaben in seinem Einbürgerungsantrag gemacht hatte«.

Von nun an pendelte er ständig zwischen den Bahamas und Costa Rica, bis ein verurteilter Drogendealer, ein gewisser Timoth Irwin, auspackte – vor einer Kommission auf den Bahamas, die gerade Korruptionsfälle im dortigen Regierungsapparat untersuchte. Demnach habe ihm Robert Vesco 1978 erzählt, daß er monatlich hohe Geldbeträge an den Premierminister der Bahamas, Lynden Pindling, zahlte, damit der ihn vor der Abschiebung in die USA bewahrte.

Auch die Aussage eines weiteren Kriminellen belastete Vesco. Drogenkönig Carlos Enrique Lehder, der Anfang der achtziger Jahre von den Bahamas aus den Kokainhandel kontrollierte, ist nicht nur ein unendlich reicher, sondern auch ein allzu redseliger Mensch. Gegenüber Zeugen, die es später vor

Gericht bestätigten, prahlte er damit, daß Robert Vesco ihn mit Premierminister Lynden Pindling bekannt gemacht habe. Für Lehder war Robert Vesco ein »Finanzgenie, das sich jetzt auf der Flucht vor dem Gesetz auf den Bahamas verberge«. Vesco hatte dem Drogenhändler angeboten, ihn bei der Geldanlage zu beraten – und in die Kunst einzuweihen, bei den Banken entlang der Küste Geld zu waschen.

Es sei auch Robert Vesco gewesen, der ihn später beim kubanischen Staatspräsidenten Fidel Castro eingeführt habe. Beide, Robert Vesco und Carlos Enrique Lehder, hatten inzwischen gute Beziehungen zur Regierung in Kuba aufgebaut, um den Luftraum über Kuba unbehindert überfliegen zu können. 1982 kam Robert Vesco zum letzten Mal nach Costa Rica. Inzwischen hatte er nur noch wenige Freunde. Neuer costaricanischer Präsident wurde Rodrigo Carazo Odio, der bereits in seinem Wahlkampf heftig gegen den »Gangster Don Vesco und seine Helfershelfer in der Regierung« protestiert hatte. Don Vescos Lage wurde deshalb immer unsicherer. Am 12. Juni 1982 verschwand er endgültig von Costa Rica nach Kuba, bis zu seiner Verurteilung dort im Sommer 1996.

Carlos Lehder hingegen lebt heute immer noch in Freiheit. Von Zeit zu Zeit taucht er in Haiti, manchmal in Ecuador, manchmal in den USA auf. Er arbeitet für die amerikanische Drogenabwehrbehörde DEA als Undercover-Agent. Ein Skandal? Nein, nur die bittere Realität, die einmal mehr beweist, daß die Binsenweisheit, wonach man die Kleinen hängt und die Großen hofiert, ebenso banal wie realistisch ist.

Die spannende Frage stellt sich, was eigentlich Robert Vesco mit Don Felix verbindet, davon abgesehen, daß sie im gleichen Jahr in Costa Rica eintrafen? Da ist zum einen das gesellschaftliche Klima in Costa Rica, die Freiheiten, die beiden gewährt wurden, die Beziehungen, die jeder auf seine Art aufbauen konnte. Don Felix hatte sich genau wie Robert Vesco die Präsidenten Daniel Oduber und José Figueres zu guten Kumpanen gemacht – Politiker, die wiederum selbst in unzählige undurchsichtige Geschäfte wie den Drogenhandel verwickelt gewesen sein sollen. Und Robert Vesco und Don Felix verband noch etwas anderes: Ein Mann namens Gonzales Facio, der sich dafür einsetzte, daß beiden in Costa Rica keine Steine in den Weg gelegt wurden.

»Die mafiosen Aktionen haben mit ihm begonnen«, erzählt mir Rodrigo Paris Steffens. Tatsächlich war Gonzales Facio Vescos Rechtsanwalt in Costa Rica, der sich vehement gegen die Auslieferung seines Klienten zur Wehr setzte. Der spätere Außenminister Gonzales Facio war nicht nur mit Bela Rabelbauer in Persien auf Dienstreise, sondern er machte sich ebenfalls dafür stark, daß Don Felix auf dem diplomatischen Parkett für Costa Rica glänzen konnte. Sowohl im Fall Robert Vesco wie Don Felix war es wiederum Präsident Rodrigo Carazo Odio, der Anfang der achtziger Jahre dafür sorgte, daß Robert Vesco Costa Rica verließ und Don Felix seine diplomatischen Würden verlor.

Trotzdem gibt es zwischen beiden Figuren große Unterschiede. Don Felix protzt nicht mit seinem Reichtum. Er versteht es geschickter als Don Roberto, die politische und wirtschaftliche Elite zu umschmeicheln, mischt sich nie direkt in die nationale Politik ein. Was ihm zwar unter dem 1978 neu gewählten Präsidenten Rodrigo Carazo Odio nicht weiterhalf. Doch die kurze Unterbrechung im diplomatischen Dienst blieb für ihn nur eine Episode. Schließlich würde Carazo nur vier Jahre regieren können. Dann würden wieder seine eigenen Leute an die Macht gelangen.

Die Geheimorganisation WACL

Anfang der achtziger Jahre ist Don Felix ein reicher Mann mit ungewöhnlich großem Einfluß in Costa Rica wie in Europa. Und anscheinend hat der Diplomat und Unternehmer auch politische Ambitionen. Hier kommt eine Geheimorganisation, die »Antikommunistischen Weltliga« WACL (World Anticommunist League) ins Spiel, die nicht nur in Mittelamerika eine wichtige Rolle einnahm. Rolanda Araya, Präsident der »National Liberalen Partei« Costa Ricas, urteilt über den politischen Ehrgeiz seines Freundes Don Felix: »Ich persönlich schätze, daß Felix ein frustrierter Politiker ist, der die Politik und das Informiertsein liebt. Ich kenne ihn als einen eisenharten, hartnäckigen, kriegerischen, kämpferischen Mann.« Die WACL bot da ein interessantes Betätigungsfeld. Sie zeigte den Mitgliedern nicht nur, wo die besten Steueroasen und Offshore-Gesellschaften zu finden sind, damit möglichst wenige von den hart verdienten Millionen verloren gehen. Viel wichtiger ist eine andere, weitaus gefährlichere Seite der Organisation: »Das war eine Art von antikommunistischer Internationale, die in den siebziger Jahren weitgehend von Neo-Nazis und Rechtsextremisten übernommen worden war. In Südamerika riefen WACL-Scharfmacher sogar offen zu Terroranschlägen auf, indem sie vorschlugen, progressive Priester physisch zu liquidieren.«[15]

Gleichzeitig verfügte die WACL über vielschichtige Beziehungen zu verschiedenen westlichen Nachrichtendiensten und zu religiösen Sekten mit politischem Anspruch wie dem Wirtschaftsimperium der Moon-Sekte. Zu dieser verschworenen Kampfgemeinschaft gehörten nicht nur Diktatoren, sondern auch ehemalige Agenten, Ultrarechte, Söldnerorganisationen und Todesschwadrone. Zahlreiche Politiker und Unternehmer fühlten sich in diesem Kreise ebenfalls gut aufgehoben. Sie alle vereinte die Angst vor der vermeintlichen kommunistischen Weltherrschaft, der sie sich mit allen Mitteln entgegenstemmen wollten. Und an Mitteln mangelte es ihnen nicht. In Belgien unterhielt die WACL enge Beziehungen nicht nur zu militanten Rechtsextremisten, sondern auch zu hohen Politikern, etwa zum Verteidigungsminister José Desmarets, dem Ex-Premierminister Paul Vanden Boeynants oder zum damaligen Vorsitzenden des Nationalen Verteidigungsrats Robert Close, der 1980 schließlich Vorsitzender der Weltsektion der WACL wurde. Überhaupt war Belgien einer der wichtigsten Stützpunkte der WACL. Robert Closes Nachfolger als WACL-Vorsitzender wurde José Desmarets, Vizepremier und Ex-Verteidigungsminister Belgiens, Mitglied der Nuklearen Planungsgruppe der NATO, kein Provinzpolitiker also, sondern ein Mann mit Einfluß und ein eifriger Propagandist der WACL. Er versuchte auf der höchsten politischen Ebene deren Ziele durchzusetzen. Nicht nur das dürfte ihn mit Don Felix verbunden haben. Denn in seinem Ministerkabinett beschäftigte José Desmarets einen Sohn von Don Felix, der hier – welch Glück, wenn man Beziehungen hat – seinen Wehrdienst ableisten durfte.

Dieser Sohn wird kurze Zeit darauf in die USA reisen, um bei einem texanischen Millionär neue Erfahrungen zu sammeln, und schließlich 1984 in Genf in eine bekannte Anwaltskanzlei eintreten. Ein interessanter Zufall. Der Patron dieser Anwaltskanzlei war gleichzeitig Präsident der Schweizer WACL und für ein Jahr Präsident der Weltorganisation sowie Treuhänder für ein Firmengeflecht, über das illegale Finanzierungen für die Contras liefen, die von Costa Rica aus operierten.

Im Juli 1981 stürmen Polizeibeamte das Büro von José Desmarets. Eine Sensation. Unangemeldeten Polizeibesuch im

Heiligtum eines der höchsten belgischen Politiker gab es bislang nicht. Die Beamten präsentierten einen Durchsuchungsbeschluß für das Zimmer des Sohnes von Don Felix, unterzeichnet von Untersuchungsrichter Pierre Lambeau. Auslöser der Razzia waren die Machenschaften des Vaters im Zusammenhang mit der Lufthansa-Affäre, als zum gleichen Zeitpunkt in Deutschland, Frankreich und diversen Orten in Belgien Razzien durchgeführt wurden, um Belastungsmaterial gegen Don Felix zu finden. Vermutet wurde, daß der Sohn seinen Vater vor der drohenden Razzia warnte und es ihm ermöglichte, belastendes Material rechtzeitig verschwinden zu lassen. Vizepremierminister José Desmarets nahm diese Aktion allerdings genauso gelassen hin wie sein Freund Don Felix. Beide verband eine bestimmte Ideologie: konsequenter Antikommunismus und die Idee eines neoliberalen Staates. Nachdem José Desmarets im Jahr 1982 aus der Politik ausgeschieden war, ging er in die private Rüstungsindustrie und betätigt sich seitdem auch im Diamantengeschäft mit Zaire.

In der illustren Runde der WACL-Verbündeten darf auch Paul Vanden Boeynants nicht fehlen – eine der schillerndsten Figuren im belgischen Sumpf und Mitglied des rechten Flügels der belgischen Christdemokraten. Er war Ex-Verteidigungsminister und zweimaliger Premierminister. Der äußerst erfolgreiche Unternehmer duldete während seiner Regierungszeit nicht nur rechtsradikale Strömungen in der Gendarmerie, sondern pflegte selbst entsprechende Verbindungen zur WACL.

Mitte der achtziger Jahre sprachen in Belgien nur wenige, hinter vorgehaltener Hand, von der Verkommenheit der politischen Klasse, für die Korruption offenbar ein Kavaliersdelikt war. Der Club der Notablen schacherte sich gegenseitig die größten Aufträge zu. Waffengeschäfte versprachen dabei besonders hohe Provisionen. Erst im Zusammenhang mit der Agusta-Affäre, zehn Jahre später, flog dieses kriminelle Netzwerk endgültig auf. Bis dahin war in diesem Beziehungsgeflecht die WACL ein tragendes ideologisches Element.

Nachdem die zunehmende Verflechtung der WACL mit internationalen Neonazi-Organisationen in der amerikanischen und vor allem skandinavischen Presse Ende der siebziger Jahre zunehmend publik wurde, beschloß man bei einer Tagung im Jahr 1980 die Aufnahme weiterer ultrarechter Organisationen. Gleichzeitig klatschen die Delegierten stürmischen Beifall, als eine Botschaft des Diktators Alfredo Stroessner aus Paraguay verlesen wurde, der die Verdienste seines Regimes im Kampf gegen den Kommunismus hervorhob. Diese ideologische Verblendung führte dazu, daß die Kontakte der WACL zu lateinamerikanischen Diktatoren besonders eng waren. Zu ihren prominenten Mitgliedern und Förderern gehörten deshalb nicht nur Männer wie Alfredo Stroessner, sondern auch der Präsident von Nicaragua, Anastasio Somoza, der chilenische Diktator Pinochet oder Generäle der argentinischen Militärjunta.

Dies alles wäre zwar eine ungeschriebene, aber abgeschlossene Episode des Kalten Krieges, gäbe es da nicht konkrete Verbindungen mit dem blutigen Krieg der rechten Contras, die noch heute nachwirken.

Die Contras bekämpften die Regierung in Nicaragua, die das WACL-Mitglied Anastasio Somoza samt Hofstaat aus dem Land gejagt hatte. Bis 1987 tobte in Nicaragua ein blutiger Bürgerkrieg, durch den letzlich die lateinamerikanische Drogenmafia gestärkt wurde, weil sie die Contras in jeder Beziehung unterstützte. Die Contras wiederum waren nichts anderes als ein Instrument amerikanischer Machtpolitik. Die WACL tat propagandistisch und finanziell alles, um die neuen Herren in Managua, die sich Sandinisten nannten, zu stürzen. Im Juni 1984 wurde daher bei der WACL-Welt-Tagung im amerikanischen San Diego beschlossen, die Befreiungsbewegungen in kommunistisch beherrschten Ländern aktiv zu unterstützen – also ebenso die Contras in Nicaragua.

Dazu ein kurzer geschichtlicher Rückblick, der notwendig ist, um die folgenden Ereignisse einordnen zu können.

Nicaragua stand zwischen 1856 und 1979 unter der weitgehenden bis vollständigen Kontrolle der Vereinigten Staaten. Von 1912 bis 1933 war das Land von amerikanischen Truppen besetzt. Als Ersatz für die 1933 abgezogenen US-Marines wurde eine Nationalgarde geschaffen. Wenig später, im Jahr 1936, übernahmen Mitglieder der Familie Somoza die Führung dieser Nationalgarde und brachten das Land in ihren Besitz. Der Staatsform nach war Nicaragua von nun an eine Erb-Diktatur. In den späten siebziger Jahren geriet das Somoza-Regime immer stärker unter den Druck einer aufbegehrenden Bevölkerung, und 1977 schließlich versank das Land im Bürgerkrieg.»1978 wurde vor allem Israel für die Somozas zu einem wichtigen Waffenlieferanten, nachdem die USA ihre gesamte Wirtschafts- und Militärhilfe ausgesetzt hatten. Israel und Argentinien sprangen in die Bresche und hielten Somoza bis zuletzt die Treue. Die israelische Presse berichtete am 16. Juni 1979 darüber, daß Arava-Transportflugzeuge aus Israel zum Abwurf von Bomben auf die Elendsquartiere von Managua eingesetzt wurden.«[16]

Sechsundvierzig Jahre regierte der Somoza-Clan in Nicaragua. Der Familie gehörten fast alle großen Unternehmen des Landes sowie die nationale Fluggesellschaft, die größten Hotels und eine Zeitung. Am 17. Juli 1979 flüchtete Anastasio Somoza, zusammen mit seinen engsten Verbündeten, Top-Generälen, Geschäftspartner und deren Familien, aus Managua in zwei Flugzeugen in Richtung USA. Die Sandinisten, die sich gegen die Ungerechtigkeit und Unterdrückung und die autoritäre Herrschaft der Somozas organisiert hatten, eroberten Managua, die Hauptstadt von Nicaragua. Das Ende des Diktators Somoza und seiner skrupellosen Nationalgarde war somit besiegelt.

In Managua regierten nun die linken Sandinisten, quasi ein kommunistisches Übel direkt im Einflußgebiet der USA. Widerstand leisteten nur noch versprengte Freischärler. Die Somozistas, wie sie damals noch genannt wurden, waren demoralisiert und schlecht organisiert.

Bis die USA aktiv eingriffen, konnten die Contras kaum als ernsthafte Bedrohung der Sandinisten gelten. Das sollte sich ändern, nachdem die seit 1980 regierende US-Regierung unter Ronald Reagan beschloß, das kommunistische Gefährdungspotential in ihrem Einflußbereich auszuschalten. Die CIA begann, die Reihen der Somozistas durch die Anwerbung von Studenten, Bauern und anderen Zivilisten aufzufüllen. Die Folge: Im Norden Costa Ricas, an der Grenze zu Nicaragua, operierten nun vom Westen finanzierte Kämpfer gegen die regierenden Sandinisten. Das Gebiet wurde zur Südfront, die nationale Souveränität Costa Ricas praktisch beiseite gefegt. Im nächsten Schritt versuchten die USA, die unterschiedlichen Fraktionen des Widerstands gegen die Sandinisten unter einheitliches Kommando zu bringen. Anfang 1982 wurde deshalb die FDN, Fuerza Democrática Nicaraguense (Demokratische Kraft Nicaraguas) ins Leben gerufen, als politischer Arm der militärischen Gruppen. Sowohl die politischen Organisationen wie ihre militärischen Einheiten wurden unter dem Begriff Contras zusammengefaßt. Dabei handelte es sich um mehrere zum Teil konkurrierende Organisationen, die von den USA und von anderen westlichen Staaten mit Geld, Waffen und Militärberatern unterstützt wurden. Der israelische Geheimdienst Mossad lancierte Angehörige einer israelischen Elite-Kommandoeinheit als Ausbilder für die ersten Contra-Bataillone. Überfälle auf Schulen, landwirtschaftliche Genossenschaften und neu aufgebaute Sozialeinrichtungen in Nicaragua häuften sich nun. »Das ist also die Wirklichkeit des Terrorkrieges in Nicaragua. Die Wirklichkeit eines ganz offiziell mit amerikanischen Dollar betriebenen Freiheitskampfes. Mit einem beispiellosen Propagandafeldzug wird gegen das kleine Land in Mittelamerika mobil gemacht. Konservative Politiker und konservative Presse werden dabei nicht müde, die Realität eines schwachen Vier-Millionen-Einwohner-Landes zu einer waffenstarrenden bedrohlichen Imperialmacht aufzublasen.«[17]

Die wahre Geschichte des Krieges ist dies allerdings nicht. Allenfalls ein kleiner Ausschnitt in einem großen Drama. Der renommierte US-General Paul Gorman analysierte: »Wenn Sie Waffen oder Munition in Lateinamerika bewegen wollen, müssen sie auf die Netzwerke zurückgreifen, die den Kartellen gehören.«[18] Er sollte recht behalten: Der Krieg in Nicaragua war tatsächlich auch ein Krieg der Drogen-Mafia.

Die Reagan-Administration war zwar ein erklärter Feind der Drogenhändler, aber noch viel mehr ein Feind der Kommunisten. Daniel Oduber, Costa Ricas Ex-Präsident erklärte: »Ich habe Probleme mit der US-Regierung, weil ich mich einer Gruppe von Abenteurern entgegenstelle, die sich den Norden des Landes angeeignet haben, um diese Region in eine Art Vietnam zu verwandeln, wo neben einem Krieg auch der Umschlag von Drogen stattfindet.« Sowohl der Drogenhandel als auch die Aktionen zu seiner Bekämpfung wurden den geopolitischen Zielen der Vereinigten Staaten in der Region Zentralamerika untergeordnet. Die Priorität, die dem Kampf gegen die kommunistische Gefahr eingeräumt wurde, ließ den Kampf gegen die Drogen nicht nur in den Hintergrund rücken, sondern förderte und verstärkte sogar die Drogenaktivitäten. »Das ist zweifellos auf die Unentschlossenheit der politischen Führung in den Vereinigten Staaten zurückzuführen, die sich zwar für einen Frontkampf gegen den Drogenhandel engagiert, aber viel stärker an der Eindämmung des Kommunismus interessiert ist und daher geneigt ist, diesen illegalen Geschäften gegenüber ein Auge zuzudrücken oder sie gar zu fördern, wenn dies ihren geopolitischen Plänen dienlich ist.« So steht es in einem parlamentarischen Untersuchungsbericht zur Drogensituation in Costa Rica aus dem Jahr 1988.

Im Dezember 1981 unterzeichnete Präsident Ronald Reagan eine »Nationale Erklärung« über die Notwendigkeit einer Geheimdienstoperation. Er legte damit die Grundlage für die Unterstützung der nicaraguanischen Contras. Diese Politik war von Anfang an umstritten – insbesondere im Kongreß. Die Sorge, daß diese Politik einen Krieg in der Region auslösen könnte, veranlaßte den Kongreß am 21. Dezember 1982 zur Verabschiedung des »Boland Amendment«, das der CIA und dem Verteidigungsministerium untersagte, Gelder mit dem Ziel auszugeben, »die Regierung von Nicaragua zu stürzen oder eine militärische Auseinandersetzung zwischen Nicaragua und Honduras zu provozieren«. Im September 1983 unterzeichnete Präsident Reagan eine zweite Erklärung zu Nicaragua, die »die Bereitstellung von materieller Unterstützung und Anleitung für die nicaraguanischen Widerstandsgruppen« genehmigte. »Diese Erklärung verfolgte ein doppeltes Ziel: Sie sollte die sandinistische Regierung Nicaraguas veranlassen, mit ihren Nachbarn Verhandlungen aufzunehmen, und Druck auf die Sandinisten und ihre Verbündeten ausüben, um sie zu bewegen, die linke Guerilla in El Salvador weder Waffen, Ausbildung, Hilfe bei Planung und Durchführung von Operationen zukommen zu lassen noch Schutzräume zu gewähren.«[19]

Eine Konsequenz der US-Strategie war, daß die WACL eine Kampagne startete, um über private Kanäle Finanzmittel für die Contras zu sammeln. Die entsprechenden Verbindungen liefen zwischen John Singlaub und dem später wegen illegaler Waffengeschäfte mit dem Iran verurteilten Mitglied des Nationalen Sicherheitsrats, Oberstleutnant Oliver North. Laut einem Untersuchungsbericht des US-Parlaments aus dem Jahr 1984 war Singlaub »Chef von fünf der dreizehn wichtigsten Vereinigungen, die private Gelder für die Contras sammeln«. Und die brauchten nicht nur viel Geld, sondern zusätzlich Waffen und eine Front, von der aus sie operieren konnten. Diese sogenannte Südfront lag im Norden Costa Ricas, nahe der Grenze zu Nicaragua. John K. Singlaub, der ehemalige General, war gleichzeitig Repräsentant der WACL in den USA, ein Mann mit großer politischer Erfahrung. 1949 war er im CIA Hauptquartier für die Volksrepublik China zuständig gewesen, danach CIA-Chef in Korea. Im Vietnamkrieg befehligte er die gefürchteten »Sondereinsatzgruppen«. Entlassen wurde er 1978 von US-Präsident Carter, weil er dessen Politik sabotierte. Dafür genoß der abgehalfterte General in der Reagan-Administration hohes Ansehen. Zwischen 1983 und 1984 entwickelte er für das Pentagon »politische Strategien gegenüber entwickelten Ländern«. Dann wurde er von Präsident

Reagan zum »Chef der Spendenfonds« für die Contras in Zentralamerika ernannt.

Dies ist das politische Milieu, in dem die Freunde von Don Felix die WACL und ihre Ziele unterstützten. Die Frage stellt sich nun, ob Don Felix persönlich etwas mit den über WACL-Verbindungen in Europa gelieferten Waffen an die Contras zu tun hatte. Im früher erwähnten Dossier der belgischen Gendarmerie werden nämlich direkte Verbindungen zwischen Don Felix und den Contras konstruiert. Die Behauptung mit Bezug auf Don Felix lautet: »Waffen der belgischen Rüstungsfirma FN seien zuerst nach Nantes in Frankreich gegangen, um von dort nach Costa Rica, nach Sankt Helena, weitergeleitet zu werden. Auf dem gleichen Weg seien Drogen zurücktransportiert worden. Über diese Schiene gingen gewisse Waffen von Irangate an die Contras in Nicaragua.« So die Ausführungen in dem umstrittenen Bericht, dessen Aussagen nur schwer nachzuprüfen sind, zumal Don Felix zu keiner Stellungnahme bereit war.

Sieht man wiederum, in welchen Beziehungen Don Felix damals stand, insbesondere zum Ex-Verteidigungsminister und Ex-Premierminister Paul Vanden Boeynarts, dürfte es sich um genau dieses Beziehungsgeflecht gehandelt haben, das derartige Geschäfte ermöglichte.

Don Felix habe, so wird ebenfalls von Journalisten in Costa Rica behauptet, im Norden von Costa Rica, mitten in der Südfront, finanzielle Investitionen getätigt, um dort unter anderem eine Flugpiste zu bauen – nach offizieller Darstellung, um den Tourismus zu fördern.

»In Costa Rica, in Santa Helena, soll Don Felix mit seiner Gruppe ein großes Touristprojekt für 2 Millionen US Dollar gekauft haben.« Soweit die Vermutungen, die in dem offiziellen Report der belgischen Gendarmerie geäußert wurden. Konkrete Beweise werden nicht geliefert.

Recherchen vor Ort ergeben folgendes: Das erwähnte Gebiet erstreckt sich über 2000 Hektar auf einer idyllischen Halbinsel mit kleinen Buchten, endlosen Savannen, weiten, sanften Hügelketten und traumhaften Stränden. In der Nähe sind riesige Rinderfarmen. Schlechte Straßen und glühende Hitze erschweren die Anfahrt. Doch das Gebiet hat vor allem eine strategische Bedeutung: Es grenzt an Nicaragua.

Fest steht: Die Contras haben 1984 die Genehmigung erhalten, die Landebahn in Santa Helena zu bauen. Entsprechende Zahlungen wurden an Colonel Montero geleistet, einen Beamten der Staatspolizei, der die Landebahn überwachen sollte. Über diese Landebahn haben die Contras Drogen und Waffen verschoben. Der Bau einer geheimen, behelfsmäßigen Start- und Landebahn im nördlichen Costa Rica im Sommer 1985 war offenbar einer der vom »Projekt Democracy« durchgeführten Operation. In einem Memorandum von 30. September 1986 an Vizeadmiral Poindexter schilderte Oberstleutnant North die Rolle vom »Projekt Democracy«: »Der Flugplatz von Santa Helena war ein entscheidendes Element bei der Unterstützung des Widerstands.« Gebaut wurde der Flughafen von einer panamesischen Firma, die vom Geheimdienst CIA unter dem Namen »Project Democracy« finanziert wurde. [20] Hinter der panamesischen Firma verbarg sich Panamas Drogendiktator Noriega. Der Vorbesitzer des Geländes, auf dem die Piste gebaut wurde, der das Gelände an die panamesische Firma verkaufte, war ein amerikanischer Industrieller. Bezahlt wurde er für die Abtretung des strategisch wichtigen Gebietes von einer »Compagnie de Services Fiudicare« in Genf, die von einem amerikanischen Geschäftsmann geführt wurde, der im Auftrag von Oliver North Geld verschob.

Weitere Spuren führen zu genau dem Anwalt der WACL in Genf, bei dem auch ein Sohn von Don Felix arbeitete. Bis heute versuchten die US-Behörden eine Enthüllung der Aktivitäten, die damals in Santa Helena stattgefunden hatten, zu verhindern. Erfolgreich.

Und seit über 20 Jahren wird versucht, ein »Tourismusprojekt« mit dem Namen Papaguayo endlich zu realisieren, das ebenfalls zu Santa Helena gehört. Hinter dem Projekt Papaguayo versteckt sich ein internationales Firmenkonsortium, bei dem auch Einblicke in die Handelsregister keinen Aufschluß geben, wer die Investoren wirklich sind. Die Namen wechseln häufig und sind dort gemeldet, wo selbst für die Justiz jegliche Recherche zu Ende ist – in Liechtenstein.

Crack

Der Krieg in Nicaragua hat jedoch noch eine ganz andere Dimension – den Aufstieg der Teufelsdroge Crack. Damit verbunden ist die politische Instrumentalisierung des weltweiten Drogenhandels und die Kriminalisierung der Politik in Lateinamerika. Denn der Krieg der Contras gegen die Sandinisten war der Auslöser für eine Drogenepidemie in den Vereinigten Staaten, die bis heute ungezählte Opfer in den USA und Europa gekostet hat.

Hatte Costa Rica Ende der siebziger Jahre die Sandinisten noch politisch und finanziell im Kampf gegen die Diktatur von Somoza unterstützt, änderte sich das zwei Jahre später abrupt. Nachdem führende amerikanische Militärs, unter ihnen Oliver North, Costa Rica einen Besuch abstatteten, erklärte sich Präsident Luis Alberto Monge 1982 sogar bereit, die Contras direkt zu unterstützen. Dafür zahlte die US-Regierung Costa Rica eine Million Dollar monatlich. Diese und andere Finanzhilfen für den wirtschaftlich am Boden liegenden Staat waren eine wesentliche Grundlage dafür, daß Costa Rica ein wichtiger Stützpunkt im Kampf gegen die Sandinisten wurde.

Parallel dazu wuchs die Bedeutung Costa Ricas im Drogenhandel. Als 1983 die Südfront gegen die sandinistische Regierung in Nicaragua aufgebaut war, stand den Drogenbaronen eine miserabel ausgerüstete Polizei gegenüber, die nicht in der Lage war, die anschwellende Drogenwelle aufhalten zu können. Die Strafverfolgungsbehörden waren machtlos, die Justiz korrupt und selbst das Radarsystem so miserabel, daß Flugzeuge mit Waffen und Drogen unkontrolliert den Luftraum Costa Ricas überfliegen konnten.

In dieser Phase lieferten die kolumbianischen Drogenkartelle enorme Mengen von Kokain in die USA und nach Europa. Costa Rica ist von nun an eine Art Flugzeugträger für alle Drogentransporte aus Kolumbien in Richtung USA – ermöglicht durch von der CIA gestützte Operationen der Contras.

Dies geht aus einem »Sonderbericht« der Nationalversammlung in Costa Rica aus dem Jahr 1986 hervor. Eine parlamentarische Untersuchungskommission beleuchtete in diesem Zusammenhang auch die Verbindungen zwischen internationalen Drogenhändlern, dem ehemaligen panamesischen Diktator Manuel Noriega und dem Netzwerk des US-Sicherheitsberaters Oliver North. »Unser Land wurde von amerikanischen Regierungsstellen benutzt, um die Contras zu unterstützen. Dabei wurden in großem Umfang Drogenlieferungen durch unser Land geschleust«.[21]

Die Drogenbarone kalkulierten strategisch richtig. Sie sahen die Tendenz der Politisierung des Drogenkampfes zur Bekämpfung linker Bewegungen in Lateinamerika voraus und profitierten deshalb am meisten davon. Ihr Geschick, sich den geopolitischen Interessen der US-Regierung anzupassen, war ein Ausdruck beispielloser Skrupellosigkeit.

Eine zentrale Figur in diesem Spiel um Kokain, Macht und Einfluß war Norwin Meneses Cantarero, ein wichtiger Verbindungsmann auch zum kolumbianischen Drogenkönig Pablo Escobar. Cantarero war mitverantwortlich dafür, daß die Droge Crack schließlich den amerikanischen Markt überschwemmte. Zunächst schmuggelte er Anfang der achtziger Jahre nur kleine Mengen Kokain in die USA, denn der Markt für die Droge war selbst in Los Angeles begrenzt. Ricky Ross, ein damals 19jähriger Dealer, brachte Cantarero dann auf die Idee, das Kokain zu strecken und in Crack umzuwandeln. Ein Crack-Hit kostete nur 20 Dollar, was einen Drogenboom in den Ghettos der Schwarzen auslöste. Das Geschäft explodierte. Abnehmer des Kokains, das Cantarero lieferte, war Ricky Ross – anfangs ein kleiner Drogendealer im Süden von Los Angeles. Im Verlauf von nicht einmal vier Jahren verdiente er wöchentlich mindestens zwei bis drei Millionen Dollar und besaß bereits mehrere Immobilien und Hotels. Ross wurde der erste Crack-Dealer-Millionär in Los Angeles.

Erst 1991 wurde er zu 10 Jahren Gefängnis wegen Kokainhandels verurteilt, nach fünf Jahren jedoch wieder entlassen, weil er bereit war, mit der DEA zu kooperieren. Anschließend unternahm er auf eigene Faust wieder Drogengeschäfte, wurde erneut verhaftet und im Oktober 1996 zu lebenslänglicher Gefängnisstrafe verurteilt. Er wird wohl nie mehr die Freiheit erleben.

Mit den Folgen der Crack-Epidemie haben vor allem die schwarzen Amerikaner noch heute zu kämpfen. Und die Frage, ob durch den Krieg zwischen den Sandinisten und den Contras der Drogenkonsum in den USA erst richtig zur Blüte gelangen konnte, beschäftigt bis zum heutigen Tag die politische Diskussion in den USA. Dabei spielen Costa Rica und Norwin Meneses Cantarero eine entscheidende Rolle.

Wer ist dieser Cantarero? Er besaß, wie viele andere reiche Unternehmer aus Nicaragua, auch große Besitztümer im Norden Costa Ricas, an der Grenze zu Nicaragua. Bereits in den siebziger Jahren, als er noch in Nicaragua lebte, baute er einen großen Drogenschmuggelring auf, den er sowohl von Nicaragua wie von den USA aus steuerte. Den Behörden von Costa Rica war er bekannt als einer »der mächtigsten Drogenhändler, sowohl zur Zeit von Somoza in Nicaragua wie in der Zeit, als er in Costa Rica lebte«.

Norwin Meneses Cantarero stammt aus einer prominenten Familie, die enge Verbindungen zur Regierung Somoza hatte. Einer seiner Brüder war bis 1970 Polizeichef von Managua, ein weiterer brachte es zum General und ein Onkel war der Chef der Zollbehörden Nicaraguas – eine unerschöpfliche Einnahmequelle. Norwin Meneses Cantarero selbst war Geschäftsmann und besaß zahlreiche Immobilien. Nach der Revolution 1979 mußte er, wie so viele Freunde des Diktators Somozas, seine geliebte Heimat verlassen. Als politischer Flüchtling aus Nicaragua erhielt er in den USA Asyl.

FBI-Berichte belegen: Noch bevor der Begriff Contra geprägt wurde, fanden in Cantareros Haus in San Francisco Treffen von Gegnern der neuen Regierung in Managua statt – Politikern, »Mitgliedern« der Somoza-Bewegung und anderen Exilanten. Nächtelang diskutierten sie über den Aufbau einer Antiguerilla-Bewegung. Bei dieser Gelegenheit versprach Cantarero einem ebenfalls anwesenden Drogenhändler mit Namen Danilo Blandón, daß er ihm Kokain liefern würde und man die Profite zum Aufbau dieser Antiguerilla-Bewegung einsetzen würde. Blandón wird später bestätigen, daß die Gelder, die er und Cantarero aus dem Drogenhandel erwirtschaftet hatten, den Contras tatsächlich zur Verfügung gestellt wurden.

Die Geschichte von Danilo Blandón ähnelt der von Cantarero. Er war ebenfalls Sohn eines wohlhabenden Geschäftsmanns in Nicaragua und sogar Mitglied in der Somoza-Regierung. Nach dessen Sturz ließ er sich in Los Angeles nieder, während sein Freund Cantarero in San Francisco blieb. Was beide zusammenführte, war der gemeinsame Wunsch, die neue Regierung in Managua zu stürzen, indem sie die Contras mit Waffen belieferten. Cantarero benutzte sein Netzwerk, um Drogengeld für die Contras bereitzustellen. Und Blandón war derjenige, der den Drogenmarkt von Los Angeles bediente. Anfang 1982 erhielt ein Agent des FBI einen Telefonanruf von Cantarero. Er erzählte ihm, daß er jetzt in Los Angeles sei und »häufig nach Zentralamerika reist, wo er in die Bewegung eingebunden sei, um die Regierung von Nicaragua zu stürzen«. Ein anderer FBI-Agent notierte: »Cantarero ist Gründungsmitglied der FDN, einer der wichtigsten Contrabanden. Er benutzt die Drogenprofite, um der FDN zu helfen.«

Zweifellos war Norwin Meneses Cantarero ein Mann ohne politische Prinzipien. »Er dealt mit jedem, der am billigsten Kokain anbietet, er spielt mit beiden Seiten«, erzählen seine Freunde. Ebenso zweifellos glaubte er, bei seiner Tätigkeit Rückendeckung aus politischen Kreisen gehabt zu haben. Das zeigen übereinstimmend Dokumente der CIA, des DIA (Militärischer Nachrichtendienst) und der costaricanischen Polizei. Bei der DEA war Cantarero einschlägig als Drogenschmuggler bekannt. Fünfundvierzigmal wurde in den USA gegen ihn ermittelt, doch verurteilt wurde er nie. Die Ermittler erhielten nämlich eindeutige Hinweise, daß Cantarero »im Interesse der nationalen Sicherheit« in Ruhe zu lassen sei.

Obwohl er auch in Costa Rica als »mächtiger Drogenhändler« aufgefallen war, blieb er dort ebenfalls unbehelligt. Warum dies so war, macht folgender Vorfall aus dem Jahr 1984 deutlich: Ein Informant, der sein Wissen der DEA in Costa Rica mitteilte, wurde daraufhin in der US-Botschaft in San José intensiv über die Drogenoperationen von Cantarero befragt. Im Anschluß verfaßte die DEA in San José am 6. Februar 1984 über Norwin Meneses Cantarero einen »Report of Investigation« (File No. GFTF-84–4004).

Diesem Bericht zufolge meldete der Stationschef der DEA in San José am 2. Januar 1984 Informationen, »wonach Meneses Cantarero in San José wohnt und Kopf einer kriminellen Organisation ist, die für den Schmuggel von Kokain in die Vereinigten Staaten verantwortlich ist. Norwin besitzt in San José ein Appartement, daß er für 93 000 Dollar gekauft hat und ist Teilhaber des Restaurants El Pollo, das nahe der US-Botschaft liegt.

Nach den Aussagen eines Agenten hat ein für Norwin arbeitender Kurier drei Kilo Kokain aus Kolumbien nach Costa Rica transportiert, um es später in den Vereinigten Staaten zu verteilen.« »Außerdem«, so die DEA, »besitze Norwin ein privates Flugzeug, das er zum Drogentransport benutzt. Mit dem gleichen Flugzeug wurden später, im Oktober 1983, unbekannte Mengen von Kokain in die Provinz Guanacaste in Costa Rica transportiert.« Gleichzeitig meldete die DEA, daß von Costa Rica aus Waffen an die linken Rebellen in El Salvador geliefert werden.

Besonders hellhörig macht ein anderer Abschnitt des Berichts. Der Stationschef schreibt, daß »Norwin politische Protektion durch José Maria Figueres-Olsen erhält, den Sohn des ehemaligen costaricanischen Präsidenten José ›Pepe‹ Figueres-Ferrer«.

Protektion für diesen großen Drogenhändler gewährte übrigens nicht nur der spätere Staatspräsident José Maria Figueres, sondern ab 1982 auch Alberto Monge, einer der besten Freunde von Felix und einer seiner heftigsten Fürsprecher.

Cantarero sitzt seit 1996 in Nicaragua im Gefängnis, rechtskräftig verurteilt wegen Drogenhandels. Dort erhielt er Besuch von einer Rechtsanwältin in Begleitung des amerikanischen Journalisten Gary Webb und des in Managua lebenden Journalisten Georg Hodel. Über dieses Treffen berichtet Hodel folgendes: »Zusammen mit Gary Webb haben wir Meneses im Gefängnis in Tibitapa, Nicaragua, besucht. Wir sprachen über Sebastan Gonzales, genannt Guachan. Das war einer der Führer der ARDE-Rebellengruppe, geführt von Eden Pastora. Er mußte aus Costa Rica fliehen, weil die Behörden ihn dort des Drogenhandels beschuldigt und angeklagt hatten. Er ist nach Panama geflohen. Dort protegierte ihn Manuel Noriega. Guachan war die Schlüsselfigur bei den Drogengeschäften für Meneses. Er war einer seiner Capos in Costa Rica. Im Verlauf des Gesprächs habe ich den Namen Felix erwähnt. Ich wollte wissen, ob er, Meneses, geschäftliche oder freundschaftliche Beziehungen zu Felix gehabt habe. Meneses sagte mir: ›Ja, Felix hat mehrfach versucht, mich aufzusuchen.‹ Felix hätte sehr großen politischen Einfluß gehabt, und es sei ihm zu gefährlich gewesen, mit ihm Geschäfte zu abzuschließen. Er hat nicht dementiert, ihn getroffen zu haben. Das war in den Jahren 1984 bis 1987. Meneses suchte damals aktive Verbindungen nach Europa, wollte Schiffe kaufen, um seine Drogengeschäfte durchzuführen.« Soweit der Bericht von Georg Hodel.

Was bewegte Norwin Meneses Cantarero, eine solche Aussage zu machen, in einem mehrstündigen Gespräch, in dem Don Felix für die Journalisten nur am Rande eine Rolle gespielt hatte? Eine Bewertung dieser Aussage ist für mich not-

148

wendig, weil Norwin Meneses Cantarero nicht irgendein kleiner Drogendealer, sondern einer der größten Drogenhändler in Mittelamerika war.

Warum also erwähnte Cantarero in seinem Gefängnis Don Felix? Dabei fallen mir wieder die Vorwürfe europäischer Polizeidienststellen gegen Felix und seinen Freund Mauricio ein, daß sie bereits Ende der siebziger Jahre mit Drogengeschäften zu tun gehabt haben sollen. Vorwürfe, die Don Felix bekanntlich heftig bestreitet. Läßt sich außerdem wirklich beweisen, daß Norwin Meneses Cantareros schwunghafter Handel mit Kokain von den amerikanischen Behörden gedeckt wurde? Erstaunlich ist jedenfalls die Blindheit der amerikanischen Behörden gegenüber solch offenen Drogengeschäften.

Das Personal im DEA-Büro in San José unterhielt zwar enge Beziehungen zu den ebenfalls in Costa Rica stationierten CIA-Leuten. Informationen wurden ausgetauscht, aber, so klagten Beamte der DEA, »die Informationen der CIA waren häufig zu vage oder zu allgemein, um benutzt werden zu können«. In der Tat kann sich keiner in Costa Rica daran erinnern, daß die CIA jemals konkrete Informationen über den florierenden Drogenhandel an die Strafverfolgungsbehörden weitergegeben hätte.

Das übliche Spiel zwischen konkurrierenden Behörden: Die DEA oder das FBI erhalten keine konkreten Informationen. Begründet wird dies mit dem Quellenschutz. Der bedeutet erfahrungsgemäß das Ende jeder weiteren Ermittlungen. Manchmal waren die Informationen so geheim, daß sie nicht einmal an das DEA-Hauptquartier in den USA weitergegeben werden durften. Auf dem »normalen Dienstweg« erhielten die DEA-Beamten immerhin einige Informationen über die Contras an der Südfront. Aber zur gleichen Zeit, als die Drogenflüge organisiert wurden, war in San José die amerikanische Botschaft mit Führungspersonen wie dem Botschafter selbst besetzt, die kein besonderes Interesse daran hatten, die Aktivitäten der Drogenschmuggler zu verfolgen. Das würde die Blindheit gegenüber den Drogenhändlern erklären. Doch es ist nur ein Teil der Wahrheit.

Jairo Meneses, der in San Francisco wegen Drogenhandels verhaftete Bruder von Cantarero, bestätigte, daß die Drogen verkauft wurden, um Geld für die Contras zu sammeln. Sein Bruder habe ihm erzählt, daß er und sein Freund Danilo Blandón den Contras Gewinne aus dem Drogenhandel zur Verfügung stellen.

1987 erklärte ein Mitarbeiter von Danilo Blandón einem DEA-Informanten, daß »die CIA alles über den Drogenhandel wissen will, aber nur für ihre eigenen Zwecke und nicht, um die Polizeibehörden zu unterstützen. Sie wußten, daß es eine gute Einnahme für die Contras sei.«

Als Blandón 1991 in Los Angeles verhaftet wurde, hatte er 1,6 Millionen Dollar in bar bei sich. Staatsanwalt O'Neale nannte ihn den »größten Kokaindealer in den Vereinigten Staaten«. Er selbst sagte aus, daß er Kokain im Wert von über 54 Millionen Dollar verkauft habe und fügte hinzu: »Der Profit ging an die Contras.«

Cantarero dagegen wurde niemals in den USA hinter Gitter gebracht, obwohl er über Jahre hinweg in San Francisco lebte und Dienststellen der US-Regierung wußten, daß er einer der großen Drogenhändler ist.

Am 22. Januar 1990 kontaktierte das FBI die DEA-Dienststelle in Costa Rica, um Informationen über Cantarero einzufordern. Die Antwort der DEA in Costa Rica: »Cantarero ist eine wertvolle Quelle für die DEA in Costa Rica.« Die Geschäfte konnten also weitergehen. Diesmal mit einer etwas anderen Zielrichtung.

Im November 1990 erklärte ein Informant der DEA, daß er während seines Aufenthalts in Managua von Drogenhändlern gefragt wurde, ob er nicht einen PKW, beladen mit 200 Kilo Kokain, in die USA fahren könne. Die Drogenhändler erklärten ihm, daß sie mit Norwin Meneses Cantarero zusammenarbeiteten, der seinen Stützpunkt nun in Costa Rica hätte. Die Drogenhändler erwähnten Kokainlager sowohl in Managua als auch in Costa Rica.

Endlich, im November 1991, wurde Cantarero in Managua

verhaftet, beim Versuch, 764 Kilo Kokain aus Cali in die Vereinigten Staaten zu schmuggeln. Er wurde zu 25 Jahren Gefängnis verurteilt. Das Urteil wurde später auf zwölfeinhalb Jahre Gefängnis reduziert.

Während eine US-Behörde versuchte, gegen Cantarero zu ermitteln, müssen andere Behörden ihn, um es zurückhaltend zu formulieren, zumindest gedeckt haben. Diesmal mit dem Ziel, die Sandinisten in den Drogenhandel zu verwickeln. In einem Artikel der *Washington Post* vom 4. Oktober 1996 erklärten Regierungsstellen von Nicaragua, daß sie davon ausgehen, daß die DEA Norwin Meneses Cantarero nach Nicaragua als Informant geschickt habe, um Mitglieder der sandinistischen Regierung in den Drogenhandel zu verwickeln. Und daß die DEA ihn decken würde, wenn er selbst wegen Drogenhandels Schwierigkeiten zu erwarten hätte. Außerdem, so der Bericht der *Washington Post*, hatte die Polizei in Nicaragua Beweise für ein Treffen zwischen Cantarero und einem DEA Agenten gefunden, bevor Cantarero verhaftet wurde. Der DEA-Agent wiederum leugnete ab, Cantarero überhaupt zu kennen.

Die CIA-Zentrale in Langley sieht sich bis heute nicht imstande zu erklären, ob und welche Verbindungen es zu Norwin Meneses Cantarero und Danilo Blandón gegeben hat.

Cantarero selbst, der von amerikanischen Behörden in seinem Gefängnis in Tipitapa in Nicaragua befragt wurde, bestritt ebenfalls, jemals Kontakt zur CIA gehabt zu haben oder zu irgendeiner anderen amerikanischen Behörde, die die Contras unterstützte. Er leugnete in diesem Gespräch außerdem, daß er jemals Kokain oder andere Drogen im Auftrag der CIA oder der Contras geschmuggelt habe. Ein anderer Zeuge hingegen, der ebenfalls von amerikanischen Behörden befragt wurde und wie Cantarero wegen Kokainhandels in Nicaragua verurteilt worden war, erklärte:»Die Sandinisten waren der Überzeugung, daß Norwin Meneses Cantarero mit der CIA zusammen gearbeitet habe, um Waffen zu transportieren. Cantarero hat mir erzählt, daß er für die Contras arbeitet und die Unterstützung der CIA habe. Außerdem hat er Unterstützung durch Oliver North erhalten.« Dafür spricht ein weiteres Indiz.

Im Januar 1988 schickte der FBI-Agent Donald Hale ein Telex an das Hauptquartier in Washington: »Es ist offensichtlich für das FBI, daß Norwin Meneses Cantarero immer noch Informant für die DEA ist. Und er ist immer noch ein Informant für die CIA.« Der Agent weiter: »Dieser Sachverhalt ist der Grund dafür, daß er wegen Drogenhandels noch nicht verhaftet worden ist.«

Das Resultat all dieser Machenschaften ist längst in Vergessenheit geraten: Im Kampf gegen die vermeintlichen marxistischen Rebellen in Zentralamerika sind Hunderttausende Menschen gestorben – in El Salvador über 70 000 Tote, 20 000 Tote in Nicaragua und 200 000 Ermordete in Guatemala.

Aufgrund der eklatanten Verletzung der nationalen Souveränität von Costa Rica durch amerikanische Regierungsstellen hat zumindest das Parlament in San José ein Einreiseverbot für US-Regierungsvertreter verfügt, die mit den Contras eng zusammengearbeitet hatten. Aber die großen Drogengeschäfte waren damit nicht zu Ende. Ganz im Gegenteil. Was sich am Beispiel des Ex-Präsidenten von Costa Rica, Daniel Oduber drastisch zeigen soll, einem weiteren Mitglied des Netzwerkes, in dem auch die Verstrickung Don Felix' vermutet wird.

Im Sommer 1989 meldeten die Zeitungen in Costa Rica, daß Daniel Oduber enge Verbindungen zu einem gewissen Gary Suarez habe, dessen Vater Roberto Anfang der 80er Jahre ein bekannter Finanzier rechtsradikaler Organisationen, Mitglied der WACL und gleichzeitig der »Architekt der Koka-Revolution« in Bolivien gewesen war. Der Viehzüchter mit riesigen Ländereien schloß nämlich 1977 ein historisches Abkommen mit dem kolumbianischen Medellin-Kartell ab: In Zukunft sollte die Koka-Produktion in Bolivien extensiv erweitert und die Kokapaste ausschließlich dem Kartell zur Verfügung gestellt werden. Suarez wurde Drogenproduzent.

Kokaanbau zum eigenen Bedarf ist ein traditionelles Recht der Indio-Bevölkerung. Die Kokapflanze war seit alters her

Teil der sozialen und kulturellen Praxis der bolivianischen Bevölkerung. Das wurde von der bolivianischen Regierung immer akzeptiert. Bis zum Jahr 1985 wurde das Koka jedoch zur größten Wachstumsbranche in dem ärmsten Land Lateinamerikas. Die Drogenkartelle hatten ein Interesse daran, daß die Bauern mehr Koka anbauten. Diejenigen Kleinbauern, die Koka anbauen, müssen sich innerhalb der langen Kette vom Anbau des Kokablattes bis zum Kokainkonsum in den Vereinigten Staaten oder Europa mit dem geringsten Gewinnanteil zufrieden geben. Der weitaus größte Teil bleibt bei den großen internationalen Drogenkartellen hängen, etwa bei der Familie Suarez. Suarez senior war Besitzer der größten privaten Flugzeug-Flotte in Bolivien. Anfangs brauchte er sie, um Fleisch in die Hauptstadt La Paz zu fliegen. Ab 1978 diente sie nur noch dazu, die Kokapaste nach Kolumbien zu fliegen. Denn nach dem Abkommen mit dem Medellin-Kartell begann er, die anderen Landbesitzer davon zu überzeugen, daß sie so viel Kokapflanzen wie möglich anbauen sollten. Drei Jahre dauerte es, bis er sein eigenes Imperium aufgebaut hatte, indem er alle Drogenproduzenten Boliviens unter seiner Leitung vereinigen konnte. Die von ihm gegründete Organisation erhielt den Namen »La Corporacion«.

Während die mächtigen Familien des Landes Milliardengewinne aus dem Kokaanbau auf ihre Konten in der Schweiz und den USA transferierten, in Prunk und Pracht lebten, entschlossen sich die Bauern nicht nur in Bolivien zum Widerstand. In ganz Latein- und Zentralamerika drohte den regierenden rechten Obristen und Oligarchen nun Gefahr von einer linken, teils revolutionären, teils orthodox kommunistischen Bewegung.

Am 29. Juni 1980 wurde in Bolivien durch freie Präsidentschaftwahlen eine linke Kandidatin, Lydia Gueiler Tejada, mit einer überwältigender Mehrheit von 90 Prozent der Stimmen zur neuen Präsidentin gewählt. Sie ernannte als Militärchef Generalmajor Luis Garcia Meza.

Wenige Wochen später putschte der General. Finanziell und logistisch unterstützt wurde er von der Suarez-Familie und von argentinischen Militärs. Es war einer der blutigsten der insgesamt 189 Putsche in der 155jährigen Geschichte seit der Unabhängigkeit Boliviens. Die Führer der politischen Parteien und Gewerkschaften wurden verhaftet, gefoltert und zum Teil getötet. Der Putsch ging in die Geschichtsbücher als »Kokain-Coup« ein, weil Bolivien dadurch zum ersten Drogen-Staat in der Region wurde.

Die US-Regierung unter Jimmy Carter entschied daraufhin, alle finanziellen Hilfen für Bolivien auszusetzen. Dem schlossen sich die meisten europäischen Staaten an. Für die neue Drogen-Regierung war diese Entscheidung nicht besonders schmerzhaft. Die Einnahmen aus dem Kokaingeschäft waren viermal höher als die legalen Exporte des Landes. Und nach dem Amtsantritt von US-Präsident Reagan blieb später auch der moralische Druck aus. Tonnenweise wurde jetzt die Koka-Paste auf dem Luftweg, über die Straßen und über das Meer nach Kolumbien transportiert.

Gleichzeitig bildeten sich unter Führung des Nazikriegsverbrechers Klaus Barbie sogenannte »Todesschwadrone«. Sie instruierten die bolivianischen Soldaten, wie Gefangene gefoltert werden. Gleichzeitig schützten sie die Kokaingeschäfte der Familie Suarez. Die engen Verbindungen zwischen den Drogenhändlern und den Todesschwadronen wurden noch weiter intensiviert, nachdem auf dem 4. Jahreskongreß der »Lateinamerikanischen Antikommunistischen Liga«, einer Filiale der WACL, verkündet wurde, daß es notwendig sei, den antikommunistischen Kampf in Zentralamerika weiterzuführen, als Antwort auf den Sieg der kommunistischen Sandinisten in Nicaragua. Auch Suarez senior, Mitglied der WACL, war Teilnehmer des Kongresses. Mit über 30 Millionen Dollar finanzierte er mehrere rechtsradikale paramilitärische Organisationen, einschließlich der Contra in Zentralamerika.

Verantwortlicher DEA-Agent für Bolivien war in dieser Zeit der in Argentinien stationierte Michael Levine: »Zum ersten Mal in der Geschichte haben Drogenhändler, gegen die ich ermittelte, Personen, die ich angeklagt hatte, die ich verhaftet hatte – ihr Land selbst übernommen.« Levine mußte erkennen, daß der Putsch vom CIA unterstützt wurde. Er versuchte zwar, seine Regierung über diese Verbindungen zu informieren, doch eine Reaktion blieb aus. Vielmehr erhielt er einen freundlichen Telefonanruf.»Sie sind in Argentinien. Keiner erwartet, daß sie sich überarbeiten. Es ist kein Quellenland. Warum reisen sie nicht ein wenig im Land herum.« Diesen Rat ignorierend, wandte er sich in einem Brief an Journalisten in den USA.

Innerhalb kürzester Zeit wurde er einer dienstlichen Überprüfung unterzogen, die sein gesamten Berufs- und Privatleben betraf. Gleichzeitig erklärte ihn Roberto Suarez zu seinem Todfeind und beauftragte einen Killer, den DEA-Agenten zu eliminieren. Levine wurde nach Washington versetzt.

1982 trat General Meza zurück und übergab die Macht an eine Militärjunta, nachdem sich die wirtschaftliche Krise zuspitzte, weil zahlreiche westliche Staaten ihre bisherigen Finanzhilfen gestrichen hatten. Am Einfluß der Drogenbarone auf die Regierungspolitik änderte sich erst einmal nichts. Zwar bestand jetzt ein formeller Auslieferungsantrag der USA gegen Suarez senior, aber dieser hatte keine Wirkung.

Ein Jahr zuvor, 1981, wurde ein Sohn der Familie bei einem überraschenden Zugriff mit 384 Kilo Kokainbase, einer Rekordmenge für die USA, in Miami gefaßt. Suarez senior unterbreitete der US-Regierung daraufhin ein verlockendes Angebot: Bei einer Freilassung würde er sich stellen und darüber hinaus die Auslandsschulden Boliviens begleichen, die auf etwas über zwei Milliarden Dollar geschätzt wurden. Die großzügige Offerte wurde abgelehnt. Suarez junior kam 1982 trotzdem frei, weil eine Jury in Miami ihm mehr Glauben schenkte als den Aussagen von vier DEA-Agenten. Soviel zur ehrenwerten Familie Suarez.

Niemand sprach mehr über sie, bis der jüngste Sohn Gary 1988 nach Costa Rica kam, eingeladen vom Ex-Präsidenten Daniel Oduber. Gary war in der Familie inzwischen zuständig für die Geldwäsche aus dem Koksverkauf.

In Costa Rica wird folgende Geschichte erzählt: In einem Appartement im noblen Escazu diskutierte der elegant gekleidete Suarez mit Oduber verschiedene Investitionspläne in Costa Rica. Mit am Tisch saß Don Felix, der sich gerade in San José aufhielt und noch am Tage zuvor mit Daniel Oduber zusammen Golf gespielt hatte, erzählt mir ein ehemaliger Abgeordneter, der nicht mit Namen genannt werden will. Don Felix interessierten, so erzählte es später Daniel Oduber einem Parlamentsabgeordneten, um welche Investitionen es sich handelte, zumal er Garys Vater Roberto Suarez von früher her kannte. Eine Geschichte, die der Abgeordnete heute noch erzählt, hinter vorgehaltener Hand jedoch. Daniel Oduber kann dazu nicht mehr befragt werden – er ist inzwischen gestorben. Und Don Felix lehnt jede Stellungnahme ab. Insofern ist die Geschichte nicht mehr nachzuprüfen.

Roberto Suarez lebt heute übrigens in den USA, zwar unter einer falschen Identität, dafür aber mit seinem gesamten Vermögen, das er im Drogenhandel erworben hat.

So aufschlußreich die Verbindungen von Daniel Oduber zu der Familie des Kokainkönigs von Bolivien waren, so eindeutig sind dessen Beziehungen zu Don Felix. Während seiner Regierungszeit 1974–1978 wurde Don Felix zum Botschafter Costa Ricas in Wien ernannt. Und er war auch zusammen mit Don Felix und Mauricio einer der mutmaßlichen Initiatoren des Papagayo-Projektes, des langgehegten Planes, im Norden von Costa Rica ein riesiges Tourismusobjekt aufzubauen. Als großer Landbesitzer konnte Daniel Oduber von dem Verkauf entsprechend profitieren, weil ihm ein Teil des Gebietes gehörte. Fazit: Geschäftliche und politische Verbindungen ergänzten sich ideal, zeigte doch seine Connection zur Suarez-Familie, daß er auch nach dem Ende seiner Regierungszeit ein äußerst emsiger Geschäftsmann blieb. Das Papagayo-Projekt ist heute noch eine der umstrittensten Strandanlagen Costa Ricas. Inzwischen haben sich neue Investoren gefunden. Das Konsortium unter Führung einer mexikanischen Gruppe plant ein Urlaubsgelände der gehobenen Klasse mit Hotels, Eigentumswohnungen und Jachthafen für 300 Boote. Nach Fertigstellung soll die Anlage der touristische Schwerpunkt Costa Ricas werden.

Die düstere Prognose der parlamentarischen Untersuchungskommission in Costa Rica aus dem Jahr 1989 hat sich bewahrheitet. Die Kommission hatte befürchtet, daß die Contraaffäre »nur der Beginn einer Infiltration der Drogenkönige in die Politik gewesen sei«. Tatsächlich sind die einstigen Könige der Kokainkartelle in Kolumbien fast alle verhaftet oder tot und »klassische« Diktatoren in Lateinamerika kaum noch zu finden. Aber die Contraaffäre war der Nährboden, auf dem sich neue mächtige Drogenkartelle völlig ungestört bilden konnten.

Die Mexikaner kommen

Was einst das Medellin- oder Cali-Kartell war, das sind heute die Tijuana-, Chihuahua- und das Golf-Kartell in Mexiko. Sie gelten als die mächtigsten Drogenkartelle in der westlichen Hemisphäre und operieren direkt an der Grenze zur USA. In Mexiko wird nicht nur das Kokain der kolumbianischen Kartelle verschoben, hier wird auch kräftig produziert. Allein zwei Drittel des US-amerikanischen Marihuana-Bedarfs werden in Mexiko angebaut. Bei den Mohnblüten für Heroin sind es mehr als 20 Prozent. Außerdem ist Mexiko zu einem der größten Geldwaschsalons der Welt avanciert. Weite Bereiche des privatisierten Bankensektors sind an dem Geschäft beteiligt. Deren Profiteure und Handlanger der Kartelle sind wiederum große Unternehmen in Mexiko: »Alle zu schnellem Reichtum gekommenen Geschäftsleute, die ihr Kapital in Immobilien, Banken, Autofabriken, Tourismus investieren, benutzten die Kontakte ihrer Familie und ihre politischen Beziehungen, um eine freie Passage für Drogen und die Geldwäsche zu unterstützen.« Und Carlos Salinas, der inzwischen nach Irland geflüchtete Ex-Präsident Mexikos, war für viele der wahre »Hüter der Kartelle«. »Drogenkartelle beherrschen Mexiko«: Das mußte auch US-Präsident Bill Clinton zugeben. Das Geld dieser Drogenkartelle wiederum bestimmt das politische Leben in Costa Rica.

Zur mexikanischen Gruppe in Papagayo gehört ein mexikanischer Tycoon, der 50 Millionen Dollar in dieses Projekt investierte: Carlos Hank Gonzales, ein enger Freund des wegen Drogenschmuggels und Geldwäsche untergetauchten Carlos Salinas. Carlos Hank Gonzales zählt heute zu den dreißig reichsten Unternehmern Mexikos. Auf insgesamt 1,3 Milliarden Dollar wird sein Vermögen geschätzt. Er ist Eigentümer mehrerer Banken, Teilhaber einer Fluggesellschaft, deutscher Autofirmen und anderer, hoch profitabler Industriezweige. 1988 wurde gemeldet, daß er, als einer der mächtigsten Politiker der Regierungspartei und Minister für Tourismus, angeblich in Korruptionsfälle verwickelt sei. Außerdem verdächtigte man ihn, ein Attentat gegen den damals (1982–1988) regierenden Präsidenten Miguel de la Madrid mitgeplant zu haben. Präsident Madrid hatte kurz vor dem Attentat angeordnet, daß Korruptionsvorwürfe, unter anderem gegen Hank, überprüft werden sollten. Carlos Hank Gonzales mußte daher sein Ministeramt bis zum Ende der Präsidentschaft von Madrid niederlegen. In dieser Zeit widmete er sich dem weiteren Ausbau seines Imperiums.

So kooperierte er geschäftlich unter anderem mit einem der berüchtigsten Drogenclans in Mexiko, dem Arellano-Clan in Tijuana. Außerdem hatte er über einen gewissen Marcelino Guerrero nachweislich Kontakte zum sogenannten Golf-Kartell. Carlos Hank Gonzales wird als einer der größten Geldwäscher von Mexiko beschrieben, ein Tycoon, der in ganz Mexiko investiert hat. In einem Interview beschrieb Eduardo Valle, ein ehemaliger Generalstaatsanwalt, diesen Carlos Hank Gonzales als »capo di tutti capi«, den wichtigsten Vermittler zwischen den multinationalen Drogenkartellen und dem mexikanischen politischen System. Dafür gibt es zwar keine konkreten Beweise, aber die Indizien und Umstände sind überwältigend.

Ein besonders guter Freund des Hank-Clans ist der ehemalige costaricanische Regierungschef Rafael Angel Calderon, herzlichst verbunden mit Don Felix, der ihn als »gran amigo de Costa Rica« lobte. Rafael Angel Calderon war häufiger zu Besuch bei Don Felix. »Ich habe ihn viermal in meinem Leben gesehen«, erzählt Rolando Lacle, Exminister des Präsidentenamtes. »Zweimal in seinem Haus, gemeinsam mit Luis Alberto Monge, Miguel Angel Rodriguez und Rafael Angel Calderon. Ich weiß, daß er gute Beziehungen zu dem Expräsidenten Calderon hat. Der schätzt ihn sehr.«

1995, als Don Felix in der Presse Costa Ricas heftig attakkiert wurde, verfaßte Luis Alberto Monge eine Ehrenerklärung für Don Felix und betonte, daß Don Felix »Opfer einer regelmäßigen Pressekampagne« sei: »Beschuldigungen werden gegen ihn veröffentlicht, die aber nicht bewiesen werden können.« Don Felix' Freund Calderon war es auch, der dem Wiener Waffenhändler Walter Schön zu diplomatischen Meriten verhalf.

Rafael Angel Calderon, Regierungschef von 1990 bis 1994, hat neben Politik viele andere Passionen. Eine ist der Pferderennsport. Deshalb war er am 23. Juni 1997 zur Einweihung des »Hipodrome del Sol« persönlich anwesend. Vorbild dieser Rennbahn, in einer vollkommen öden, unerschlossenen Landschaft gelegen, ist in jeder Beziehung die bereits von Jorge Hank finanzierte Rennbahn im mexikanischen Tijuana. Diese Pferderennbahn Agua Caliente gilt bei den amerikanischen Ermittlungsbehörden, ob DEA oder FBI, als eines der wichtigsten Zentren zur Wäsche von Drogengeldern.

Welche Verbindungen gibt es zwischen beiden Projekten? Einer der wichtigsten Investoren der neuen Rennbahn in Costa Rica ist die Gruppe Escorpion – sie hält 70 Prozent der Anteile. Hinter ihr verbirgt sich der mexikanische Tycoon Carlos Hank Gonzales, der selbstverständlich bei der Einweihung des »Hipodrome del Sol« ebenfalls anwesend war.

Zur Eröffnung kamen auch einige Journalisten in den heißen Norden, um das Ereignis zu dokumentieren. »Calderon gab sich sehr freundschaftlich«, erinnert sich einer von ihnen. »Doch dann erlebte ich ihn zum ersten Mal richtig zornig. Das war, als ich ihn nach seinen Verbindungen zu Carlos Hank Gonzales fragte, einem der Investoren der Rennbahn. Er hat dafür gesorgt, daß mich seine Leibwächter schnappten und von dem Gelände warfen.«

Über die Hintergründe der Investition in eine Rennbahn wurde in den Zeitungen von Costa Rica nur am Rande berich-

160

tet. Denn an dem Projekt ist noch eine weitere wichtige Gruppe, die »Florida Ice and Fun« beteiligt. Den Besitzern dieses Unternehmens gehört auch die wichtigste Zeitung von Costa Rica, *La Nacion*. »Als wir das erfuhren« erzählte einer der Journalisten, die über die Investoren zu recherchieren versuchten, »hatten wir verstanden, warum kein Interesse an Aufklärung bestand.«

Der Mexikaner Carlos Hank Gonzales ist ein großzügiger Mann. Er unterstützte nicht nur Rafael Calderon, sondern auch den Wahlkampf des derzeitigen Präsidenten Miguel Angel Rodriguez. Der Unternehmer war zwar pleite, als er kandidierte, doch mit kräftigen Wahlkampfspritzen konnte er die Wahl gewinnen. Ein Gespräch mit mir lehnte er ab, genauso jeden Kommentar zu seinem Verhältnis zu Don Felix.

Zusammen mit Rafael Angel Calderon besuchte Miguel Angel Rodriguez am 18. Mai 1997 die Hacienda von Carlos Hank Gonzales. Gemeinsam besprachen sie verschiedene Geschäfte, diskutierten darüber, was und wo die Familie Hank in Costa Rica investieren könne. Dabei hatte der Hank-Clan bereits, teilweise über Strohmänner, viele seiner Gelder in Costa Rica angelegt: im Fleischgeschäft, in zahlreichen landwirtschaftlichen Betrieben, in der Anlage von Tourismusobjekten, im Fernmelde- und im Bankwesen, was auf die guten Geschäftsbeziehungen zwischen der Familie Hank und dem Ex-Präsidenten José Maria Figueres zurückzuführen war.

Costa Rica, das in den achtziger Jahren mit tatkräftiger Unterstützung der CIA zum Drogentransitland in Richtung USA ausgebaut wurde, kann sich heute dem Einfluß der Milliarden von Dollars, die inzwischen im Land investiert wurden, nicht mehr entziehen. Die Drogengelder haben entscheidenden Einfluß auf die politischen Entscheidungsträger in Costa Rica. Mexikanische Unternehmer, die ihr großes Vermögen mit Hilfe mächtiger Drogenkartelle zusammengerafft haben, sind in der Lage, sich einflußreiche Politiker gefügig zu machen. Kaum jemand ist in Costa Rica zu finden, der sich gegen diese verhängnisvolle Kooperation zur Wehr setzt. Insofern ist es nicht verwunderlich, daß gerade Diplomaten aus Costa Rica immer wieder im Zusammenhang mit Drogengeschäften bei internationalen Polizeibehörden aufgefallen sind. Man könnte einwenden, dies alles passiere weit entfernt von Europa und habe mit den Gegebenheiten hier bei uns nichts zu tun. Ein großes Mißverständnis. Wobei Don Felix als ein Mittler zwischen den beiden Welten durchaus ein Beispiel dafür liefert, wie reibungslos die Geschäfte funktionieren. Er ist in Costa Rica genauso ein angesehener Unternehmer und Diplomat wie etwa in Belgien. Und er bewegt sich hier wie dort in ähnlich suspekten Beziehungsgeflechten.

Belgien – die europäische Bananenrepublik

Belgien, das Herz Europas – ein Staat, in dem eine korrupte politische Elite und eine blinde Justiz den idealen Nährboden für kriminelle Aktivitäten bietet. Kidnapping, politisch motivierte Raubüberfälle und Morde, Korruption auf allen Ebenen von Politik und Wirtschaft, Kämpfe um Posten, Pfründe und Schmiergelder, Minister als Mafiosi, Paten als Politiker – kein anderes europäisches Land ist in den letzten Jahren derart in Verruf gekommen. Politische Clans, ob sozialistisch, christlich oder liberal, versorgen ihre Mitglieder mit Jobs, Baugenehmigungen, Bankkrediten, Prostituierten und Kriminellen. Ob Waffenschiebereien, Drogenhandel, Kinderprostitution, Nuklearhandel – alles bleibt weitgehend ungestraft. Kriminelle Syndikate wie die italienische Mafia oder die Russenmafia haben hier eine zweite Heimat gefunden. Von dieser modernen Bananenrepublik aus wird Europa regiert.

Aus Anlaß der Studienabschlüsse seiner beiden Söhne ließ Don Felix 1993 in Brüssel ein großes Fest ausrichten. Allen Beteiligten blieb das Ereignis in bleibender Erinnerung. Der Empfang fand in einem der exklusivsten Hotels Brüssels statt, direkt am historischen »Grand Place« in der Altstadt. Für Don Felix sperrte die Polizei die zum Hotel führenden Straßen kurzerhand ab, damit seine Gäste, von Autos und stinkenden Abgasen unbelästigt, in Ruhe zur Party eintreffen konnten. Wie so oft waren wieder alle da: die gesamte politische Spitze Belgiens, die Vertreter der Parteien, Botschafter und Militärs. Aus dem kleinen Jungen aus dem polnischen Zgierz ist ein Mann geworden, der seine Macht offen zur Schau stellt.

Doch Don Felix hat noch immer nicht die äußersten Grenzen des Erfolges und aller Genüsse, die man mit Geld kaufen kann, erreicht. Jetzt, Anfang der neunziger Jahre, hebt sich ein wenig der Schleier über seine bislang unangreifbare Position. Seine Bilanz kann sich sehen lassen. Weil es ihm immer wieder gelang, Regierungsbeamte und Politiker für sich einzunehmen oder sogar zu beeinflussen? Für viele ist er inzwischen so etwas wie der große Kommunikator. Oder liegt sein Erfolg darin, daß sich eine bestimmte Kategorie von Politikern mit ihm verbündete, die in dunkle Geschäfte verwickelt ist?

Er ist ohne jeden Zweifel ein nicht mehr wegzudenkender politischer und wirtschaftlicher Faktor, der es sichtbar genießt, in der High Society Europas und Mittelamerikas akzeptiert zu sein. Vor allem eine bestimmte Leidenschaft treibt ihn um, sie ist geradezu eine Obsession. Wenn es stimmt, was ehemaliges Dienstpersonal und andere Augenzeugen sagen, treibt es ihn, seine Reichtümer in die Hand zu nehmen: Geld, Gold, Diamanten. Vermögen muß für ihn sinnlich greifbar sein. Nur das erklärt, warum er sich von seinem Sekretär begleiten läßt, wenn er die Goldbarren in seinem Tresor umschichtet.

Zu den Freunden von Don Felix in Belgien zählen André Cools und Willy Claes. Der frühere belgische Außenminister und Ex-Nato-Generalsekretär Willy Claes, der später über die sogenannte Agusta-Affäre stürzte, wollte Don Felix 1993 den höchsten belgischen Orden »Großoffizier des Ordens von Leopold II« verleihen. Als die Vermutung geäußert wurde, Don Felix habe etwas mit der Agusta-Affäre zu tun, wurde die Ordensübergabe von einem anderen Staatsbeamten durchgeführt. Diese Auszeichnung wurde ihm offiziell wegen allgemeiner Verdienste um die Pflege der Beziehungen zwischen Belgien und Costa Rica zuerkannt, vor allem aber für seinen Beitrag zum Zustandekommen eines Treffens zentralamerikanischer Staatschefs mit Verantwortlichen der Europäischen Union. Teilnehmer waren die Präsidenten von Kolumbien, Honduras, Panama und Nicaragua sowie höchste Repräsentanten der EU-Kommission. Es ging um die Festlegung der Quote für Bananenimporte in die Europäische Gemeinschaft. Don Felix hatte die hochrangige Delegation in seiner Villa in Tervuren untergebracht. Tat Don Felix all das aus reiner Nächstenliebe oder stimmt die Vermutung der belgischen Gendarmerie, daß in bezug auf die Bananenimporte »alle strittigen Transaktionen über den Bananenterminal im Obsthafen von Zeebrügge abgewickelt wurden und zwar durch die Firma Eurocomer«? Die Behörden haben den Verdacht, daß hinter der Firma Eurocomer Don Felix steht. Doch in den Handelsregisterauszügen über das Unternehmen taucht kein Don Felix auf. Die belgische Gendarmerie glaubt zudem zu wissen, daß über den Obsthafen von Zeebrügge auch große Drogengeschäfte abgewickelt worden sein sollen. Unabhängig davon, ob die Polizeiinformationen richtig sind, scheint Don Felix jedenfalls auf der politischen Ebene einen solch großen Einfluß zu haben, daß er eine entscheidende Vermittlerrolle zwischen bananenexportierenden Ländern und der Europäischen Union einnehmen konnte, ja, sogar die Präsidenten aus Mittelamerika aufgrund seiner ausgezeichneten Beziehungen zur EU-Kommission persönlich eingeladen hatte. Die Frage stellt sich, weshalb er eigentlich als Vermittler notwendig war? Stellungnahmen von den Verantwortlichen in der Europäischen Union waren nicht zu erhalten.

Einer der besonders guten Freunde von Don Felix ist der ehemalige belgische Premierminister und Ex-Verteidigungsminister Paul Vanden Boeynants. Beide müssen sich ideal ergänzt haben. Ein angesehener ehemaliger Premierminister – so jemand strahlt doch Seriosität aus, und läßt auch seinen Freund Felix in einem positiven Licht erscheinen. Doch einmal mehr verbirgt sich hinter der Maske des Ehrenmannes die Skrupellosigkeit des Kriminellen.

Bereits 1973 erhielt die belgische Polizei konkrete Hinweise, daß Paul Vanden Boeynants einen Staatsstreich in Belgien planen würde. Zu dieser Zeit ist Boeynants Vorsitzender der mächtigen rechten Fraktion innerhalb der Christlich-Sozialen

Partei Belgiens (PSC), einer Partei der Barone und Bankiers, und gleichzeitig verantwortlich für eine Organisation namens CEPIC (Centre Politique des Indépendants et des Cadres Chrétiens), den rechtsradikalen Flügel der PSC. Die CEPIC benutzte die »Front de la Jeunesse«, eine rechtsradikale Terror-Organisation, die Anfang der siebziger Jahre für zahlreiche Brand- und Mordanschläge gegen linke Organisationen und Gewerkschafter in Belgien verantwortlich war. Die damalige Serie von Morden und ungeklärten Selbstmorden könnte als tragische, aber isolierte Episode in die belgische Geschichte eingehen. Doch zu den rechtsradikalen Kreisen, die für die Anschläge verantwortlich waren, gehörten belgische Polizeibeamte, hohe Militärs, Geheimdienstler, hochrangige Gendarmerieoffiziere, Waffenhändler und Söldner. Und was in den siebziger Jahren begann, setzte sich zwischen 1983 und 1985 in Belgien fort. Diesmal wurden Supermärkte und Waffenläden überfallen, dabei 30 Menschen, sogar Frauen und Kinder, scheinbar wahllos getötet. Die Gangster, »Killer von Brabant« genannt, die genau über die Einsatzpläne der Polizei Bescheid wußten, ließen dabei nie wertvolle Beute mitgehen. Die Killer gingen äußerst professionell, mit militärischer Präzision vor. Ihr Ziel war offensichtlich die politische Destabilisierung Belgiens: Mit ihren Aktionen wollten sie beweisen, daß der belgische Staat zu schwach und die Polizei nicht in der Lage sei, solche Terroraktionen zu verhindern – ein Gedankengut militanter Rechtsextremisten. Hartnäckig hält sich bis zum heutigen Tag das Gerücht, daß die Täter rechtsradikale Angehörige der Gendarmerie waren. Kein einziger der Killer wurde gefaßt.

Einer Hypothese zufolge, die 1990 von einer parlamentarischen Untersuchungskommission aufgestellt wurde, ist der belgische Staat inzwischen durch Korruption wie in Italien unterminiert. Der belgische Buchautor Danny Ilegems betont, Belgien mit Italien zu vergleichen sei »eine Beleidigung für Italien. Dort wurden immerhin ein paar kriminelle Politiker verurteilt«.

Eine weitere parlamentarische Kommission, die 1997 Korruption im belgischen Staatsapparat zu untersuchen versuchte und über mehr Hintergrundinformation zu den damaligen Attentaten verfügte, bestätigte immerhin, daß »Polizeikreise involviert« waren. Doch die Frage nach den Hintermännern der Attentäter blieb unbeantwortet.

Paul Vanden Boeynants war zu jener Zeit nicht nur geistiger Urheber rechtsradikaler Organisationen wie der »Front de la Jeunesse« und der »Forces Nouvelles«, sondern unterstützte sie selbst dann noch, als er Verteidigungsminister war. Die »Forces Nouvelles« sind der politische Arm der »Front de la Jeunesse«, deren Mitglieder paramilitärisch trainiert wurden, unter anderem im Bau von Bomben. Eine solch mächtige und einflußreiche Persönlichkeit wie Boeynants mußte keine polizeilichen Ermittlungen befürchten. Paul Vanden Boeynants war jedoch nicht nur Politiker, sondern auch Industrieller, Herrscher über die Brüsseler Schlachthöfe.

In Malta hatte er 1980 über einen Strohmann eine kleine Firma gegründet, was er bestreitet. Fast über Nacht wurde aus dem Einmann-Betrieb ein millionenschweres Unternehmen. Der Grund: Die Firma wurde systematisch als Mittler für große Waffengeschäfte in den Iran eingesetzt – ein klarer Verstoß gegen das von der UN verhängte Embargo gegen die damals kriegführenden Staaten Iran und Irak. Über den Strohmann wurden Waffen im Wert von mindestens 20 Millionen Dollar in den Iran geliefert, darunter Boden-Luft-Raketen und Munition. Wie hoch die entsprechende Kommission war, die Vanden Boeynants kassierte, ist nicht bekannt. Gering dürfte sie nicht gewesen sein. Die Rede ist davon, daß bereits in der Vergangenheit für jedes einzelne Flugzeug oder jede größere Waffenbeschaffungsmaßnahme, für die Vanden Boeynants als Verteidigungsminister verantwortlich zeichnete, eine Provision von einem Prozent auf das Konto seines Schwiegersohns in der Schweiz überwiesen wurden. Bewiesen werden konnte es nicht.

Nach den erfolgreichen Waffengeschäften wollte Vanden

Boeynants auch ins Ölgeschäft einsteigen. Um die Ölscheichs zu gewinnen, habe er, so glaubt die Polizei zu wissen, über Mittelsmänner sogar einen Callgirl-Ring in Brüssel aufbauen lassen, um mit den jungen Frauen die Herren aus dem Morgenland verwöhnen zu können.

Im Januar 1989 wurde der sittenstrenge Politiker entführt, als ihm eine Anklage wegen Bestechung drohte. Als er von einem Besuch bei seiner Geliebten nach Hause kam, kidnappte ihn eine Gang junger Krimineller, die in denselben Bars verkehrte wie er. Nach Zahlung eines Lösegeldes in Höhe von 60 Millionen belgischen Franc wurde er einen Monat später freigelassen. Bis heute ist der Verdacht nicht ausgeräumt, daß er die Entführung selbst inszeniert haben könnte, um über den Mitleidseffekt endlich wieder politisch mitmischen zu können. Denn ein Gerichtsverfahren wegen Steuerhinterziehung hatte seinen Ruf lädiert. Immerhin wurde der Kopf der mutmaßlichen Entführer im März 1991 in Kolumbien gefaßt und nach Belgien ausgeliefert. Er erhängte sich wenig später in seiner Zelle. Für Paul Vanden Boeynants konnten die Geschäfte nun weitergehen.

Im Waffengeschäft hatte er wieder Erfolg. Als Chiles Ex-Diktator Agusto Pinochet 1998 nach London reiste, um für geplante Rüstungsgeschäfte mit europäischen Unternehmen Verträge abzuschließen, wurde er aufgrund eines Haftbefehls aus Spanien von der britischen Polizei verhaftet. Bei Recherchen chilenischer Journalisten über diese geplanten Waffengeschäfte stellte sich dann heraus, daß europäische Rüstungsfirmen bereits während der Diktatur in Chile die Generäle großzügig mit Waffen belieferten.

Beteiligt am Rüstungskartell war das französische Unternehmen Dassault. Waffengeschäfte, ob legal oder nicht, konnten zumindest in den achtziger Jahren nur unter dem Schutz des »Grand Patron« der belgischen Rüstungslobby, nämlich Verteidigungsminister Vanden Boeynants, durchgeführt werden, der auch nach seinem Rücktritt seine alten Verbindungen pflegte.

Im konkreten Fall sollten die alten, bislang von der chilenischen Luftwaffe eingesetzten Mirage-Jets modernisiert werden. Den Auftrag erhielt das Unternehmen Europavia. Repräsentant dieser Firma, die insbesondere die Interessen des Rüstungskonzerns Dassault in Belgien vertrat, war Ex-General Jacques Lefebvre, der zuvor unter Verteidigungsminister Vanden Boeynants als Generalstabschef für die Luftwaffe diente. Diesmal ging es um satte Provisionen in Höhe von 15 Millionen Dollar.

Ex-General Jacques Lefebvre war sich keiner Schuld bewußt, schließlich erfreute er sich höchster Protektion. Der Verteidigungsminister höchstpersönlich hatte frühzeitig erkannt, wie segensreich für die eigene Tasche und die seiner Parteifreunde derartige Abschlüsse sein können.

Wer seine Hintermänner und Förderer waren, konnte Lefebvre leider nicht mehr aussagen. Zum Glück für jene, die den größten Teil der gezahlten Provisionen einsteckten. Am 8. März 1995 verübte der Ex-General im Brüsseler Hotel Mayfair Selbstmord.

Vom Ex-General führte auch eine direkte Linie zu den umstrittenen Waffenbeschaffungsmaßnahmen belgischer Politiker durch die italienische Firma Agusta. Demnach habe sich, so die Lütticher Staatsanwaltschaft, Lefebvre mehrfach mit einem in diese Affäre verwickelten Rechtsanwalt getroffen, um über entsprechende Abschlüsse zu sprechen. Nach Auskunft der für die Ermittlungen zuständigen Untersuchungsrichterin in Lüttich war geplant, ihn dazu zu befragen. Insbesondere interessierte die Richterin, welcher politische Druck ausgeübt wurde, um die Verträge durchzupeitschen. Auch diese Fragen konnte Lefebvre nicht mehr beantworten.

Don Felix muß das mit Gelassenheit verfolgt haben. Vanden Boeynants war jedenfalls häufiger Gast in Felix' Villa in Tervuren, spielte mit ihm Tennis und fragte seinen Duzfreund um Rat. Vanden Boeynants trieb es so toll, daß die Steuerbehörden auf ihn aufmerksam wurden. Als sie seine Buchhaltung durchstöberten und auf große Steuermanipulationen stießen, reagierte erstmals die Justiz.

Um seiner drohenden Verurteilung wegen Steuerhinterziehung zu entgehen, präsentierte er dem Gericht Unterlagen, die seine Unschuld beweisen sollten. Diese Dokumente stellten sich aber als Fälschungen heraus. Das Gericht sprach von Sabotage der Justiz.

Schließlich wurde Vanden Boeynants 1986 verurteilt. In der Begründung schrieben die Richter in bemerkenswerter Deutlichkeit: »Sie sind von einer unglaublichen Unverschämtheit, weil Sie selbst die Gesetze torpediert haben, die Sie im Parlament eingebracht haben. Ihre Unverschämtheit ist so groß, daß Sie systematisch die Gesetze untergraben haben, die Sie den Bürgern auferlegt haben.« Strafmaß: drei Jahre Gefängnis auf Bewährung.

Das änderte nichts daran, daß er nun alles dafür tat, um Bürgermeister von Brüssel zu werden. Zunächst hievte er seinen Freund Michel Desmaret, einen dubiosen belgischen Unternehmer und Politiker der belgischen Christdemokraten, auf den Posten, wohl wissend, daß der sich nicht lange halten konnte. Eine Zeitung wollte Demaret den Titel »Mister zehn Prozent« anhängen, kam aber zu dem Ergebnis, daß er zwar bestechlich, aber billiger sei. Wegen seiner skandalösen Verstrickung in Korruptionsaffären wurde Michel Desmaret dann auch tatsächlich entmachtet. Als sein Nachfolger brachte sich nun Vanden Boeynants ins Spiel. Aber vergeblich. Die Koalitionspartei der Christdemokraten, die Brüsseler Sozialisten, wehrten sich vehement gegen seine Kandidatur.

Dafür taucht sein Name im Zusammenhang mit einem Skandal in der Kommission der Europäischen Gemeinschaft auf. Zuständig für die Sicherheit der EU-Kommission war das belgische Sicherheitsunternehmen »4-Securitas«. Es war seit Anfang 1992 bekannt, daß die Angehörigen der Sicherheitsfirma Scheinverträge ausstellten, um ihre Verwandten und Bekannten bei der EU-Kommission unterzubringen. Zum anderen wußte man, daß ein Teil der Verantwortlichen des Si-

170

cherheitsunternehmens aus rechtsradikalen Kreisen rekrutiert worden war. Chef dieser Sicherheitsfirma war der ehemaliger Oberst der Gendarmerie, Gerard Lhost, einst enger Mitarbeiter von Paul Vanden Boeynants. 1985 verließ er die Gendarmerie und wurde Chef des »Bureau de Sécurité«, verantwortlich für Nuklearanlagen bei Euratom. Das Bureau wurde unter seiner Leitung zu einer Art Parallelorganisation für rechtsradikale Polizei- und Gendarmerieoffiziere ausgebaut. Doch niemanden in der EU-Kommission schien das zu stören. Auch nicht, daß im Sicherheitsbüro der Ex-Polizist Pierre E. aus dem Stab von Vanden Boeynants eingestellt wurde, ein Angehöriger des BROC, des Brabant Reserve Officer Club. In diesem von Vanden Boeynants gegründeten Verein versammelten sich rechtsradikale Mitglieder der Sicherheitsbehörden, unter anderem der Chef des militärischen Geheimdienstes. Mitglieder des Clubs gründeten die rechtsradikale Terrororganisation »Westland New Post«. Ein anderes Mitglied, Robert T., wurde im Sicherheitsbüro des europäischen Ministerrats angestellt. Er war Spezialist zur Bekämpfung politischer Gewalt und trainierte, sozusagen als Nebenjob, Angehörige der Organisation »Westland New Post« in militärischer Ausbildung.

Anfang Januar 1982 wurde geheime Antiterrorausrüstung aus dem schwer bewachten Gendarmerie-Hauptquartier in Brüssel gestohlen. Ein Teil der gestohlenen Waffen tauchte später wieder auf – als Tatwaffen bei Morden der sogenannten Killer von Brabant. Die Räuber wußten genau, wie das Sicherungssystem funktionierte und kannten die Stelle, wo die geheimen Waffen deponiert waren. Der Verdacht lag nahe, daß es Personen der Gendarmerie selbst waren, die die Waffen zur Seite schafften. Der die Ermittlungen leitende Major wurde bereits sechs Tage nach dem Beginn seiner Untersuchung abgelöst, und zwar durch Gerard Lhost. Von nun an verhinderte die Gendarmerie systematisch jede weiteren Ermittlungen im Umfeld von rechtsextremen Gruppen oder in Kreisen der Gendarmerie.

Als dieses Vorgehen ruchbar wurde, mußte sich Lhost kritischen Fragen einer parlamentarischen Untersuchungskommission stellen. Seine Erklärungen waren jedoch derart widersprüchlich, daß die Abgeordneten laut die Frage stellten, für wen er eigentlich arbeite. Unter Eid sagte er aus, daß er Verbindungen zur »Forces Nouvelles« untersucht habe – jener Gruppe, der Vanden Boeynants besonders nahestand. In Wirklichkeit gab es zu keinem Zeitpunkt einen entsprechenden Auftrag. Die von den Abgeordneten befragten Beamten sagten vielmehr aus, sie selbst seien bestürzt darüber gewesen, wie Lhost die entsprechenden Ermittlungen behinderte. Warum wohl? Lhost selbst wurde verdächtigt, enge Kontakte zu dieser rechtsradikalen Organisation zu haben, als er noch Kommandeur der Gendarmerie in Lüttich war.

Erst 1997, zehn Jahre später, als diese schweren Vorwürfe in der belgischen Presse publik wurden, sollte EU-Kommissionspräsident Jacques Delors handeln – er setzte eine Untersuchungskommission ein. Aber restlos aufgeklärt wurden diese Vorgänge nie, weil die EU-Kommission sich weigerte, alle notwendigen Informationen den Untersuchungsbehörden zur Verfügung zu stellen. Die Untersuchungen wurden merkwürdigerweise nur auf die undurchsichtigen Verträge mit Verwandten und Freunden im Sicherheitsdienst begrenzt – Kontakte zu kriminellen Aktivitäten und rechtsradikalen Organisationen waren anscheinend von geringerem Interesse.

Die Machenschaften des Paul Vanden Boeynants und seiner Helfershelfer, insbesondere die nachgewiesenen Verbindungen zu rechtsextremen Organisationen, waren in Belgien bekannt. Sie hätten einen Mann wie Don Felix, der den Terror der Nazis hautnah erleben mußte, wie er ja selbst immer wieder erzählt, eigentlich mit Abscheu erfüllen müssen. Wie konnte er mit einem Mann Kontakt haben, ihn als Freund hegen und pflegen, der Organisationen stützt, die das Naziregime verherrlichen? Ein radikaler Bruch mit Vanden Boeynants hätte die logische Konsequenz sein müssen. Nichts dergleichen geschah.

Ob Anwälte, Verbindungen zur Polizei und zu Nachrichtendiensten, Gründung von Scheinfirmen – all das, was sich Ende der siebziger und Anfang der achtziger Jahre zur Tarnung von Provisionszahlungen aus Rüstungsgeschäften bei Paul Vanden Boeynants bewährt hatte, führt jetzt mitten in die Agusta-Affäre, zu dem Paradebeispiel skrupelloser Korruption und des Abzockens auf höchster politischer Ebene.

Dabei stießen die Ermittler nicht nur auf Provisionszahlungen der italienischen Rüstungsfirma Agusta an die belgischen Sozialisten, sondern auch auf das französische Rüstungsunternehmen Dassault. Dassault hatte ebenfalls Provisionen für Geschäftsabschlüsse an die belgischen Parteien »gespendet«. In der belgischen Presse wurde berichtet, daß die Justiz Hinweise habe, wonach Dassault in den Jahren 1979–1981 eine Kommission in Höhe von umgerechnet drei Millionen Mark an den damaligen Vorsitzenden der PSC, Paul Vanden Boeynants, gezahlt haben soll. In der Wohnung eines Anwalts stießen die Ermittler auf ein Dokument, auf dem die Verteilung von Kommissionsgeldern im Zusammenhang mit Dassaults Rüstungsgeschäften präzise notiert war. Da wurden 665 000 Dollar für »DY« und 250 000 Dollar für VDB erwähnt. VDB steht für Paul Vanden Boeynants. »DY« für Darmaki-Ykelenstam – die Firma des inzwischen verstorbenen niederländischen Waffenhändlers Dirk Ykelenstam und dessen Geschäftspartner. Dieses Netzwerk von Waffenhändlern und Rüstungsfirmen, für das der Anwalt als juristischer Berater tätig war, wurde später von einem Syrer übernommen. In der Akte Dassault fanden sich darüber hinaus Hinweise auf zwei weitere geheime Kommissionszahlungen, die ebenfalls für Vanden Boeynants bestimmt waren und die bereits auf die siebziger Jahre zurückgingen, als VDB Verteidigungsminister war. Es handelte sich um Summen von je zwei Millionen Franc, die von Georges Cyqie, dem späteren Lobbyisten von Agusta in Belgien, bezahlt wurden. Ans Licht der Öffentlichkeit geriet dies alles jedoch erst, nachdem der mächtige Politiker André Cools ermordet worden war.

Die Agusta-Affäre

Don Felix hat mit diesem Mord sicher nichts zu tun. Aber viel mit dem Milieu, in dem schmutzige Geschäfte geradezu selbstverständlich waren – ein eingeschworener Clan, der sich als Kaderschmiede verstand. Wenn sie, ob Don Felix, André Cools, Paul Vanden Boeynants oder der Ex-Nato-Generalsekretär Willy Claes ihre Geheimnisse austauschten, konnte sich jeder auf absolute Loyalität der anderen verlassen. Es war mehr als ein herzliches Verhältnis, das Don Felix mit André Cools verband, dem politischen »padre padrone« Belgiens. Wer war dieser André Cools? Was machte ihn für Don Felix genauso attraktiv wie Paul Vanden Boeynants?

André Cools neigte zuweilen dazu, tiefschürfende Einsichten zu äußern: »Was für eine Illusion für die Menschen: Sie wollen immer mehr Macht besitzen und fallen ihr schließlich zum Opfer.« Daß er selbst dazu gehören würde, hätte er sich nie vorstellen können.

Durch den Industriellen Pierre Salik wurde Cools bei Don Felix eingeführt. Anlaß war das Treffen im August 1989 in der Villa von Don Felix in Antibes. Später wurde Cools sogar zur Hochzeit eines Sohnes von Don Felix eingeladen. »Cools selbst erzählte«, schreibt die Zeitschrift *Le Soir* im Mai 1995, »daß er die Einladung von Don Felix nach Antibes angenommen hatte, weil er zu einem Kaviardinner eingeladen war. Nach seinen Aussagen hat er in seinem Leben noch nie so viel Kaviar auf einmal gesehen.«

André Cools, ehemaliger Präsident der frankophonen Sozialisten, mehrfacher Minister, Bürgermeister, der ungekrönte König des heruntergekommenen wallonischen Industriereviers, zog sich 1990 aus der Politik zurück, um sich vor allem dem wirtschaftlichen Aufbau seiner Heimatregion zu widmen. Er regierte wie ein Despot, gefürchtet und geachtet. Ein begnadeter Strippenzieher, den man sich besser nicht zum Feind machte. Von Lüttich aus dirigierte er eine Vielzahl kommunaler Verbände und Unternehmen. Als Nervenzentrum galt die von Cools 1989 gegründete Industrie- und Finanzgesellschaft Neos. Sie entzog sich jeder politischen Kontrolle. Ihre Teilhaber waren eine Bank sowie Firmen wie die Lütticher Interkommunale ALE (Strom), ALG (Gas), CILE (Wasser) und Intradel (Müll). Ohne André Cools liefen keine Geschäfte. Er sorgte dafür, daß jene Unternehmer den Zuschlag für Aufträge erhielten, die den großzügigsten Obolus an die Sozialisten entrichteten. Bis zu einem Tag im Juli 1991.

Am frühen Morgen des 18. Juli 1991 hatte die junge Untersuchungsrichterin Véronique Ancia gerade Bereitschaftsdienst, als sie zu einem Mordfall bestellt wurde. André Cools lag erschossen auf einem Parkplatz in Lüttich. Veronique Ancia konnte zwar nicht die Täter ermitteln, sie legte aber in der Folgezeit »einen Sumpf von Bestechung und illegaler Parteienfinanzierung trocken, eine Art Sozialistischer Internationale der Korruption von Lüttich bis Mailand«, wie die flämische Zeitung *De Morgen* urteilte. Es handelte sich um ein ausgeklügeltes System der Parteienfinanzierung. Hintergrund war das Geschäft des italienischen Rüstungskonzerns Agusta mit Kampfhubschraubern und der F-16-Modernisierung, das eine allen bekannte Realität ins Scheinwerferlicht rückte: »Die dunkle Parteienfinanzierung war lange Zeit integraler Bestandteil der politischen Kultur«, schrieb die Zeitung *Le Soir* im März 1995.

Bis zum Ende der 80er Jahre gab es in Belgien kein Gesetz, das die Finanzierung der politischen Parteien regelte. Der Kult des schnellen Geldes, die aufwendigen Wahlkampagnen, die Sicherheit, bei kriminellen Beschaffungsmaßnahmen von Geldern für die Partei ungestraft zu bleiben und der Verlust

175

von Ethik und Moral – all dies war in beiden Parteien, den belgischen Christdemokraten wie den Sozialisten, gängige Praxis. Niemand störte sich daran.

Am 17. September 1991, also wenige Wochen nach dem Mord an André Cools, machte der ehemalige stellvertretende Kabinettschef von Minister Guy Coëme, Jean-Louis Mazy, eine folgenschwere Aussage: »Ich glaube nicht, daß der Mord an Cools in direktem Zusammenhang mit Agusta steht. Ich sehe nur eine einzige Möglichkeit: Cools hat erfahren, daß noch andere Personen bedeutende Schmiergeldsummen aus Mailand erhalten hatten, und schickte sich an, dies zu enthüllen.« Diese Erklärung gab den Startschuß für die spektakulären Agusta-Ermittlungen.

Der Mailänder Rüstungskonzern Agusta hatte sich 1988 um die Lieferung von 46 Kampfhubschraubern im Wert von 12 Milliarden Franc bei wirtschaftlichen Kompensationen in Höhe von 6 Milliarden Franc beworben. Belgische Unternehmer sollten also als Gegenleistung ebenfalls Aufträge erhalten. Internationale Konkurrenz wie der deutsche Konzern MBB und die französische Aérospatiale wurden ausgestochen. Verantwortlich für die Auftragserteilung waren Guy Coëme als Verteidigungsminister und sein flämischer Genosse Willy Claes als Wirtschaftsminister. Die Firma Agusta soll nach Erkenntnis der Justiz umgerechnet 51 Millionen Franc an die Sozialisten gezahlt haben.

Im Laufe der Ermittlungen gerieten die Fahnder immer tiefer in den Sumpf der belgischen Politik. Dabei spielt der ehemalige Regionalminister Alain Van der Biest eine unheilvolle Rolle. Als junger begeisterter Sozialist wurde Van der Biest von Parteichef André Cools gefördert. Zunächst war er Parteisekretär, später Bürgermeister, schließlich stieg er zum Fraktionschef der Sozialisten im Brüsseler Parlament und danach zum Regionalminister in Lüttich auf. André Cools und Van der Biest waren eng verbunden. Doch dann bekam die Männerfreundschaft Risse. Die von Cools forcierte Blitzkarriere konnte Van der Biest offensichtlich nicht verkraften. Einmal

Minister in Brüssel, gab sich der Politiker dem süßen Leben hin. Ein Whirlpool mußte neben seinem Büro auf Staatskosten gebaut werden. Büro und Bordell wurden zu seinen bevorzugten Aufenthaltsorten. Sein Ziehvater Cools griff nun ein und wollte ihn ganz aus der Politik verbannen. Als der Minister, der sich zunehmend mit Leuten aus dem Lütticher Mafia-Milieu umgeben hatte, von Cools Plänen erfuhr, soll er angeblich den Mordauftrag erteilt haben. Das glaubte anfangs zumindest die Lütticher Staatsanwaltschaft. Die Organisation und Ausführung des Attentats soll er seinem Privatsekretär sowie seinem Chauffeur überlassen haben, die wiederum exzellente Kontakte zur italienischen Mafia in Lüttich unterhielten, besonders zu zwei Italienern, unter ihnen ein Lütticher Schuhfabrikant. Aufgrund ihrer Aussagen wurde ein Koffer mit Pistolen gefunden, darunter vermutlich die Waffe, mit der André Cools erschossen worden sein soll. Beide sagten aus, daß die bezahlten Cools-Killer im sizilianischen Catania angeworben wurden.

Weniger die Aussagen dieser Zeugen ist hier von Interesse, sondern die Tatsache, daß sich ein Minister mit Mafiosi umgibt, die in kriminelle Geschäfte verwickelt waren, zum Beispiel in den Handel mit gestohlenen Aktien. Sie waren im November 1991 bei einem Raubüberfall auf dem Flughafen in Zaventem entwendet worden. Die Ermittlungen führten auf die Spur einer ganzen Serie von Wertpapierdiebstählen seit 1989. Drahtzieher des international abgewickelten Verbrechens war der ehemalige Sekretär von Van der Biest. Er und weitere Komplizen leugneten zwar, daß sie für ihren ausgedehnten Handel mit den gestohlenen Wertpapieren Fax, Telefon und Dienstwagen ihres Ministers benutzten, doch sie konnten dennoch überführt werden, weil sie ihre Ausflüge nach Luxemburg, Liechtenstein und Italien als Dienstreisen abrechneten.

Unter den Beschuldigten war Pino M., ehemaliger Fahrer im Kabinett von Minister Van der Biest, und der polizeibekannte Gangster Carlo T. Im Juni 1992 ging die Bombe hoch:

T. wandte sich an einen Privatdetektiv, später auch an einen Journalisten, und beschuldigte Alain Van der Biest, den Mord an Cools angestiftet zu haben. Eine Woche später wurde der ehemaliger Sekretär von Van der Biest festgenommen. Für den konkreten Verdacht, daß Van der Biest hinter dem Mord an Cools stecken sollte, fanden sich trotzdem keine Anhaltspunkte. Die Lütticher Staatsanwaltschaft wollte nicht ermitteln.

Sicher war nur: Van der Biest, der 1988 an den Verhandlungen mit Agusta beteiligt war, hatte sich in seinem Kabinett mit höchst dubiosen Figuren, unter anderem einem in kriminelle Machenschaften verstrickten Ex-Polizeibeamten und einem Ex-Gefängniswärter, umgeben.

Auch die Affäre um den Wertpapierraub ist nicht aufgeklärt. Und Van der Biest? Er selbst betrachtet sich als »Sündenbock«. Seine parlamentarische Immunität wurde 1996 aufgehoben. Erst im September 1998 begann der Prozeß gegen einige der im Agusta-Dassault-Schmiergeldverfahren Beteiligten.

Kurz vor seinem Tod hatte André Cools geäußert: »Irgendwann knallt's.« Er sollte recht behalten. Denn ein paar Tage vor dem Mord hatte André Cools der Aussage eines Zeugen zufolge begriffen, daß hinter der Agusta-Waffenbeschaffung und der Korruption seiner Parteiangehörigen eine kriminelle Organisation stand.

Am 21. April 1993 schrieb der Staatsanwalt von Lüttich einen Brief an seinen Vorgesetzten, den Generalstaatsanwalt Leon Giet, in welchem er erwähnte, daß der Name von Don Felix zwar im Telefonbuch von Cools stand, es aber keine Beweise geben würde, daß Don Felix in die Agusta-Affäre verwickelt sei. Der Verdacht war aufgetaucht, weil der Unternehmer Van Rossem Don Felix beschuldigte, in die Agusta-Affäre verwickelt zu sein, ohne dies beweisen zu können. Doch die Ermittler blieben hartnäckig. War er wirklich nicht verwickelt? Oder gab es doch entsprechende Verbindungen? Um diese Frage zu beantworten, muß man das korrupte politische System in Belgien begreifen, das durch die Agusta-Affäre erstmals in seinem ganzen Ausmaß bekannt wurde.

Im Rahmen ihrer Ermittlungen im Mordfall Cools ließ Véronique Ancia am 13. Januar 1993 das Büro von Georges Cywie, dem Lobbyisten der italienischen Staatsfirma Agusta, durchsuchen. Gegen ihn wurde wegen aktiver Bestechung Haftbefehl erlassen. Der Agusta-Vertreter hatte vom Mutterhaus in Mailand den Auftrag erhalten, alle Möglichkeiten auszuloten, um den Zuschlag für den Kauf der 46 Hubschrauber zu bekommen. Cywie erkannte schnell, daß der Weg nur über die wallonischen Sozialisten führen konnte, und wandte sich zunächst an Cools, später an Guy Mathot, der sich offenbar interessierter als Cools zeigte. Im Mittelpunkt der Verhandlungen standen die wirtschaftlichen Gegenleistungen vor allem für die wirtschaftlich stark angeschlagene Region Lüttich. Agusta versprach unter anderem, eine Ersatzteilfabrik für Helikopter auf dem Flugplatz Bierset und eine Wartungshalle in Zaventem zu errichten sowie den Waffenfirmen FN in Herstal und Sabca und Sonaca in Gosselies Aufträge zu erteilen. Auch die Flamen sollten nicht leer ausgehen: eine Fabrik in Lummen (bei Hasselt, der Heimatgemeinde von Wirtschaftsminister Willy Claes), sollte Aufträge erhalten. Und auch die Parteikasse der Sozialisten sollte bedacht werden – mit mindestens 10% des Auftragswertes.

Doch der Agusta-Helikopter war neben dem deutschen Modell BK-117 und dem französischen »Ecureuil« in den Augen der belgischen Armee nur dritte Wahl. Bis im Mai 1988 die Sozialisten in die Regierung eintraten. Der neue Verteidigungsminister Guy Coëme, ein Schützling von André Cools, schanzte den Mailändern zur allgemeinen Überraschung im Dezember 1988 den 12-Milliarden-Auftrag zu.

Niemand konnte sich lange an diesem Geschäft erfreuen – am wenigsten André Cools, der fest an die Versprechen der Italiener geglaubt hatte. Die Flugzeugbauer hielten sich nicht an ihre Zusagen, gerieten sogar selbst in wirtschaftliche Schwierigkeiten und konnten ihre Kompensationsversprechen nicht einhalten. Auf das Konto der Sozialisten ging entsprechend nur ein Bruchteil des erwarteten Schmiergeldes ein.

Zum Verdruß von Cools kam hinzu, daß die Lütticher Firma Trident, die sich ein großes Stück vom Kompensations-Kuchen abgeschnitten hatte, unmittelbar nach Unterzeichnung des Agusta-Vertrags pleite ging, wodurch die versprochenen 550 Millionen Franc an Kompensationen hinfällig wurden.

Am 8. Dezember 1993 gerieten – vor allem in Folge einer Zeugenaussage von Philippe Moureaux, des ehemaligen Vizepremierministers und engen Vertrauten von André Cools – drei amtierende Minister in die Fänge der Justiz und der Medien: Die im Mordfall Cools und in der Agusta-Affäre ermittelnde Lütticher Untersuchungsrichterin Véronique Ancia erwirkte – und dies war einmalig in der Geschichte des Landes – Anfang 1994 die Aufhebung der parlamentarischen Immunität von Guy Spitaels und Guy Mathot, Ministerpräsident bzw. Innenminister der Wallonischen Region, sowie von Guy Coëme, Vizepremierminister und Verteidigungsminister der Föderalregierung. Die »drei Guys«, alle aus dem Freundes- und Bekanntenkreis von Don Felix und Willy Claes, traten am 21. Januar zurück.

Im Februar 1995 gestanden der Brüsseler Rechtsanwalt Alfons Puelinckx, der ehemalige stellvertretende SP-Sekretär Luc Wallyn und der ehemalige Schatzmeister der SP, Etienne Mangé, die SP habe aus Mailand seinerzeit 51 Millionen Franc Schmiergelder über Schweizer Konten erhalten. In den Sog dieser Affäre gerieten nun SP-Chef Louis Tobback, Außenminister Frank Vandenbroucke, EU-Kommissar Karel Van Miert und NATO-Generalsekretär Willy Claes – praktisch die gesamte politische Elite Belgiens.

Frank Vandenbroucke hatte Erinnerungslücken und trat doch schließlich zurück, nachdem er sein Wissen um schwarze Parteikassen hatte zugeben müssen. In die Fänge der Justiz geriet auch Don Felix' Freund Willy Claes, nachdem sein einstiger Kabinettschef Ende Februar 1995 festgenommen worden war.

Die untersuchende Gerichtskammer gab schließlich einem Antrag von Generalstaatsanwalt Jacques Vélu nach einer An-

180

klageerhebung gegen Coëme und Claes im Zusammenhang mit den Agusta-Vorwürfen statt. Coëme wurde indessen Anfang April 98 wegen Betrugs und Korruption in einer weiteren Parteifinanz-Affäre (»Inusop«) zu zwei Jahren Haft mit Bewährung verurteilt. Willy Claes, den der Skandal das NATO-Spitzenamt kostete, und der sich mit Unschuldsmiene als unrechtmäßig Verfolgter bezeichnete, hatte immerhin lange Zeit die Protektion aller europäischer Verteidigungsminister und Außenminister genossen.

Auch der französische Rüstungskonzern »Dassault Industries« geriet in Verdacht, 60 Millionen Franc Schmiergelder über Schweizer Konten an die flämischen Sozialisten gezahlt zu haben. Dassault sicherte sich 1989 einen Auftrag der belgischen Armee zur Modernisierung von F-16-Kampfflugzeugen im Wert von 6,5 Milliarden Francs. Gegen den prominenten Konzernchef Serge Dassault wurde schließlich ein Haftbefehl ausgestellt. Die Büros von Dassault-Tochterfirmen waren bereits im März 1995 von der Brüsseler Staatsanwaltschaft durchsucht worden.

Das Schmiergeld war laut Anklage auf geheime Konten in der Schweiz und Luxemburg geflossen und dann in die Taschen der Vermittler und Politiker. Allein die Firma Agusta zahlte den flämischen Sozialisten umgerechnet 2,5 Millionen Mark. Geld, das bis heute verschwunden ist. Oder doch nicht?

Juristisch ist inzwischen zumindest ein Teil der Affäre abgeschlossen. Ende 1998 wurde der ehemalige NATO-Generalsekretär Willy Claes im Zusammenhang mit der Rüstungsaffäre Agusta/Dassault der Korruption für schuldig befunden und zu einer dreijährigen Bewährungsstrafe verurteilt. Die Prozeßbeobachter erinnerten sich während der Urteilsverkündung noch an seine Aussage, wonach Anfang 1989 in einer kleinen Runde von Parteifreunden nur »weniger als 10 Sekunden« lang von etwa zweieinhalb Millionen Mark an Provisionen die Rede gewesen war, die von Agusta an die Parteikasse gezahlt werden sollten. Und selbstverständlich habe er dringend davon abgeraten, derart dubiose Geschenke anzunehmen.

Der ebenfalls angeklagte französische Waffenindustrielle Serge Dassault erhielt wegen Bestechung eine zweijährige Bewährungsstrafe. Der frühere Verteidigungsminister Guy Coëme erhielt drei Jahre Haft auf Bewährung. Das Gericht kam zu dem Schluß, daß Willy Claes als belgischer Wirtschaftsminister im Dezember 1988 von der Zahlung des italienischen Rüstungskonzerns Agusta an die belgischen Sozialisten wußte. Das Schmiergeld sollte den Zuschlag über den Kauf von 46 Hubschraubern an die Armee sichern. Der Vorsitzende Richter Marc Lahousse erklärte bei der Urteilsverkündung, Claes und die anderen Angeklagten hätten die Ausschreibungen derart verändert, daß Agusta den Zuschlag habe bekommen müssen – ähnlich wie im Fall Dassault.

Leon Michel wird von der Polizei als außerordentlich geschickter Geschäftsmann beschrieben, in Sachen Geldwäsche geradezu ein Perfektionist. Nach Einschätzung der belgischen Polizei ist er eine »wichtige Verbindung zwischen Politik und Unterwelt, der in sehr vielen Fällen im Hintergrund arbeitet«. Monsieur Leon ist nicht nur in der Agusta-Affäre einer der Hauptverdächtigten gewesen. Die Wege des Mannes mit den guten Kontakten zur Finanzoligarchie in Belgien kreuzten sich mit denen von Don Felix nicht nur über das Projekt Papagayo in Costa Rica, wo Leon Michel einige Investitionen, unter anderem im Hotel Esmaralda, tätigte. Zusammen mit seinem Anwalt war Leon Michel in San José, um über Rüstungsgeschäfte mit dem Irak zu verhandeln – das behaupten dortige Journalisten. Insgesamt war er zwischen 1990 und 1991 mindestens viermal in Costa Rica, teilweise zusammen mit Don Felix, glaubt man diesen Informationen. Die Besuche fanden jedenfalls genau zu jener Zeit statt, in der die Korruptionsmillionen aus den Tresoren der belgischen Sozialistischen Partei verschwanden. Ein Zufall?

Laut Aussagen von Zeugen hatte die Lebensgefährtin des

ehemaligen Parteivorsitzenden der flämischen Sozialistischen Partei Karel Van Miert, die damals Generalsekretärin der Sozialisten war, die Millionen Schmiergelder aus dem Agusta-Geschäft in einem Banksafe deponiert. Als der neue Parteivorsitzende Frank Vandenbroucke von den illegalen Geldern erfuhr, ging er mit der Generalsekretärin zu dem Banksafe, in dem das Geld lagerte. »Verbrennen Sie es sofort«, soll seine Anweisung gelautet haben. Doch nichts dergleichen geschah. Vielmehr lösten sich die Millionen, genau 175 Millionen belgische Franc, anscheinend in Luft auf. Und scheinen in Costa Rica wieder gelandet zu sein.

Bestätigt wird diese Vermutung auch von einem weiteren Geldwäscher und Betrüger aus Brüssel, der in den letzten Jahren eine beliebte Adresse für belgische Vermögensmillionäre war, weil er es verstand, ihr Schwarzgeld auf dem internationalen Finanzmarkt zu waschen. Es ist Jean Pierre Van Rossem, der bereits Felix verdächtigte, in die Agusta-Affäre verwickelt zu sein.

Die Vermutung drängt sich auf, daß »Freunde« von Don Felix die Provisionszahlungen für die Agusta-Geschäfte nach Costa Rica verbrachten. Deshalb spielt die Aussage des Geldwäschers und Betrügers keine entscheidende Rolle. Seltsam ist jedenfalls, daß die belgische Justiz die Spur nach Costa Rica nie ausführlich verfolgt hat.

Seien es nun die Affäre um den Ex-Premierminister Paul Vanden Boeynants oder die Machenschaften des Ex-Nato-Generalsekretärs Willy Claes – Don Felix taucht als der Freund und Schatten im Hintergrund auf.

Die seit Jahrzehnten bestehenden Verbindungen zu den Protagonisten der kriminellen Machenschaften im belgischen Sumpf legen die Folgerung nahe, daß es sich hier um ein stabiles Netzwerk handeln muß. Eines, das nur per Zufall, durch den Mord an André Cools, zumindest in Ausschnitten einer breiteren Öffentlichkeit bekannt geworden ist.

Was sich im Laufe von nunmehr drei Jahrzehnten verändert hat, ist lediglich der Name der beteiligten politischen

Parteien in Belgien. In den siebziger und achtziger Jahren profitierten die belgischen Christdemokraten von der korrupten Infiltration der politischen Elite. Seitdem sind es die belgischen Sozialisten.

Don Felix selbst, der wie eine Art intimer Beichtvater in diesem Netzwerk zu sitzen scheint, agierte unverdrossen weiter. Keine einzige Äußerung von ihm ist bekannt, daß er sich vom politischen Sumpf in Belgien, von Paul Vanden Boeynants, André Cools oder Ex-Natogeneralsekretär Willy Claes zur rechten Zeit irgendwie nachdrücklich distanziert hätte. Die Verbindungen zur korrupten politischen und wirtschaftlichen Elite Belgiens könnten ja nur zufälliger Art gewesen sein. Nicht mehr und nicht weniger. Juristisch ist jedenfalls nicht nachzuweisen, daß Don Felix in die Agusta-Affäre verwickelt war.

Abenteuer Afrika

Weil er sich gegenüber dem Polit-Establishment in Belgien loyal verhält, kann sich Don Felix ebenso bedingungslos auf dessen Repräsentanten verlassen. Wie zum Beispiel auf den Politiker und Karrierediplomat Alfred Cahen. Die Verbindung von Diplomatie, Politik und Geschäft – hier werden ihre dubiosen Seiten besonders deutlich.

Und damit verläßt man die nationale Ebene und befindet sich plötzlich in den Höhen europäischer Politik. Denn der »liebe Freund« und Verbündete von Don Felix ist ein Mann mit ungewöhnlich großem Einfluß sowohl in Europa wie in den USA und in Afrika.

Anläßlich des 50jährigen Bestehens der NATO war Alfred Cahen in seiner Funktion als Generalsekretär der in Paris ansässigen ATA (Atlantic Treaty Association) wieder einmal mit höchsten europäischen Politikern auf einer gemeinsamen Bühne erschienen. Die ATA ist die wichtigste politisch-militärische Lobbyorganisation im westlichen Bündnis auf Nichtregierungsebene, ein politischer Arm der NATO. In Athen organisierte die ATA am 19. März 1999 zusammen mit der NATO eine Konferenz zum Thema: »Nato's Second Half Century«. Ziel war es, die Osterweiterung der NATO zu diskutieren. Teilnehmer der Tagung im noblen Hotel Grand Bretagne waren unter anderem der griechische Ministerpräsident Konstantinos Stefanopoulos, NATO-Generalsekretär Javier Solana, der amerikanische General Wesley Clark, verschiedene Minister aus West- und Osteuropa sowie Abgeordnete, Diplomaten und Ex-Minister. Alfred Cahen schloß die internationale Konferenz am nächsten Tag mit einer Zusammenfassung der Vorträge ab.

Alfred Cahen diskutiert nicht nur mit Staatspräsidenten. Er mischt sich direkt in die NATO-Politik ein. Im Mai 1995 traf er sich mit dem bulgarischen Präsidenten, um danach bekanntzugeben, daß die ATA den Beitritt von Bulgarien zur NATO unterstützt. Cahen ist ein Multitalent. Er ist außerdem Mitglied eines exklusiven Clubs in Brüssel, der sich mit »Handel und Verbindungen zu Wirtschaftsorganisationen« beschäftigt. Ein Club, in dem führende Unternehmer mit Politikern bei feinem Essen und hochprozentigen Getränken zusammensitzen, um wirtschaftsstrategische Entscheidungen auf informeller Ebene zu treffen.

Wer sich wie Alfred Cahen auf einer solch einflußreichen politischen und wirtschaftlichen Ebene so routiniert bewegt, muß eigentlich, so denkt man, einen untadeligen Ruf haben. Und vielleicht ist es nur eine Randnotiz wert: Alfred Cahen wurde im Zusammenhang mit der Agusta-Affäre aktenkundig. Demnach habe er im Jahr 1989 in Paris, als er dort belgischer Botschafter war, den französischen Waffenindustriellen Dassault mit dem belgischen Spitzenpolitiker Guy Spitaels zusammengebracht, was Cahen dementiert.

Alfred Cahen ist Karrierediplomat. Seine Karriere begann 1962 als zweiter Mann in der belgischen Botschaft im Kongo. Die einstige belgische Kolonie war zwei Jahre zuvor in die Unabhängigkeit entlassen worden. Cahen hatte sich in Belgien als Experte für Afrikafragen profiliert. Er pflegte im Kongo solide Freundschaften, die nicht nur ihm, sondern später auch seinem Sohn äußerst nützlich werden sollten. Eine dieser besonders engen Freundschaften bestand zu Diktator Mobutu, der gerade seinen ersten Staatsstreich durchgeführt hatte. In Leopoldville, der Hauptstadt des Kongo, traf Cahen damals auf Larry Devlin, den Chef des dortigen CIA-Postens. Devlin war, wie Alfred Cahen, zuvor in Belgien tätig gewesen und damit beauftragt, die »Unabhängigkeit« der belgischen Kolonie Kongo vorzubereiten. Zu diesem Zwecke rekrutierte er den jungen aufstrebenden Mobutu für die CIA.

Zu jener Zeit war unklar, welche Entwicklung der seit 1960

unabhängige Kongo nehmen würde. Es tobte der Kalte Krieg, und das Kongobecken ist reich an Bodenschätzen wie Kupfer oder Gold. In Katanga in Südzaire war Uran gefunden worden. Belgien wollte auf die Ausbeutung dieser Rohstoffe nicht verzichten und unterstützte eine sezessionistische Bewegung unter der Führung von Moise Tschombe in Katanga, der Kupferprovinz im Kongo. Der einzige freigewählte Staatspräsident des Kongo, Patrice Lumumba, bat zunächst Washington, ihn gegen die Aufständischen zu unterstützen. Nachdem ihm dort jede Hilfe verweigert worden war, wandte er sich an die Sowjetunion. Der CIA unternahm daraufhin alles, um den Sturz der Regierung herbeizuführen und Lumumba ermorden zu lassen. Patrice Lumbumba wurde am 17. Januar 1961 ermordet – der Weg für Mobutu Sese-Seko Kuku Ngbendu Wa Za Banga [was soviel heißt wie »Der fruchtlose Krieger, der von Erfolg zu Erfolg schreitet und Feuer sät auf seinem Weg«] war nun frei.

Alfred Cahens Nähe zu Mobutu und dem CIA-Mann Devlin brachte ihn in Verdacht, an der Koordinierung des Mordes an Patrice Lumumba beteiligt gewesen zu sein. Alfred Cahen hat dies stets bestritten, nicht jedoch sein inniges Verhältnis zu dem Diktator Mobutu. »Ich kenne alles, was gegen Mobutu vorgebracht wird, aber er ist mein Freund.« So schilderte er den Werdegang seines Freundes folgendermaßen: »Als er an die Macht kam, war er nicht in der Armee. Er wollte Journalist werden, wurde aber von den Streitkräften rekrutiert. Er tat große Dinge zu Beginn seiner Regierung. Aber absolute Macht korrumpiert absolut.« Was Alfred Cahen und später seinen Sohn nicht daran hindern sollte, ihn bis zum Ende seiner blutigen Herrschaft auf vielfältige Weise zu unterstützen.

Mobutu, der Sohn eines Kochs, putschte sich am 24. November 1965 endgültig an die Macht, mit Hilfe der CIA und Belgiens. Die westlichen Staaten erkannten seine Regierung an, nachdem er versprochen hatte, sich für eine demokratische Gesellschaft einzusetzen. Das genaue Gegenteil trat ein. Er

verbot alle politischen Parteien und regiert fortan als Allein-
herrscher.

Der glühende Antikommunist und Herrscher eines der größten und reichsten Länder Afrikas wird nun im Verlauf weniger
Jahre zu einem der reichsten Männer der Welt, wobei ihn seine
Freunde aus Belgien nach Kräften unterstützen. Bereits 1982
wies der Bericht der Blumenthal-Kommission auf den erbärm-
lichen finanziellen Zustand von »Zaire« hin, wie der Kongo
vom Diktator Mobutu inzwischen umbenannt wurde. Die Blumenthal-Kommission, benannt nach dem deutschen Banker
Erwin Blumenthal, dem Missionschef des Internationalen
Währungsfonds in Zaire, kritisierte in seinem Report vom
20. April 1982, daß Mobutu so korrupt sei, daß keiner der ausländischen Geldgeber jemals erwarten könne, die gewährten
Kredite wieder zurückzuerhalten. In einem Anhang dieses Berichts wird erwähnt, daß Alfred Cahen von Mobutu für seine
politische Unterstützung Geld erhalten habe. Und zwar auf ein
Konto in der Schweiz. Ein Vorwurf, den Alfred Cahen prompt
dementierte und der nicht zu beweisen war.

Nach seinen erfolgreichen Aktivitäten in Afrika wurde Cahen in Brüssel Generaldirektor für Politik im Außenministerium, einer Schaltstelle im künftigen politischen Machtpoker
um Einfluß in Zentralafrika. Das Regime Mobutu bekam unterdessen weiter üppige Entwicklungshilfe und Kredite vom
Westen. So ließ Mobutu mit deutscher Hilfe seine Präsidenten-
garde ausbilden. Für Zaire häufte er Schulden von sechs
Milliarden Mark an und verschob gleichzeitig ein Vielfaches
davon als Privatvermögen auf die Banken Westeuropas. Während in Zaire unzählige Menschen an eigentlich harmlosen
Krankheiten sterben mußten, ließ er sich und seine Familie in
teuren Privatkliniken pflegen und in seinem Heimatdorf Gba-
dolite ein Versailles im Dschungel bauen, einschließlich einer
Landebahn für seine private Concorde. Zwar hatte die Men-
schenrechtskommission der UNO immer wieder nachgewie-
sen, daß seine Gegner in Zaire systematisch gefoltert, öffent-
lich gehenkt oder den Krokodilen zum Fraße vorgeworfen

wurden – die Begeisterung der Familie Cahen für den Despoten kannte dennoch kaum Grenzen.

Dies änderte sich auch nicht, als im Zuge der Demokratisierungswelle in Afrika Anfang der 90er Jahre Mobutu international zunehmend isoliert wurde. Da kam dem Despoten das Massaker in Ruanda wie gerufen. Über 500 000 Tutsi wurden ermordet, Millionen Flüchtlinge strömten in den Osten Zaires, und die Hilfsorganisationen benötigten das Wohlwollen des Staatspräsidenten von Zaire. Frankreichs Staatspräsident Mitterand führte ihn daher aus seiner Isolation, mit deutlicher Unterstützung von Alfred Cahen. Cahen agierte in der Zwischenzeit nicht nur als Politiker und Diplomat, sondern galt gleichzeitig als enger Verbindungsmann zu verschiedenen Geheimdiensten. Dazu gehörten der zairische, amerikanische, französische, belgische, israelische, russische und jugoslawische Geheimdienst. Also ein Mann mit vielen Geheimnissen und ein Geheimnisträger.

Was haben diese Episoden zu bedeuten? Alfred Cahen setzt sich für seine Freunde ein, mögen sie auch Despoten und Verbrecher sein. Und genau dieser Mann ist häufig Gast bei Don Felix, sowohl in Tervuren wie in Antibes. Er ist, wie er selbst sagt, ein »guter Freund« von Don Felix. Erstaunlich, in welchem Umfang er sich in den letzten 15 Jahren für seinen Freund Felix stark gemacht hatte. Er führte ihn im belgischen Königshaus ein, appellierte an die Präsidenten von Costa Rica, Don Felix als Botschafter in Paris und später in Belgien zu ernennen. In seiner Funktion als politischer Generaldirektor des belgischen Außenministeriums schrieb er sowohl an den belgischen Botschafter in Costa Rica wie an Luis Alberto Monge, den costaricanischen Regierungschef, Briefe, in denen er Don Felix als »mon ami«, seinen guten Freund lobt, der zu Unrecht beschuldigt wurde, in Finanzvergehen verwickelt zu sein. »Er kennt unser Land sehr gut«, schreibt er in dem Brief. Und damit hat er, was die korrupten belgischen Verhältnisse betrifft, sicher Recht.

Immer wieder sorgte Alfred Cahen für seinen Freund Don

Felix, auch in kritischen Zeiten. Als im Zusammenhang mit der Lufthansaaffäre der belgische Untersuchungsrichter Pierre Lambeau gegen Don Felix ermittelte, sorgte Alfred Cahen gegen alle gesetzlichen Regeln dafür, daß er weiter unbehelligt agieren konnte. Es ging um sogenannte Dienstpässe der belgischen Regierung. Diese Spezialpässe garantieren dem Besitzer Immunität und dürfen nur belgischen Ministern ausgestellt werden. Als also im belgischen Außenministerium bekannt wurde, daß gegen Don Felix Ermittlungen im Gange waren, rief der für die Diplomatenpässe zuständige Botschafter im belgischen Außenministerium beim Untersuchungsrichter an. »Ich habe sofort die roten Diplomatenpässe sperren lassen. Aber noch am gleichen Tag hat er und seine Familie auf Anordnung von Alfred Cahen neue Spezialpässe erhalten. Ein Skandal.« So der Botschafter des Außenministeriums gegenüber dem Untersuchungsrichter Lambeau.

Nachdem Lambeau von diesem Vorgang erfuhr, setzte er die Polizei in Marsch, um nach diesen neuen, illegalen Pässen zu fahnden. Bei einem Sohn von Don Felix wurden sie fündig, während Don Felix selbst außer Reichweite war. Mit den Pässen, die ihm von Alfred Cahen ausgestellt wurden, war das nicht besonders schwierig. Lambeau sprach von »Sabotage des Gerichtsverfahrens«.

Warum das alles? Die Position des Botschafters eines so unbedeutenden Landes wie Costa Rica kann kaum ausreichen, um derartige Bemühungen verständlich zu machen. Offensichtlich hatte sich eine undurchschaubare Beziehung entwickelt, die nach allgemeinen Beobachtungen weit über das hinausgeht, was man für seine guten Freunde bereit ist zu unternehmen. Erst im Zusammenhang mit dem Sohn von Alfred Cahen wird deutlicher, weshalb ihm Don Felix so wichtig war.

Während sein Vater ein brillanter Stratege im diplomatischen Dienst war, begann Max-Olivier Cahen seine Karriere in den Politetagen der Sozialistischen Partei Belgiens. Und zwar bei jenen, die inzwischen wegen Korruptionsverdacht abtreten mußten. Gleichzeitig pflegte er enge Beziehungen zu Jean Christoph Mitterrand, dem Sohn des französischen Staatspräsidenten, der die Afrikapolitik Frankreichs bestimmte. Max-Olivier wird, weil er sich in Zentralafrika gut auskennt, Berater der belgischen Sozialisten für Afrika. Außerdem gründet er eine »Stiftung für Afrika«, in der Nachrichtendienste und Repräsentanten von Ölkonzernen mitmischen. »Max-Olivier Cahen«, heißt es in Washington, »ist ein bekannter Mann unter den hier aktiven Lobbyisten, Diplomaten und im Nachrichtendienst tätigen Personen, die sich mit afrikanischer Politik beschäftigen.« Max wurde sogar, was wohl auf die Verbindungen seines Vaters zurückzuführen war, ein wichtiger Vertreter der Pro-Mobutu-Lobby in den USA und in Europa. Nützlich waren seine guten Kontakte zur Clinton-Administration.

Dieser Max-Olivier Cahen suchte im Jahr 1995 den Rat von Don Felix. Doch nicht nur Rat, sondern auch aktive Unterstützung. »Er ist ein sehr guter Freund von mir, der sehr viele finanzielle Mittel zur Verfügung hat«, sagt Max-Olivier Cahen. Am 17. März 1995 schreibt er einen Brief in seiner Eigenschaft als Generalsekretär der »Fondation pour L'Afrique«. Adressat des Briefes ist Pascal Lossouba, seine Exzellenz der Präsident der Republik Kongo. Die einstige französische Kolonie grenzt an die ehemalige belgische Kolonie Zaire. Demnach habe Max-Olivier Cahen Don Felix aufgesucht, um mit ihm zu besprechen, wie man die Regierung der Republik Kongo mit ersehnten Hubschraubern ausrüsten kann. Bei diesem Brief handelt es sich um ein höchst aufschlußreiches Dokument. Denn hier wird aus einer internen Quelle belegt, welche Position Don Felix tatsächlich einnimmt, welche Rolle er im Hintergrund spielt.

Zitat: »Ich erlaube mir ihnen heute per Fax folgendes mitzuteilen: Nach meinem Abendessen gestern mit Herrn Felix kann ich Ihnen mitteilen, daß Herr Felix wirklich sehr an einem Überbrückungsdarlehen für ihre Aktivitäten interessiert ist. Ich werde diesen Samstag mit ihm in sein Büro in Genf gehen, um alles weitere zu veranlassen. Danach werde ich sofort nach Brazzaville kommen.« Einen Tag später schickt Max-Olivier Cahen ein handschriftlich verfaßtes Fax an den Präsidenten der Republik Kongo: »Weil ich mich in Genf mit Don Felix treffen werde, kann ich erst am Montag nach Brazzaville kommen.« Wenig später geht bei der Genfer Bank UBS ein Fax von Max-Oliver Cahen ein, worin er schreibt, daß ein Konto bei der UBS in Luxemburg in Höhe von fünf Millionen französischer Franc zugunsten von Christian Tavernier eröffnet werden soll. Tavernier ist der bekannteste belgische Söldnerführer. Handschriftlich wird auf dem Fax von Max-Olivier Cahen auch die private Telefonnummer von Don Felix in Genf geschrieben. Um was ging es bei dem Dinner und dem Projekt? Um die Finanzierung der von Lissouba gewünschten Kampfhubschrauber, mit denen dieser hoffte, den Bürgerkrieg im Kongo erfolgreich bestehen zu können. Und tatsächlich wurden die Hubschrauber, so Max-Olivier Cahen, via Ostende nach Brazzaville geliefert, wo sie dann im Bürgerkrieg auch eingesetzt wurden. Zumindest eine klare Erkenntnis läßt sich aus diesem Schriftverkehr ableiten: Don Felix geht nicht zu bestimmten Politikern, er wird vielmehr aufgesucht, man will seinen Rat hören und natürlich, Kapital für Investitionen locker machen.

Die Republik Kongo verfügt über riesige Vorkommen an Öl und Edelhölzern. Wer diesen Staat besitzt oder beeinflussen kann, wird reich. Deshalb lohnt es sich für die afrikanischen Potentaten und ihre Helfer in Europa, hier um Macht und Einfluß zu kämpfen. Um seine Interessen durchzusetzen, zahlte der Präsident der Republik Kongo an seine Lobbyisten viel Geld. Die wiederum sorgten in den USA dafür, daß hochangesehene Mitglieder des Senats gekeilt werden konnten. Ein solcher Lobbyist war Max-Olivier Cahen. Allein im Jahre 1994 zahlte der Präsident des Kongo mehrere Millionen Dollar an seine Lobbyisten, unter anderem an Max-Olivier Cahen. Als persönlicher »Berater« hatte Max-Olivier lange Zeit einen direkten Draht zu Präsident Pascal Lissouba. Er organisierte für ihn eine Reise in die USA und ein Treffen mit Präsident Bill Clinton. Danach wurde mit Vertretern amerikanischer Ölkonzerne wie Chevron und Exxon verhandelt. Auf Einladung von Alfred Cahen, der damals Botschafter Belgiens in Paris war, kam Lissouba am 13. Mai 1995 nach Paris, um sich mit französischen Politikern zu treffen. Auch diese Reise hatte Max-Olivier Cahen organisiert.

Ende 1995 wurde das harmonische Verhältnis zwischen Max-Olivier Cahen und Pascal Lissouba gestört. Cahen hatte inzwischen, aufgrund seiner intimen Kenntnisse aus geheimen Dossiers der US-Regierung und der Belgiens, erfahren, daß der Präsident geopfert werden sollte. Deshalb kündigte er Lissouba die Loyalität. Das geht aus einem weiteren Brief von Max-Olivier an Präsident Lissouba hervor: »Wenn Sie mit meinen Vorschlägen nicht einverstanden sind, werde ich dafür sorgen, daß Truppen in Ihr Land einmarschieren.« Und so geschah es auch. »Als ich gewählt wurde«, erzählt Lissouba, »fand ich die Staatskassen leer. Man mußte die Gehälter bezahlen, die Lehrer, damit die Schulen geöffnet werden können. Also habe ich mich an die Franzosen gewandt, die das Öl hier verwalten. Ich habe sie nicht darum gebeten, mir etwas zu geben. Ich habe vorgeschlagen zu verhandeln. Ich habe mir eine schallende Absage eingefangen.«

Max-Olivier Cahen hatte sich bis zur Aufkündigung der Zusammenarbeit nicht nur für den Präsidenten der Republik Kongo als Lobbyist betätigt, sondern setzte sich sowohl beim französischen Staatspräsidenten Jaques Chirac wie im Weißen Haus auch massiv für den zairischen Diktator Mobutu ein.

Insbesondere die französische Regierung war davon überzeugt, daß Mobutu gegen allen Widerstand gehalten werden mußte, selbst gegen massiven Widerstand aus der Bevölkerung. Max-Olivier Cahen pendelte daher zwischen Kinshasa, Paris, Brüssel und Washington hin und her, um Mobutu und seine Familie zu »beraten«. Was für ihn offensichtlich bedeutete, geheime Dokumente zu besorgen und sie dem Meistbietenden zu verkaufen.

So bot Max-Olivier Cahen dem Diktator Mobutu und seiner Familie Dokumente an, die als geheim klassifiziert waren – etwa den Bericht der US-Drogenabwehrbehörde DEA, in dem die Aktivitäten verschiedener Berater von Mobutu beschrieben wurden. Mobutu persönlich war vor allem an Dokumenten über Truppenbewegungen in Angola interessiert, die er als Gefährdung seiner Herrschaft empfand.

Im Frühjahr 1996 übergab Max-Olivier Cahen dem Diktator Mobutu die Übersetzung eines Telex, das von der belgischen Botschaft in Washington ins Brüsseler Außenministerium übermittelt worden war. Dabei handelte es sich um ein Protokoll der US-Regierung an die belgische Regierung. Es enthielt wichtige Informationen über das ins Straucheln geratene Regime von Mobutu. Für den Mobutu-Clan war es Gold wert. Jetzt konnte er gegen seine innenpolitischen Kontrahenten eine Desinformationskampagne einleiten. Und so schickte Max-Olivier Cahen eine Note an die US-Regierung, in der er zwei enge Mitarbeiter des zairischen Premierministers Kengo denunzierte. Er machte sie mitverantwortlich für die Verschiebung von Drogengeldern der südamerikanischen Kartelle, obgleich er doch noch kurz zuvor genau zu diesen Personen enge Bindungen pflegte. Als es jedoch zu finanziellen Auseinandersetzungen zwischen Premierminister Kengo Wa Dendo und Max-Olivier Cahen kam, griff er zum bewährten Mittel der Denunziation. Er besorgte streng geheime Dokumente der DEA, in denen über die Verwicklung des Kengo-Clans in den Drogenhandel berichtet wurde. Diese Dokumente verkaufte er einer Tochter von Mobutu, der Kengo als Konkurrenten betrachtete. Und er versprach ihr weiteres brisantes Material. Darunter ein als »streng geheim« klassifiziertes Papier über »die amerikanische Unterstützung für Ruanda«. Ein anderes behandelt »Angola und die Truppenbewegungen an der zairischen Grenze«. Für insgesamt drei solcher Dokumente forderte er 25 000 Dollar.

In einem Brief an eine Mobutu-Tochter schreibt Max-Olivier Cahen: »Ich habe eine der Personen des Pentagon gesprochen. Siehe zu, daß Du während des Wochenendes die Summe erhalten kannst. Falls nicht, denke an das Maximum, das Du geben kannst, und ich werde versuchen, eine Zahlung in zwei Monaten auszuhandeln.«

In der zweiten Hälfte des Jahres 1996 arbeitete Cahen nun eng mit der DIA, dem militärischen Geheimdienst der USA, zusammen. So schickte er am 12. Juli 1996 sowohl der DIA wie auch an Mobutu ein vertrauliches Papier. Es behandelte die Aktivitäten eines in Brüssel lebenden Repräsentanten von Katanga, dem Kupferzentrum Zentralafrikas. Demnach bereitete der Mann aus Brüssel »derzeit eine Militäroperation gegen Zaire vor«. Um solche delikaten Informationen zu bekommen und dann wieder verkaufen zu können, bediente sich Max-Olivier Cahen verschiedener Dienste, unter anderem auch jener von führenden Söldnern in Zaire. Einer von ihnen, Christian Taverniers, war, was niemanden wundert, ein Freund sowohl von Mobutu wie von Alfred und Max-Olivier Cahen.

Taverniers war Mobutus wichtigster Stratege im Kampf gegen die Rebellenbewegung von Laurant Kabila, die seit langem versuchte, das Regime von Mobuto zu stürzen. Weiße Söldner in Zentralafrika – das bedeutete seit der Unabhängigkeit des Kongo im Jahr 1960 stets Destabilisierung, Sabotage, Mord.

Christian Taverniers, der berühmteste heute noch lebende und agierende belgische Söldnerführer, kommandierte in Zaire bis zum bitteren Ende Mobutus eine berüchtigte Kampftruppe aus Serben, Kroaten, Russen, Polen, Belgiern und einer großen Zahl von Franzosen. Deren Lohn betrug zwischen 3000 und 5000 Dollar pro Monat. Die Gruppe verfügte über verschiedene Kampfflugzeuge und Hubschrauber. Christian Tavernier lebt heute unbehelligt in Brüssel, in einem hochmodernen Büro. Als Chefredakteur verschiedener Zeitungen, die weltweit für Söldner werben, ist er für Max-Olivier Cahen stets Ansprechpartner gewesen, wenn es darum ging, die Bodenschätze afrikanischer Länder auszubeuten, indem er und seine Söldner Diktatoren wie Mobutu unterstützten. »Wir wurden von belgischen Offizieren ausgesucht und von belgischen Minengesellschaften bezahlt«, erzählt mir Christian Tavernier.

Im September 1996, kurz vor der Offensive der Rebellenarmee, informierte Max-Olivier Cahen die Tochter Mobutus über die drohende Gefahr. »Was sich im Südosten von Zaire vorbereitet, ist sehr viel mehr als ein einfacher ethnischer Kampf. Die Informationen, die ich habe, sind präzise, und ich glaube, daß die Sicherheit Deines Vaters und von Zaire in Gefahr ist.«

Das verschwundene Gold

Derartige Informationen waren für den Mobutu-Clan tatsäch-
lich von unermeßlicher Bedeutung, denn so konnten sie eine
Zukunft ohne finanzielle Sorgen planen. Deshalb ließ der
Diktator vorsorglich einen Teil seines Geldes, des geraubten
Goldes und der gestohlenen Diamanten ins sichere Ausland
schaffen.

Im Mai 1997 wurde Mobutu entmachtet, nachdem die Rebellen des jetzigen Präsidenten Laurent-Desiré Kabila die
Hauptstadt eingenommen hatten. Mobutu floh mit seinen engsten Mitarbeitern aus dem Lande. Knapp vier Monate später
starb er in seinem Exil in Marokko an Krebs. Seine Familie
blieb unterdessen nicht untätig. Sie versuchte fortan, das Vermögen, vor allem das außer Landes gebrachte Gold des Vaters,
in harte Währung umzumünzen.

Nachdem Rebellenführer Laurent Kabila sich selbst zum
neuen Staatsoberhaupt erklärt hatte und Zaire in die »Demokratische Republik Kongo« umbenannte, stand seine Regierung schnell vor einem Trümmerhaufen. Deshalb fahndete sie
nach den Vermögenswerten, die der Mobutu-Clan ins Ausland
verschoben hatte.

Die Regierung Kabila verfaßte daher ein Rechtshilfeersuchen an die Schweizer Behörden und an die von Liechtenstein.
In einem Schriftsatz des Fürstlichen Landgerichts in Vaduz
heißt es mit Bezug auf Mobutus Vermögen: »Es wird ausgeführt, daß der Beschuldigte in seiner Funktion als Staatsoberhaupt erhebliche Beträge öffentlicher Gelder unterschlagen
und sich Güter zugeeignet hat, die im Eigentum des ersuchen-
den Staates stehen, insbesondere Geld, Diamanten, Gold aus

der Nationalbank, öffentlichen Banken, öffentlichen Versicherungsgesellschaften. Der Beschuldigte hat sich durch rechtswidrige Handlungen ein persönliches Vermögen angelegt, von dem lediglich ein Teil offen vorliegt, wie beispielsweise sein Besitz in Savigny sur Lausanne, sein Haus in Rocquebrune Cap Martin (Südfrankreich), seine Wohnungen in der Avenue Foch in Paris, seine Schlösser in Brüssel und Portugal.« Insgesamt dürfte sein Clan, so die Schätzungen, umgerechnet zwischen fünfzehn bis zwanzig Milliarden Mark außer Landes geschafft haben.

Im Rechtshilfeersuchen nicht erwähnt werden mindestens 100 Tonnen Gold, die sein Clan aus den zairischen Goldminen bereits seit 1994 ins Ausland verschoben hatte. Vergeblich suchen die Nachfolger des Diktators, die nicht weniger habgierig sind als ihr Vorgänger, nun auch nach diesem Gold.

Einen Teil könnten sie relativ einfach finden. Insgesamt einhundert Tonnen rohe Goldbarren ließ Mobutu nämlich über Mittelsmänner ins westafrikanische Gambia schaffen. Dort stapeln sich die Barren in altertümlichen Tresoren, in Kellerhöhlen und rostigen Lagerschuppen in und um Banjul, der Hauptstadt. Teilweise lagern die Goldbarren in Blechboxen. Preis pro Kilo: 18000 Mark. In bunten großen Plastikeimern steht außerdem das noch nicht eingeschmolzene Gold herum – Goldkörnchen, die durch die Hand rieseln.

Bewacht werden Gold und Diamanten von Angehörigen des Clans, dessen Chef gleichzeitig der größte Goldhändler in Westafrika ist. Er hat in Banjul ein eher mickriges Büro direkt im Zentrum der Stadt. Das einzige, was im zweiten Stock des Hauses, in dem die Büroräume liegen, auffällt, sind die Leibwächter, die stumm auf Holzschemeln herumsitzen.

In einer Art Werbebroschüre dieses Unternehmens heißt es: »Unser Unternehmen ist eine seriöse und über Jahre eingeführte Firma für den Goldaufkauf, die in ganz Westafrika einen renommierten Namen hat. Der Inhaber der Firma ist Afrikaner. Er ist Clanchef und somit in der ganzen Region als Respektsperson geachtet und in höchsten Regierungskreisen ein gerngesehener Mann. Er ist ein persönlicher Freund des Präsidenten.«

Der Clanchef ist aber auch der Wächter über das Gold von Mobutu, das die neue Regierung unter Kabila bislang vergeblich suchte. Im Herbst 1997 beauftragte er über einen deutschen Banker diverse Finanziers, in Vorkasse zu treten, damit die Goldbarren, jeweils zwischen 80 und 100 Kilo, nach Europa gebracht und in der Schweiz und Deutschland eingeschmolzen werden können, um dann, gegen eine Provision, den Gegenwert auf Konten des Mobutu-Clans nach Brüssel und in die Schweiz fließen zu lassen. Dazu wurde unter anderem die bereits 1986 gegründete Firma »Groupe Yoshad« mit Sitz im schweizerischen Martigny benutzt. Besitzer der Firma ist Mobutu-Kongolo, der älteste Sohn des Diktators. Die Behörden im Wallis wußten wahrscheinlich nicht, daß die Yoshad-Gruppe ein Ableger der Palastwache Mobutus ist und hauptsächlich mit Drogen, Waffen, Frauen und Autos handelte. Nach Aussagen des Schweizer Strohmanns sollte Yoshad nur eine Scheinfirma für allerlei Geschäfte sein, insbesondere für den Diamantenhandel. Bereits im Oktober 1994 bot dieser Mobutu-Ableger 100 Tonnen Gold zum Verkauf an und gab in einem Schreiben gleich die Kontonummer 243–405242 bei der Schweizer Bank UBS an.

Wer ist in der Lage, umgehend genügend Geld zur Verfügung zu stellen, um den Wunsch des deutschen Bankiers, das Gold aus Gambia schnell zu Geld zu machen, zu erfüllen? Und wer hatte die engen Verbindungen zum Mobutu-Clan? Im letzteren Fall niemand anderes als Max-Olivier Cahen und sein Vater. Und nach Aussagen des Goldhändlers in Gambia habe man ihm mitgeteilt, daß er »sich für die Finanzierung des Goldgeschäfts der Botschafter eines mittelamerikanischen Staates eingesetzt habe, der in Brüssel lebt«. Den Namen wollte oder konnte er nicht preisgeben.

Max-Olivier Cahen dürfte bis zum heutigen Tag gute Kontakte zu Don Felix haben. In einem Brief vom August 1999 berichtet er einem Freund über die neuen Aktivitäten von Don

Felix. Demnach habe dieser gute Beziehungen nicht nur nach Kolumbien und Venezuela aufgebaut, sondern auch nach Osteuropa. Max-Olivier schreibt: »Zusammengefaßt kann gesagt werden, daß er Kontakte mit seinen Freunden in Osteuropa aufgenommen habe. Zum Beispiel zu Nicolai, dem Boß von Lokomotive in Sofia und größten Waffenhändler der Region«. Tatsächlich ist dieser Nicolai Gigov nicht nur Präsident des Fußballclubs Lokomotive Sofia, sondern auch Unternehmer mit einer offiziellen Lizenz zum Waffenhandel. Außerdem werden, in einer weiteren Passage, auch in diesem Brief Don Felix Kontakte zur russischen Mafia, unter anderem auch zu Semion Mogilevich, nachgesagt. Ob diese Behauptungen zutreffen oder nur erdichtet sind, läßt sich nicht beweisen.

Das Netzwerk der Russenmafia

Wenn von der Kontinuität der internationalen Netzwerke die Rede ist, darf spätestens seit Mitte 1990 die wichtigste kriminelle Supermacht, die sogenannte Russenmafia, nicht fehlen. Man muß nicht lange suchen, um die Verbindungen zu Don Felix aufzuspüren. Es dürfte wohl nicht vollkommen aus der Luft gegriffen sein, was das Bundeskriminalamt zu wissen glaubt: Don Felix soll als einer der Großen in der Exilrussenmafia in Europa gelten. Hat er tatsächlich Verbindungen zur osteuropäischen Organisierten Kriminalität? Hat er dazu beigetragen, daß deren Netzwerk in Europa heute so perfekt funktioniert, daß die mächtigen Paten zu diplomatischen Ehren gelangt sind, daß sie sogar hohe europäische Politiker unter Kontrolle haben? Oder ist alles nur ein Gerücht?

Sicher ist, daß primitive kriminelle Aktivitäten wie Mord, Raub, Erpressung, Drogen- und Waffenhandel längst nicht mehr die wichtigste Domäne der kriminellen Syndikate aus der ehemaligen UdSSR sind. Sie dirigieren den Markt für Erdöl genauso wie den für Gold oder Diamanten und sind die Stütze der wirtschaftlichen und politischen Systeme in den Ländern der ehemaligen UdSSR geworden. Und sie haben erfolgreich ihre Fangarme nach Europa ausgestreckt.

Jüngstes Beispiel: Seit dem Frühjahr 1999 beobachten Fahnder der hessischen Polizei bekannte kriminelle Größen aus Polen und Rußland, die sich ungeniert im Luxushotel Arabella in Frankfurt tummeln. Schwarze Mercedeslimousinen fahren vor, gediegene Geschäftsleute in schwarzen Seidenanzügen steigen aus. Sie treten auf, als sei das Hotel ihr Eigentum, neben sich Leibwächter, die sie abschirmen. Die Sitzgarnituren in der Empfangshalle vor den großen Glasfenstern mit Blick auf die Konrad-Adenauer-Allee meiden sie wie die Pest. Niemand weiß genau, was sie vorhaben. Ein kurzer Blick auf die goldene Rolex, sie flüstern untereinander. Es scheint ein Treffen anzustehen. Dann fällt den Sicherheitsbeamten des Hotels ein Mann auf, der sich an unterschiedlichen Tagen mit diesen russischen »Geschäftsleuten« trifft, ganz konspirativ. Eher verschämt läuft der Mann durch die Drehtür des Hotels, schaut sich verstohlen um. Er wirkt äußerst seriös. Die selbstherrlich auftretenden Männer aus Moskau passen eigentlich nicht zu ihm. Dieser Eindruck ist wie weggewischt, als er mit seinem Vornamen Gérard angesprochen wird und man sich herzlich begrüßt. Der Mann ist von Luxemburg nach Frankfurt gekommen, soll mit drei Millionen Mark verschuldet sein. Er ist der Präsident der luxemburgischen Rechnungskammer – ein Geheimnisträger. Gesprochen wird in Frankfurt über geschäftliche Transaktionen, erfolgreich, wie zu erfahren ist.

Allein im Jahr 1997 hat der Präsident der Rechnungskammer über fünfzig private Reisen in den Osten unternommen, die er immer als berufsbedingte Aufwendung abrechnete. Die Gegenleistung: Seine Geschäftspartner von der Mafia durften unbehindert in seine Büros kommen und von dort aus ihre Geschäfte steuern. Bei der Rechnungskammer handelt es sich immerhin um eines der wichtigsten Kontrollorgane des Staates. Zu ihren Aufgaben gehören die Überwachung des Staatshaushalts, die Überprüfung der Gesetzmäßigkeit und Genauigkeit der staatlichen Ausgaben sowie die Versorgung des Parlaments mit Informationen zur Wahrnehmung von dessen Kontrollbefugnissen gegenüber der Regierung. Die Mafia hat die Spitzen der Politik auch in Europa erreicht.

Besonders aufschlußreich ist ein anderer Vorgang im Zusammenhang mit der Russenmafia, der wiederum in Belgien seinen Ausgangspunkt hat. Leon Michel, jener belgische Millionär, der nicht nur in der Agusta-Affäre Erwähnung fand, sondern auch Gast bei Don Felix in Antibes war, hatte eine Verbindung zu einem gewissen Gabriel U. Dessen Name fiel bei den belgischen Polizeibehörden bereits im Zusammenhang mit den Ermittlungen gegen den korrupten Ex-Minister Van der Biest und sein kriminelles Umfeld, zu dem auch Leon Michel enge Beziehungen pflegte. Gabriel U. und seine beiden Brüder sind tonangebende Geschäftsleute in Lüttich, mit engen Verbindungen zur Sozialistischen Partei, der sie von Zeit zu Zeit auch finanziell unter die Arme greifen.

20. September 1996. Gabriel U. wartet im Brüsseler Hotel Konrad auf einen russischen Unternehmer, der aus Genf eintreffen soll. Sein Name: Sergej Michailow. Als Michailow auf dem Flughafen Zaventem ankommt, wird er von der Polizei observiert, die wissen will, mit wem er sich in Brüssel trifft. Nach Einschätzung europäischer Polizeibehörden ist er einer der mächtigsten Paten der Russenmafia. Sergej Michailow fährt vom Flughafen in einem Rolls-Royce direkt ins Brüsseler Stadtzentrum zum Hotel Konrad. Laut Observationsbericht wird er von Gabriel U. begrüßt. Der stellt Sergej Michailow noch andere Gäste vor. Unter anderem Grigori C., einen ehemaligen hohen Offizier der GRU, des russischen militärischen Geheimdienstes. Nach Aussagen von Teilnehmern des Treffens im Konrad-Hotel, haben U. und Michailow »über eine Menge Investitionen in Belgien« gesprochen, denn Michailow hat große Pläne – er will sich an lukrativen Geschäften von U. in Lüttich beteiligen, etwa an einem neuen Spielkasino. Sergej Michailow erzählt seinem belgischen Freund, er habe besonderes Interesse daran, Geschäftsverbindungen zur staatlichen Rüstungsfirma FN aufzubauen. Repräsentanten von FN treffen ihn bereits am nächsten Tag, vermittelt wiederum von U., der selbst beste Kontakte zu Waffenhändlern in Spanien hat. Wenige Tage später trifft sich Gabriel U. erneut mit Michailow, diesmal im Noga-Hilton Hotel in Genf. U. schlägt dem Paten vor, über seine Kontakte zu anderen russischen Mafiosi Firmen zu gründen. Außerdem sprachen sie über Waffenlieferungen für Libyen und Syrien. In Genf mit dabei ist ein anderer wichtiger Mann. Sein Name: André D. Ein französischer Unternehmer, der lange Zeit hauptberuflich für den französischen

Nachrichtendienst gearbeitet hat und inzwischen als Botschafter Liberias bei der Internationalen Atomenergiebehörde in Wien akkreditiert ist. Auch diesen Kontakt hat Gabriel U. eingefädelt. Auf Nachfrage bei der Internationalen Atomenergiebehörde zu André D. heißt es, daß er am 16. Oktober 1995 von Liberia als Botschafter zwar bei der Internationalen Atomenergiebehörde akkreditiert sei, aber die Kontakte außerordentlich gering seien. Denn Liberia sei in keine Atomprogramme involviert.

Durch eine Aussage des Bruders und Geschäftspartners von Gabriel U. im Mai 1999 erscheinen nun die Vorgänge um die Ermordung von André Cools in einem neuen Licht. Er gab der Lütticher Polizei zu Protokoll, daß sein Bruder Gabriel den Auftrag zum Mord an André Cools persönlich erteilt habe. Außerdem habe der Mord in Verbindung mit suspekten Beziehungen aus dem Umfeld von Cools zu russischen Geschäftsleuten und Ex-KGB-Mitarbeitern gestanden. Seit langem vermuteten die Beamten, daß es solche Verbindungen gab. Nun liegt der erste konkrete Beweis vor. Tatsächlich hatte sich André Cools bereits seit Mitte 1990 häufiger mit »russischen Geschäftsleuten« aus Moskau getroffen, darunter Angehörigen des Ex-KGB. Zu Zeiten der Sowjetunion war er Vizepräsident des Freundschaftsvereins Belgien-Sowjetunion. Was er mit diesen Leuten im Sinn hatte, ist bis heute ein Rätsel. Aber vielleicht löst es sich, wenn der Kronzeuge der Polizei seine Karten auf den Tisch legt und dabei noch überlebt.

Das alles geschah in einer Zeit, als die Russenmafia im Begriff war, ihre Infrastruktur in Brüssel und Antwerpen auszubauen. Als ersten Schritt gründeten Ex-KGB-Angehörige und Angehörige der alten Nomenklatura eine Vielzahl von Firmen. Die seit Anfang der neunziger Jahre stetig aus dem Osten eindringenden kriminellen Organisationen fanden einen fruchtbaren Boden für ihre Aktivitäten, zumal die Ermittlungsbehörden vollkommen ahnungslos waren und sich niemand ernsthaft mit dem neuen Problem der Infiltration der belgischen Gesellschaft durch russische Gangster auseinandersetzte. Was konnten die Polizeibeamten auch ausrichten, wenn ihre Ermittlungsergebnisse über die kriminellen Paten in Antwerpen bei ihren Vorgesetzten ungehört blieben. Wurde Belgien wegen seines korrupten Machtapparates ein sicherer Hafen für mafiose Syndikate, so ist Antwerpen der ideale Ort für Geldwäsche, weil mindestens achtzig Prozent des Rohdiamantenhandels und fünfzig Prozent der Geschäfte mit geschliffenen Diamanten über Antwerpen laufen.

Im zweiten Schritt wurden von Unterweltgrößen aus Rußland, der Ukraine und Georgien die Kontakte zu bereits in Belgien lebenden Russen ausgebaut, vor allem zu Diamantenhändlern in Antwerpen, die für ihre Empfänglichkeit für schnelles und kriminelles Geld bekannt waren. Geldwäsche durch Diamanten – es gibt kaum eine bessere Methode, denn Diamantengeschäfte sind fast immer Bargeldschäfte. Und die Diamanten sind leicht wieder zu verkaufen – ebenfalls als Bargeldgeschäft.

Die Konsequenz: Bereits Anfang der neunziger Jahre war in Belgien eine perfekte kriminelle Infrastruktur vorhanden. Don Felix mußte nach Polizeiinformationen in diese Infrastruktur aktiv einbezogen sein. Wenn es richtig ist, daß er sich dafür einsetzte, Anfang der neunziger Jahre ein Netz von russischen Honorarkonsuln aufzubauen, die in wichtigen Städten Rußlands und Osteuropas ihren Sitz haben, dann wäre das ein logistisches und strategisches Meisterstück. Wäre es falsch zu behaupten, daß er der geistige Urheber der strategisch plazierten Vergabe solcher Posten ist? »Nein, so sehen wir das auch«, sagen mir Beamte der Brüsseler Polizei, zuständig für die Bekämpfung des organisierten Verbrechens aus dem Osten. Handfeste Beweise dafür fehlen ihnen bis jetzt jedoch, weil sie nicht ermitteln dürfen.

Bestimmte Menschen aus unterschiedlichen kriminellen Bereichen scheinen unabhängig von Zeit und Ort immer wieder aufeinanderzutreffen, sich magnetisch anzuziehen. So bestehen auch Verbindungen zwischen Max-Olivier Cahen und

H.G., einem anderen belgischen Geschäftsmann. H.G. hatte
Sergej Michailow erstmals in die belgische Szene eingeführt.
Er selbst war bereits seit geraumer Zeit tief ins politisch-
kriminelle Milieu in Belgien verstrickt, arbeitete jedoch
gleichzeitig als Informant für die Polizei. Gegenüber Brüsseler Polizeibeamten sagte er aus, daß es Don Felix persönlich
gewesen sei, der dafür gesorgt habe, daß Sergej Michailow
den Posten eines costaricanischen Honorarkonsuls in Moskau
erhielt. Was ist aber eine solche Aussage wert? Für sich alleine
genommen nichts. Die Aussage des belgischen Geschäftsmanns wird erst dann wertvoll, wenn es weitere Zeugen gibt,
die den gleichen Sachverhalt bestätigen. Und genau das behauptet die Brüsseler Polizei. Sie verweist gleichzeitig darauf,
daß auch Interpol die Erkenntnis vorliegen müsse, wonach
sich Don Felix dafür eingesetzt habe, daß die mutmaßlichen
Paten der Russenmafia Honorarkonsuln von Costa Rica
wurden.

Deshalb ist die Brüsseler Polizei davon überzeugt, daß Don
Felix nicht nur für Sergej Michailow ein gutes Wort einlegte,
sondern auch für andere Paten der Russenmafia, die fast zeit-
gleich wie Sergej Michailow Honorarkonsuln von Costa Rica
wurden.

Um sich für die neuen kriminellen Oligarchen Rußlands
einzusetzen, sie mit diplomatischen Würden zu beglücken,
müßte sich Don Felix keineswegs aus seiner Villa in Tervuren
herausbewegen. Wahrscheinlich genügt ein kurzer Anruf in
der Casa Amarila, dem Außenministerium in San José, oder
beim Ex-Vizekanzler von Costa Rica Carlos Riverra Bianchi-
ni – und schon werden russische Paten als Diplomaten akkreditiert. Tatsächlich erhält Sergej Michailow am 4. Februar
1994 den begehrten Diplomatenpaß. Dabei hatte es heftigen
Widerstand gegen die Berufung von Michailow gegeben.
Und das, obwohl insbesondere Jorgé Alfredo Robles, der
Botschafter Costa Ricas in Moskau, sich sowohl mündlich
wie schriftlich gegen die geplante Ernennung ausgesprochen
hatte.

Außenminister Bernd Niehaus, der gleichzeitig Vertrauens-anwalt der deutschen Botschaft in Costa Rica ist, kümmerte sich genausowenig um die Proteste aus Moskau wie Regie-rungschef Rafael Angel Calderon. »Da hat jemand gewaltigen Druck auf den Außenminister ausgeübt«, sagt man hinter vor-gehaltener Hand aus dem Umfeld des Moskauer Botschafters. »Michailow wurde mir während eines israelischen Empfangs in San José als wohlhabender russischer Unternehmer vorge-stellt«, sagt der Mann, der für die Akkreditierung Michailows verantwortlich war.

Der Moskauer Rechtsanwalt von Sergej Michailow wieder-um erzählt: »Er hatte große Pläne zur Entwicklung der wirt-schaftlichen Zusammenarbeit zwischen Moskau und Costa Rica. Es war möglich, Bananen und tropische Früchte per Schiff aus Costa Rica nach Moskau zu transportieren. Er be-schloß Ehrenkonsul zu werden, um das Monopol für diese Exporte zu bekommen und diese Arbeit zu koordinieren. Das wäre Business höheren Ranges gewesen.«

Wer Honorarkonsul eines Landes werden will, muß be-stimmte Investitionen in der dortigen Wirtschaft tätigen oder Immobilien kaufen und Arbeitsplätze schaffen. Bis zum heu-tigen Tag weiß in Costa Rica niemand, wo die Paten mit Di-plomatenpässen etwas investiert oder gar Arbeitsplätze ge-schaffen haben. Was Sergej Michailow angeht, könnte er mit seinem Geld fast jede beliebige Staatsbürgerschaft oder Eh-renkonsul-Titel in vielen Ländern kaufen. Doch seine Wahl fiel ausgerechnet auf Costa Rica. Denn das Land spielt gerade für die Bosse der von Sergej Michailow geführten Soln-zewskaja-Organisation und der mit ihnen in Beziehung ste-henden Geschäftsleute der russischen Schattenwirtschaft eine besondere Rolle.

Die Organisation Solnzewskaja, benannt nach der Stadt Solnzewo bei Moskau, ist die größte russische kriminelle Organisation. Sie zählt ungefähr 5000 Mitglieder und hat Fili-alen in Europa, Lateinamerika und den USA. Zu ihren krimi-nellen Tätigkeitsbereichen gehören unter anderem Schutzgelderpressung, Raub, Mord, Waffen- und Drogenhandel, Antiquitätenschmuggel, Wertpapierfälschungen und Betrug. Costa Rica ist für die Paten der Solnzewskaja nicht wegen des Kaffees oder der Bananen interessant, sondern wegen des Kokains. Deshalb trafen im Sommer 1995 führende russische Mafiosi, auch aus der Solnzewskaja-Organisation, in San José mit Repräsentanten des Kokainkartells aus Kolumbien zusammen. Es wurden verschiedene Möglichkeiten diskutiert, größere Kokainlieferungen nach Rußland und Europa zu organisieren. Nach dem Treffen gründeten »Unternehmer«, die mit der Solnzewskaja in Verbindung stehen, gemeinsame Handelsfirmen in Costa Rica, Kolumbien und Panama.

Wenige Monate nach seiner Akkreditierung als Honorarkonsul Costa Ricas in Moskau sieht man Sergej Michailow in einem Moskauer Nobelrestaurant. Dieses Restaurant mit Namen »Silbernes Zeitalter« ist beliebt bei Diplomaten, Politikern und Geschäftsleuten. Sergej Michailow feierte nachträglich seine Berufung zum Honorarkonsul von Costa Rica. Nicht anwesend waren Shabtai Kalmanovich, der ebenfalls zum Honorarkonsul in St. Petersburg ernannt wurde und enge Beziehungen zu Sergej Michailow hatte, und die zu diplomatischen Weihen gelangten Anatoly K., Honorarkonsul in Budapest, oder Vadim C., Honorarkonsul in Genf und Salzburg.

Das Netzwerk von Honorarkonsuln für Costa Rica ist an strategisch wichtigen Plätzen in Europa installiert, wobei einige dieser Honorarkonsuln in verschiedenste kriminelle Aktivitäten verstrickt sind. Sie verwalten immense Summen von Kapital aus legalen und kriminellen Geschäften, sind Schlüsselfiguren der Organisierten Kriminalität und werden bereits seit langem von der europäischen und amerikanischen Polizei beobachtet.

Wußte Don Felix etwa nicht, wer zum Beispiel Sergej Michailow in Wirklichkeit war? Ein solches Argument wäre ziemlich unglaubwürdig, vor allem angesichts der guten Beziehungen, die Don Felix und seine Freunde zu westlichen Nachrichtendiensten unterhielten. Diese füllen nämlich komplette Aktenordner mit Berichten über die Aktivitäten der kriminellen Paten, die nun Honorarkonsuln geworden sind. Aber neue kriminelle Organisationen bedeuten neue Märkte, und die Repräsentanten dieser einflußreichsten Macht in Rußland mußten in die Gesellschaft integriert werden. Mit seinem genialen Geschäftssinn dürfte Don Felix dies erkannt haben. Eine zweite Erklärung bietet sich ebenfalls an. Es ist bekannt, daß die meisten dieser Führungspersonen auf die eine oder andere Weise mit Nachrichtendiensten zusammenarbeiten: Michailow beispielsweise mit dem russischen Geheimdienst, Semion Mogilevich mit dem israelischen Mossad, Kalmanovich mit dem amerikanischen CIA. Eine solche Kooperation liefert den Nachrichtendiensten wichtige Informationen und verhindert jegliche Strafverfolgung der kriminellen Paten.

Das führt wieder zur Rolle von Don Felix. Fünfzehn Jahre, nachdem er im Zusammenhang mit der Lufthansa-Affäre zum letzten Mal ins Visier der Behörden geriet, wurde wieder polizeilich gegen ihn ermittelt.

Das Bundesministerium für Inneres in Wien verfaßte nämlich am 4. Juli 1995 ein Schreiben an die Belgische Botschaft in Wien und das Bundeskriminalamt. Es geht um »Ermittlungen im Zusammenhang mit Don Felix und der Russenmafia«. Auslöser des Schriftverkehrs war eine Anfrage aus dem BKA, wonach der ehemalige polnische Staatsangehörige Don Felix als »hochrangiges Mitglied innerhalb der Russischen Organisierten Kriminalität bezeichnet wurde«. Wenig später folgt ein neuer Hinweis. Demnach habe es am 8. Juni 1995 eine Information des BKA gegeben, »daß Don Felix als einer der Großen in der Exilrussenmafia gelten soll«. Diese Meldung stammte vom BKA-Verbindungsbeamten in Moskau, der sich auf einen glaubwürdigen Informanten berief. Deshalb tauchte Don Felix in der BKA-internen Datei APOK auf.

Am 26. Juni 1995 erreicht die Österreicher eine weitere Meldung des Bundeskriminalamtes. »Hier wurde Don Felix wieder als einer der Großen in der Exilrussenmafia bezeichnet. Beiliegend war eine Liste von kriminal- bzw. staatspolizeilichen Vormerkungen in Deutschland (Waffenhandel, Drogenschmuggel, Uranschmuggel u.a.m.).« Soweit die Zitate aus dem österreichischen Polizeibericht. Aufgrund der Angaben des BKA wird Don Felix von der österreichischen Polizei überprüft. In schöner Amtssprache wird da behauptet: »Zu seiner Person wurden Vorakte betreffend Waffen- und Suchtgifthandels vorgefunden, konkrete Anhaltspunkte zur Russischen Organisierten Kriminalität waren aber hier nicht enthalten.«

Denn drei Jahre später, im September 1998, beschäftigt sich das Wiener Innenministerium, genauer die Abteilung zur Bekämpfung des Organisierten Verbrechens, EDOK, in einem Lagebericht erneut mit Don Felix. In diesen drei Jahren sind demnach neue Informationen bei den Wiener Ermittlern eingegangen. So behauptet dieser Lagebericht aus dem Innenministerium mit dem Titel »Kriminelle Organisationen aus Odessa«: »Der gegenständliche Lagebericht enthält eine detaillierte Zusammenfassung sämtlicher Vormerkungen der kriminellen Organisationen aus Odessa, einschließlich der in Österreich wohnhaften, der Organisation nahestehenden Kontaktpersonen.« In diesem Bericht steht Don Felix an prominenter Stelle im Zusammenhang mit der Russenmafia. Inzwischen haben zumindest einige Polizeibehörden erkannt, wie groß die Gefahr der kriminellen Oligarchen aus dem ehemaligen Herrschaftsbereich der Ex-UdSSR für die demokratische Ordnung in Westeuropa geworden ist. Diese wurde vor allem durch Informationen ausgelöst, wonach die Schlüsselindustrien und das Bankensystem Rußlands und der Ukraine weitgehend in die Hände der Mafia geraten sind.

Freispruch

Europa ist ein idealer Anlageplatz für kriminelle Gelder aus diesen Geschäften. Laut Internationalem Währungsfonds beträgt die Kapitalflucht aus Rußland pro Jahr rund zwölf Milliarden US-Dollar. Der Chef des britischen »National Criminal Intelligence Service« schätzt unter Hinweis auf russische Quellen die jährliche Kapitalflucht aus Rußland auf rund 20 Milliarden US-Dollar. Nach Angaben eines Mitarbeiters der russischen Staatsduma werden bei ausländischen Banken jährlich 20 bis 25 Milliarden Dollar auf die Privatkonten der russischen »Unternehmer« einbezahlt, also insgesamt 150 bis 200 Milliarden Dollar. Anatoli Kasarina, Mitarbeiterin der Staatsanwaltschaft Rußlands, spricht von 180 bis 200 Milliarden Dollar, die allein im Zeitraum von fünf Jahren ins westliche Ausland ausgeführt wurden. Und der ehemalige Pressesprecher Jelzins, Pawel Wostschanow, ist überzeugt, daß es in Rußland überhaupt kein sauberes Geld gibt. Wostschanow behauptet, es existiere in Rußland kein bedeutender Geschäftsmann, der nicht mit der Mafia verbunden sei. Mit dieser Erkenntnis steht er nicht allein. Einigkeit bei allen polizeilichen Dienststellen in Europa herrscht auch darüber, daß der Geldwert der ins Ausland verschobenen Werte die russische Staatsverschuldung bei weitem übertrifft. Ausgewiesene Fachleute sprechen von über 1000 Milliarden Dollar.[22]

Allein in der Schweiz hat die Russenmafia in den letzten sieben Jahren mindestens zehn Milliarden US-Dollar deponiert. Genf wiederum ist ein beliebtes Ziel russischer Geschäftsleute, die oft auf Einladung einer Firma zum Beispiel aus dem Finanzbereich kommen. »Hier gibt es viele Gesellschaften, die direkt oder indirekt von den Russen beherrscht werden«, bestätigt der Genfer Untersuchungsrichter Laurent Kasper-Ansermet. Nicht nur in Genf treffen die Mafiosi aus der ehemaligen UdSSR jene Schweizer Bürger, die ihr Fachwissen kriminellen Organisationen zu Verfügung stellen. Die schwarzen Schafe sind vor allem im sogenannten Parabanken-Sektor zu finden, also unter Treuhändern, Anwälten, Vermögensverwaltern, in Wechselbüros, aber auch bei kleinen Finanzinstituten.

Honorarkonsul Sergej Michailow, der in Genf viel Geld investieren wollte, wurde im Oktober 1996 ebendort verhaftet. »Er kam mit der Vorstellung hierher, seine Kinder auf die Schule zu schicken, auf ein Schweizer Internat, um ihnen eine Ausbildung auf hohem Niveau zu verschaffen. Und dann hat ihm das Land gefallen und er wollte hierbleiben«, sagt einer seiner Genfer Rechtsanwälte.

Zuvor lebte er zwei Jahre lang unbehelligt in Wien. Seine Nachbarn wußten zu berichten, daß er eine bildhübsche Frau habe und zwei entzückende kleine Kinder – ein unauffälliger Geschäftsmann, der zu Wohlstand gekommen sei. In Wien und Genf führte er aufschlußreiche Gespräche mit äußerst interessanten Persönlichkeiten. Zum Beispiel einem gewissen Michael C. Michael C. und sein Bruder Lev gelten als bedeutende Figuren in der russischen Organisierten Kriminalität. So wurde ein Video in Moskau bekannt, das Michael C. zusammen mit einem mehrfachen Mörder und Mafiaboß in Tel Aviv zeigte. Über Lev C. wiederum schreibt das FBI, daß er zusammen mit seinem Bruder Michael »Teil der kriminellen Unterwelt in Usbekistan war, bevor er nach Moskau ging«. Dort sei er Präsident eines Joint-Venture-Unternehmens, das von Mitgliedern der russischen kriminellen Gemeinde gegründet wurde. Nach Informationen des russischen Innenministeriums fälschten sie Anfang der neunziger Jahre Dokumente, um Bankkredite zu erhalten, mit denen sie Aluminium in Rußland einkauften.

Das Schweizer Bundesamt für Polizeiwesen spricht darüber hinaus von Geldwäsche in großem Umfang. Deshalb ermittelt inzwischen auch die Genfer Staatsanwaltschaft gegen die beiden Brüder. Weil sie durch Korruption und Erpressung der Betriebsdirektoren und Behörden die Möglichkeit hatten, Aluminium billig einzukaufen und zu weitaus höheren Weltmarktpreisen zu verkaufen, flossen Hunderte Millionen Dollar auf ihre Konten in der Schweiz. Jetzt kontrolliert eine ihrer unzähligen Firmen sogar die größte russische Aluminiumfabrik, die 1993 privatisiert wurde. Wer soviel Macht anhäuft, braucht politische Unterstützung. Was dazu führte, daß Lev C. zusammen mit der wichtigsten »kriminellen Autorität« in Sibirien, Anatoly B., den Wahlkampf eines als integer geltenden Mannes finanzierten: Ex-General Alexander Lebed, der Gouverneur von Krasnoyarsk in Sibirien werden wollte. Nachdem Lebed jedoch erfahren hatte, wer ihn unterstützte, trennte er sich von Anatoly B. Heute kontrollieren die C.-Brüder, direkt oder indirekt, den größten Teil des Weltmarktes für Aluminium über Gesellschaften in Rußland, der Schweiz, Monaco, Gibraltar, den Bahamas, Zypern und den britischen Kanalinseln.

Nach dem Treffen Michailows mit Michael C. in Genf fand in Wien unter seiner Leitung eine Versammlung von insgesamt 20 Paten aus Rußland, der Ukraine und Ungarn statt. Die illustre Runde widmete sich der Klärung der Frage, wer Nachfolger des in Moskau ermordeten Mafiabosses Otar Kwantriaschwilli werden sollte. Weitere Themen: die Kontrolle Hunderter von Spielcasinos, die in Moskau und Umgebung seit der Perestroika wie neonfarbene Sterne am neuen kapitalistischen Himmel erstrahlen. Über einen anderen Diskussionsbeitrag der Konferenz berichtete die Moskauer Tageszeitung *Iswestija*: »Ein Thema des Wiener Paten-Treffens war das Problem des Zusammenlebens mit den kaukasischen Mafiaclans. In Wien wurde die Taktik der langsamen Verdrängung dieser Gegner aus rein russischen Städten beschlossen. Besonders hartnäckige Gegner sollen mit Hilfe bestellter Killer liquidiert werden.«

Nach seinem Aufenthalt in Wien zog es Sergej Michailow mit Familie in die Schweiz, an den Genfer See. Diese Entscheidung sollte ihm zum Verhängnis werden. Wahrscheinlich hat er nach den Erfahrungen in Österreich damit gerechnet, auch in der Schweiz sicher zu sein. Doch die Genfer Staatsanwaltschaft warf ihm unter anderem »Mitgliedschaft in einer kriminellen Vereinigung« vor.

Wer ist dieser Honorarkonsul Sergej Michailow eigentlich? Er hatte es geschafft, vom Kellner eines Moskauer Restaurants in den Sowjetzeiten heute zum Führer der größten kriminellen Organisation Rußlands, der Solnzewskaja, aufzusteigen. Eine Karriere wie aus dem Bilderbuch. Das Vermögen des »erfolgreichen Unternehmers«, wie ihn sein Brüsseler Anwalt nennt, wird auf mindestens 40 Millionen Dollar geschätzt. Für internationale Polizeibehörden, ob in Israel, USA, Kanada, Spanien, Österreich, Deutschland oder der Schweiz, ist und bleibt er einer der »mächtigsten Paten des kriminellen Syndikates Solnzewskaja«.

Sergej Michailow wurde in Genf von prominenten Rechtsanwälten vertreten. Einer davon war Raymond Clark, der ehemalige amerikanische Justizminister, der sich auch propagandistisch für Michailow vehement einsetzte. Er nahm unter anderem in Moskau an einer Pressekonferenz teil, auf der zusammen mit anderen Rechtsanwälten von Sergej Michailow dessen sofortige Freilassung gefordert wurde. Und sein Brüsseler Anwalt, der gleichzeitig Vorsitzender der Rechtsanwaltkammer war und bereits für Felix-Freund Paul Vanden Boeynants in die Bresche gesprungen war, erklärte mir im Brustton der Überzeugung: »Herr Michailow ist so nett und so harmlos wie Sie. Sie könnten sein Bruder sein. Keiner kann verstehen, daß er ein Bandit sein soll oder ein Mensch, der mit einer Maschinenpistole in eine Bank gehen würde. Man beschuldigt ihn, ein extrem intelligenter Geschäftsmann zu sein, der die Gesetze umgeht und deshalb ein großer Übeltäter sei.«

Wie prominent der mutmaßliche Pate Michailow in Rußland gewesen sein muß, geht aus den Notizen eines Schweizer

Mitgesellschafters hervor. In einem als vertraulich gekennzeichneten Schreiben der S.C.F.I-Holding, vom 19. Oktober 1996, an einen der Genfer Rechtsanwälte von Sergej Michailow heißt es: »Monsieur Michailow war bekannt mit Herrn Gorbatschow und seiner Frau. Als wir in Moskau ankamen, wurden wir mit Polizeifahrzeugen, mit Blaulicht und Sirenen, durch die Stadt eskortiert. Wir wurden vom Moskauer Vizeminister Evtouschenkow empfangen. All diese Dinge zeigen die Bedeutung von Michailow, der eng mit dem herrschenden politischen Milieu unter Präsident Jelzin verbunden war.«

Mit diesem Schreiben wollten Michailows Geschäftspartner glaubhaft machen, daß ihr Partner kein Krimineller ist, sondern ein äußerst angesehener Unternehmer, der sogar noch kurz vor seiner Verhaftung einen Kredit in Höhe von 150 Millionen US-Dollar von der Pariser Bank Société Générale erhalten sollte.

Anfang Dezember 1998 begann in Genf der Prozeß gegen ihn, u. a. »wegen Mitgliedschaft in einer kriminellen Vereinigung« und »Paßvergehens«. Noch vor Prozeßbeginn schrieb die Moskauer Wirtschaftszeitschrift *Kommersant Blast:* »Weil in der Schweiz wirklich Demokratie herrscht, wird dieser Prozeß den russischen Sicherheitsstrukturen zeigen, wie man gegen die Mafia kämpft.«

Das Verfahren vor dem Geschworenengericht dauerte vierzehn Tage. Bereits zu Prozeßbeginn wurde deutlich, daß der Untersuchungsrichter Georges Zechin zu selbstsicher war. Er lehnte eine internationale Zusammenarbeit bei den Vorermittlungen weitgehend ab, weigerte sich sogar, viele belastende Dokumente in das Verfahren einzuführen. Nachdem bereits alle Versuche von Michailows Verteidiger gescheitert waren, ihren Mandanten aus der zweijährigen Untersuchungshaft zu entlassen, war sich der Untersuchungsrichter sicher, daß auch die Geschworenen seinen Argumenten folgen würden. Doch die Staatsanwaltschaft hatte der geballten Macht der vier Starverteidiger Michailows wenig entgegenzusetzen. Erbost vermerkten ermittelnde Polizeibeamte der Kantonspolizei, daß der Vorwurf der Geldwäsche gegen Michailow ohne nachvollziehbaren Grund fallengelassen wurde, »weil die Nachforschungen im Ausland zu aufwendig und langwierig gewesen wären.« Dabei gilt in der Schweiz bei Geldwäsche die Beweislastumkehr: Sergej Michailow hätte also beweisen müssen, wie er zu seinem Vermögen gekommen ist, daß er unter anderem in der Schweiz und in Belgien anlegen wollte.

Die »Halbherzigkeit der Genfer Anklagevertreter, in diesem Musterprozeß gegen Mafiapaten als Ausdruck des Willens der Schweizer Politik die Russenmafia zu bekämpfen«, so Beamte des Schweizer Bundesamtes für Polizeiwesen, sollte sich im Prozeß fortsetzen. Während des gesamten Gerichtsverfahrens wurden selbst für Genfer Verhältnisse ungewöhnliche Sicherheitsmaßnahmen getroffen. Kronzeugen der Staatsanwaltschaft wurden geschützt, indem ihre Aussagen per Video in den Gerichtssaal übertragen wurden und ihre Gesichter unkenntlich blieben. Doch dann wurden nur Teile ihrer Aussagen von der vollkommen überforderten Dolmetscherin vom Russischen ins Französische übersetzt, und das derart miserabel, daß russische Journalisten den Staatsanwalt erst auf diesen Mißstand aufmerksam machen mußten. Da war bereits alles gelaufen. Wichtige Aussagen, beispielsweise die eines in die Schweiz geflüchteten hohen Moskauer Polizeibeamten, wurden nicht entsprechend gewürdigt – dabei beschrieb er ausführlich kriminelle Aktivitäten von Sergej Michailow. Aufgrund der katastrophalen Übersetzung blieben seine Schilderungen für Geschworene wie Prozeßbeobachter nahezu unverständlich. Einzig der Angeklagte und seine Verteidiger, die ihren eigenen Übersetzer besaßen, konnten den Ausführungen des Zeugen folgen.

Fahrlässig war auch die Selbstsicherheit der Staatsanwaltschaft. Sie ging davon aus, daß jeder normale Bürger über die katastrophalen Verhältnisse in bezug auf Kriminalität und Korruption in Rußland informiert sei. Das sollte sich bitter rächen. Die per Losverfahren ausgewählten sechs Geschworenen begriffen soviel wie jeder Normalbürger – kaum etwas. Und es wurde von der Staatsanwaltschaft kein Osteuropa-Experte als Sachverständiger geladen. So fiel es Sergej Michailow und seinen kompetenten Anwälten leicht, die Geschworenen von seiner Unschuld zu überzeugen. Die Morde an unliebsamen Zeugen in Moskau, die Angst fast aller Polizeibeamten, gegen Mafiagrößen auszusagen – nichts davon wurde thematisiert. Auch nicht die Tatsache, daß ein Kronzeuge gegen Sergej Michailow in Holland von unbekannten Tätern erschossen wurde. Ohne jede Not wurde ein ehemaliger Fahrer und Leibwächter von Sergej Michailow vom Gericht nicht angehört. Die Verteidiger lehnten seine Vernehmung ab, und der Staatsanwalt willigte ein. Lediglich die gegenüber der Polizei gemachten Aussagen des Ex-Leibwächters von Sergej Michailow über dessen initiierte Mordvorbereitungen und dubiose Geldtransaktionen wurden vorgelesen. Andere abgehörte und protokollierte Telefongespräche wurden von der Staatsanwaltschaft nicht verwertet.

Prozeßbeobachter reagierten mit Unverständnis, als die Staatsanwaltschaft zu dem skandalösen Vorgang schwieg, daß sich in Moskau alle Ermittlungsergebnisse gegen Sergej Michailow, sowohl die der Generalstaatsanwaltschaft wie die der Polizei, in Luft auflösten. Selbst Informationen über die kriminelle Organisation Solnzeswskaja, die in Moskau jedes Kind kennt, wurden aus dem Computer der Moskauer Polizei gelöscht.

Vielleicht hing dies damit zusammen, daß Sergej Michailow beste Beziehungen zum russischen Innenministerium, dem Außenministerium und der Generalstaatsanwaltschaft in Moskau unterhielt. Außerdem wurde ihm ein enger Draht zum Kreml nachgesagt, was nicht allein auf seine Spende für den Präsidentenwahlkampf 1996 zurückzuführen sein dürfte.

Wegen der offensichtlichen Rückendeckung höchster Regierungskreise aus Moskau war die Genfer Staatsanwaltschaft auf die Aussagen eines FBI-Beamten über Ermittlungen angewiesen, die er gegen die Organisation Solnzewskaja führte. Dem Einwand der Verteidiger, daß er privat ermittelt habe und das FBI nicht offiziell zu Michailow Stellung bezog, konnte die Staatsanwaltschaft wenig entgegenhalten. Dabei hatte das FBI in der Vergangenheit zahlreiche Berichte über Sergej Michailow und die Organisation Solnzewskaja verfaßt und behauptet, er habe versucht »die totale Kontrolle über die kriminellen Aktivitäten der Russenmafia zu erlangen.«

In ihren Schlußplädoyers gingen Michailows Anwälte auf die für ihren Mandanten günstige Lagebeurteilung aus Moskau ein. »Das Fehlen jeglicher Beweise ist doch der Grund, weshalb mein Mandant in keinem anderen Land je zuvor angeklagt worden sei und Rußland seine Auslieferung nicht verlangt hat.«

»Das war eine totale Blockade«, klagte einer der ermittelnden Genfer Polizeibeamten, die zwei Jahre lang die Spuren von Sergej Michailow verfolgt hatten. Michailow durfte sich während des Verfahrens ziemlich sicher fühlen. Unverfroren sagte er vor dem Genfer Gericht aus, daß es »eigentlich überhaupt keine Mafia in Rußland gibt« und er von einer Organisation Solnzewskaja »nichts gehört habe, außer Gerüchten«. Daß er in einem abgehörten Telefongespräch von dem Telefon in seiner Villa aus selbst behauptet hatte, er sei »die Nummer Eins der Solnzewskaja«, konnte die Geschworenen genauso wenig überzeugen, wie die Aussage eines russischen Unternehmers, der von der Organisation erpreßt wurde. Michailow kaltblütig dazu: »Zeigen sie mir schriftliche Unterlagen über die Solnzewskaja.«

»Ich liebe die Schweizer, hier herrschen Gerechtigkeit und Gleichheit. Mein Herz ist voller Dankbarkeit«, sprach der strahlende russische Geschäftsmann Sergej Michailow in der Nacht des 11. Dezember 1998. Wenige Minuten zuvor hatten ihn die sechs Geschworenen des Genfer Gerichts nach 14tägiger Marathonverhandlung vom Vorwurf der »Mitgliedschaft in einer kriminellen Vereinigung« und des »Paßvergehens« freigesprochen. Sie folgten damit dem Antrag der Verteidigung.

Dagegen hatte er sich wegen eines Verstoßes gegen das »Bundesgesetz über den Erwerb von Grundstücken durch Personen im Ausland« durch den Kauf einer Villa in Borex durch einen Strohmann schuldig gemacht. Die Geschworenen hielten ihn selbst in diesem Punkt nur in beschränktem Maße für schuldig. »Jedem von ihnen werde ich noch einen persönlichen Brief schreiben«, versprach Sergej Michailow nach dem Freispruch den sechs Geschworenen. Der Genfer Staatsanwalt Jean-Louis Crochet reagierte auf den Freispruch mit Fassungslosigkeit. Und die Polizeibeamten der Genfer Spezialeinheit CORUS, die zur Bekämpfung der Organisierten Kriminalität in Rußland gegründet wurde, verließen schockiert den Gerichtssaal. »Persilschein für die russische Mafia« – so wurde das Urteil in der Schweizer Presse genannt.

Der Prozeß gegen Sergej Michailow war nicht nur für die Schweizer Justiz, sondern für alle europäischen Polizeibehörden ein Präzedenzfall. Zum ersten Mal stand ein mutmaßlicher Pate der Russenmafia vor einem europäischen Gericht. Für die Schweizer Justiz war es zudem das erste Mal, daß der neue Artikel 260 des Strafgesetzbuches, wonach die Zugehörigkeit zu einer kriminellen Organisation mit bis zu 5 Jahren Zuchthaus geahndet werden kann, Anwendung finden sollte. Aber auch Polizeibehörden in anderen europäischen Ländern erwarteten sich von einer Verurteilung eine abschreckende Wirkung.

Jetzt wird der Genfer Freispruch wohl eine Signalwirkung ganz anderer Art haben. Man kann Paten der »Russenmafia« nicht mehr gerichtlich verfolgen, es sei denn, sie werden bei einem banalen Vergehen ertappt. Das wird jedoch ein Wunschtraum bleiben. Vielmehr werden sie sich in Europa in aller Ruhe ausbreiten, ihre durch Erpressung, Korruption, Drogen- und Waffenhandel erwirtschafteten Gelder investieren und dabei, wie in Belgien geschehen, manchen Abgeordneten zu kaufen versuchen. »Wann endlich wird begriffen«, fragten sich viele Polizeibeamte, »daß sich hier eine neue Qualität der kriminellen Organisationen herangebildet hat, die mit der herkömmlichen Polizeiarbeit nicht mehr bekämpft werden kann?« Die neue Qualität besteht darin, daß das Organisierte Verbrechen eng mit staatlichen Organen und politischen Parteien nicht nur in Moskau zusammenarbeitet. Es handelt sich dabei, so eine kürzlich veröffentliche Studie des »Bundesinstituts für ostwissenschaftliche und internationale Studien«, um eine »System-Mafia«.[23]

Zwei Tage nach dem Urteilsspruch wurde Sergej Michailow nach Moskau abgeschoben. Seine Anwälte, mit denen er sich inzwischen zerstritten haben muß, weil er anscheinend nicht alle an der Erfolgsprämie von 300 000 US-Dollar beteiligt hatte, witterten einen Skandal. Auf dem internationalen Flughafen in Moskau jedoch begrüßten ihn seine Angehörigen und Freunde im VIP-Raum. Strahlend erklärte er: »Dieser Prozeß ist ein beredtes Zeugnis dafür, daß nicht alle Russen unbedingt Kriminelle sind.« Später erklärte er einem Schweizer Journalisten: »Ich glaube an Gott. Was in Genf geschah, war ein Wunder.«

Sergej Michailow hat viele Verbündete in Moskau. Einer dürfte der Moskauer Oberbürgermeister Juri Luschkow sein. Dieser höchst umstrittene Politiker, der derzeit im Westen als Alternative zu Boris Jelzin hofiert wird, riet Michailow, er solle von den Schweizer Behörden für zwei Jahre Untersuchungshaft Schadenersatz fordern. Im Gegenzug lobte Michailow ihn als »einen großen Politiker«. Und wenige Tage, nachdem Michailow in der VIP-Lounge des Moskauer Flughafens empfangen wurde, traf am gleichen Ort der Schweizer Bundespräsident Cotti ein.

Im Rahmen einer hochrangigen Wirtschaftsdelegation verhandelte er mit der russischen Regierung über die Ausweitung der Wirtschaftsbeziehungen. Darüber, daß dieselbe Regierung, mit der man über verbesserte Wirtschaftsbeziehungen redet, Mafiapaten schützt und die Schweizer Justiz mit dem Freispruch vor einem Trümmerhaufen steht, wurde kein Wort verloren.

Anfang Mai 1999 traf sich die sogenannte »Berner

Gruppe«, ein Zusammenschluß aller europäischen Nachrichtendienste, um über den verlorenen Prozeß in Genf und den gemeinsamen Kampf gegen die russische Organisierte Kriminalität zu sprechen. Eingeladen wurden auch der gegen Michailow ermittelnde Untersuchungsrichter und jener Staatsanwalt, der das Verfahren leitete. Er warf bei dieser Gelegenheit den Geschworenen vor, daß sie nichts von den internationalen Verstrickungen der mafiosen Organisationen und der Bedeutung von Michailow verstanden hätten. Der Untersuchungsrichter berichtete von der Bedrohung und Belastung, der er während des Prozesses ausgesetzt war: »Während meiner Ermittlungen wurde in meinem Privatleben herumgeschnüffelt, um kompromittierendes Material gegen mich zu finden.« Vor allem aber fürchtete er um seine Angehörigen.

Als eine Konsequenz des Freispruchs von Sergej Michailow forderten die Repräsentanten der europäischen Nachrichtendienste: »Es wäre das Beste, wenn wir jegliche Zusammenarbeit mit den russischen Behörden in der Zukunft beenden. Insbesondere wegen der engen Beziehungen zwischen politischen Persönlichkeiten und der russischen Unterwelt, die jegliche Untersuchung blockiert. Wenn Informationen ausgetauscht werden, weiß der Gegner sofort Bescheid.«

Sergej Michailow ist heute wieder ein angesehener Unternehmer, der sich überall frei bewegen kann. Sergej Michailow wurde im Frühjahr 1999 übrigens in Frankreich erwartet. Er war, im Auftrag des Moskauer Oberbürgermeisters Luschkow, Leiter einer Delegation, die über die Finanzierung eines milliardenschweren Projektes der Stadt Moskau mit französischen Unternehmen verhandelte. Anfang Juni 1999 hielt sich Sergej Michailow auf Einladung des umstrittenen russischen Oligarchen Boris Beresowski an der Côte d'Azur, in Antibes auf. Jelzins Tochter war bei dem Treffen, so meldete die Moskauer Zeitung *Kommersant*, ebenso dabei wie der ehemalige Chef des russischen Präsidentenamtes Valentin Joumachew. Gemeinsam wollte man die Verteidigung des in die Schußlinie geratenen Boris Beresowski besprechen. Der Moskauer Generalstaatsanwalt hatte wenige Tage vor dem Treffen in Antibes Boris Beresowski unter anderem Betrug und Geldwäsche vorgeworfen. Ein Teil der Gelder soll auf Schweizer Bankkonten lagern. Seitdem ermittelt auch die Genfer Staatsanwaltschaft gegen Boris Beresowski, die graue Eminenz im Kreml. Siebzig Kilometer von Moskau entfernt hat Michailow inzwischen eine prächtige Datscha bezogen, inklusive Tenniscourt, Schwimmbad, Billardsaal und Fitnesstudio. Der Posten eines Honorarkonsuls von Costa Rica, der ihm offiziell aberkannt wurde, reicht ihm jetzt nicht mehr. Nach Angaben belgischer Polizeibehörden soll Michailow Ehrenbotschafter von Costa Rica in Wien werden, also den Posten bekleiden, den einst Don Felix innehatte und 1996 endgültig aufgeben mußte. Nach seinem Freispruch meldeten russische Zeitungen sogar, daß Michailow als künftiger Premierminister im Gespräch sei. Das dürfte sicher übertrieben sein. Demgegenüber gehen eingeweihte politische Kreise in Moskau davon aus, daß Sergej Michailow bei den nächsten Wahlen für die Duma, das russische Parlament, kandidieren wird. Und zwar für die rechtsextreme Partei von Wladimir Schirinowski.

Andere ehrenwerte Honorarkonsuln

Sergej Michailow ist nicht der einzige Unternehmer, dem Don Felix zu diplomatischen Ehren verholfen haben soll, glaubt man der belgischen Polizei. Anatoly K., der Mann aus Budapest, ist nicht weniger interessant. Auch weil an seinem Beispiel die weltweiten Kontakte dieser Honorarkonsuln aus Costa Rica deutlich werden, die als zentrale Stützen der mafiosen Oligarchie in Europa gelten.

»Anatoly K. ist bis zum heutigen Tag Honorarkonsul von Costa Rica«, bestätigt auf Anfrage Lajos Liktor, der Leiter der Dienststelle für Organisiertes Verbrechen im ungarischen Innenministerium. Über K. schreibt das amerikanische FBI: »Er war in der Tschechei die Schlüsselfigur für Semion Mogilevich [auf den später ausführlich eingegangen werden wird, J. R.], unterhielt ständigen Kontakt zu Mogilevich und berichtete von Zeit zu Zeit über die Aktivitäten der Organisation in Prag. K. ist in den Drogenhandel und Geldwäsche in Israel involviert. Er wird auch beschuldigt, der Mann hinter Mogilevichs Operationen in Frankreich zu sein, zu dem der Drogenhandel gehört. Eine nicht bekannte Gesellschaft, die Anatoly K. gehört, ging bankrott und wurde in Prag verkauft. Der Handel wurde abgeschlossen, kurz nachdem Shabtai Kalmanovich im Oktober 1995 Prag besuchte.«

Anatoly K. ist übrigens nicht nur mit dem St. Petersburger Honorarkonsul von Costa Rica, Shabtai Kalmanovich, verbunden gewesen, sondern war und ist ein enger Bundesgenosse von Sergej Michailow. Häufig flog er von Budapest nach Genf, als Michailow im Gefängnis saß. Und von Genf aus flog er weiter nach Brüssel. Denn Honorarkonsul Sergej Michailow hatte sich, bevor er in Untersuchungshaft wanderte, einen Abgeordneten im Brüsseler Parlament gekauft: Philip Rozenberg. Kostenpunkt: fünf Millionen belgische Francs. Das Geld hatte Anatoly K. zur Verfügung gestellt. Als Gegenleistung sollte der Abgeordnete sich als Lobbyist in der belgischen Politszene für »vermögende Russen« stark machen, die in Belgien investieren wollten und Kontakte suchten. Gleichzeitig sollte er dafür sorgen, daß Freunde aus dem Umfeld von Sergej Michailow die belgische Staatsangehörigkeit erhalten.

Der Abgeordnete war sein Geld wert. So lud er einige Freunde von Michailow zum Dinner ins Brüsseler Parlament und führte sie in die dortige Politszene ein. Einem von Michailows Freunden half er beim Kauf einer Villa im Wert von 80 Millionen belgische Francs, die zuvor einem hohen NATO-General gehört hatte. »Rozenberg«, erzählt mir Pierre Delilez, Projektleiter der Abteilung Organisiertes Verbrechen bei der Brüsseler Police Judiciare, »ist sicher nicht der einzige belgische Abgeordnete, der von der Russenmafia eingewickelt worden ist.« Warum sollte Anatoly K. Honorarkonsul von Costa Rica werden? Die Antwort liegt auf der Hand. Er gehört zu den Führungsfiguren der global vernetzten Russenmafia und ist einer der engsten Vertrauten nicht nur von Michailow, sondern auch des Paten von Budapest, Semion Mogilevich. Im Gegensatz zu K. ist Mogilevich bei allen europäischen Polizeidienststellen und in der breiten Öffentlichkeit als Mafiapate bekannt. Jeder weiß, daß er sowohl von den Nachrichtendiensten wie auch der Polizei seit Anfang der neunziger Jahre auf Schritt und Tritt beobachtet wird. Ein solcher Mann kann sich nicht mehr frei bewegen, zumal er für bestimmte Staaten ein Einreiseverbot hat. Also hat er seinem Stellvertreter den Posten als Honorarkonsul zu überlassen.

Der Pate von Budapest behält trotzdem die Fäden in der Hand. Semion Mogilevich besitzt in Ungarn unter anderem eine Rüstungsfirma, die er im Zuge der Privatisierung legal erworben hatte. Und er hat viele politische Freunde, etwa den rechtsradikalen russischen Politiker Vladimir Schirinowski.

Mogilevich ist ein äußerst kultivierter Mann. Weil er sich bislang nichts habe zuschulden kommen lassen, könne man nichts gegen ihn unternehmen, sagt die ungarische Polizei. Und um nicht wegen irgendwelcher Banalitäten – wie zu schnelles Fahren oder Falschparken – in Schwierigkeiten verwickelt zu werden, hat er einen Chauffeur, der ihn mit drei weiteren Leibwächtern ständig beschützt. Mogilevich beschrieb seine Laufbahn zum erfolgreichen Unternehmer einmal folgendermaßen: »Meine Jugend verbrachte ich in der Unterwelt von Kiew. Jetzt mache ich nur noch legale Geschäfte. Ich habe mich von der Unterwelt zurückgezogen. In Moskau besitze ich sechs Fabriken, außerdem Geschäfte auf Flugplätzen und auf Bahnhöfen. Ich habe auch eine Firma in England und zwei in den USA.«

Internationale Polizeibehörden glauben nicht recht an seinen Rückzug aus der Unterwelt. So schreibt das amerikanische FBI über ihn:

»Die Mogilevich-Organisation ist eine multinationale kriminelle Organisation, die in ganz Europa agiert. Ihre Fangarme haben Nordamerika, den Nahen Osten, die Karibik und Südamerika erreicht. Die Organisation hat eine Kommandozentrale in Budapest, von der aus die verschiedenen kriminellen Aktivitäten überwacht werden. Ausgewählte Persönlichkeiten innerhalb der Gruppe sind für das Management spezifischer Aktivitäten verantwortlich, zum Beispiel Waffenhandel und Prostitution. Mogilevich ist bekannt dafür, daß er seine Untergebenen anweist, den Kopf zu benutzen, um eine Lösung zu finden, bevor die Pistolen sprechen.«

In einem Bericht der israelischen Polizei wird über ihn folgendes behauptet: »Es gibt kaum Informationen über Mogilevichs Verwicklung in Drogengeschäfte. Die meisten Informationen der israelischen Polizei betreffen seine Kontakte zu israelischen Kriminellen, die im Drogenhandel verwickelt sind. Entsprechend vorliegender Informationen kaufte Mogilevich die Georgian Airlines für mehrere Millionen Dollar in bar. Die Gesellschaft stand vor dem Bankrott, und Mogilevich zahlte die Schulden. Vermutet wurde, daß die Flugzeuge benutzt werden könnten, um Drogen vom Goldenen Dreieck nach Europa zu transportieren. Unsere Informationen bestätigen, daß die Organisation in der Hauptsache in den Bereichen Erpressung, Waffenhandel, Prostitution und der Geldwäsche aktiv ist. Die Verwicklung in den Drogenhandel ist wahrscheinlich nicht die einzige Quelle seines Einkommens, obwohl es den Anschein hat, daß seine Organisation einige Drogengeschäfte abgeschlossen hat.«

FBI und israelische Polizei stehen mit ihren Beurteilungen nicht alleine. So bezeichnet auch die angesehene Londoner Zeitung Observer den in Budapest lebenden Semion Mogilevich als »Paten«.[24] Nach Angaben der britischen Zeitung verfaßte die National Crime Squad bereits 1995 einen Bericht, wonach Semion Mogilevich als »einer der weltweit führenden Kriminellen« bezeichnet wurde, der mit seinem Kapital bereits auf internationalen Aktienmärkten tätig sei. Um welche riesigen Summen es geht, belegen zwei Beispiele. Die Untersuchungen in London gegen Semion Mogilevich und seine Organisation liefen unter der Codebezeichnung »Operation Schwert«. »Das Ergebnis war«, so erzählt Detective Sergeant John Wanless vom Untersuchungsteam, »daß Semion Mogilevich über einen Anwalt innerhalb von drei Jahren fünfzig Millionen US-Dollar gewaschen haben soll.« Keine der finanziellen Transaktionen, die über Konten bei der »Royal Bank of Scotland« liefen, wurde jemals den zuständigen Behörden gemeldet, obwohl es nach dem britischen Geldwäschegesetz vorgeschrieben ist, Beträge über 30 000 Mark anzumelden.

Das andere Beispiel ist Kanada und die USA. Nach Angaben des FBI ist eine seiner Firmen seit dem Frühjahr 1996 auf dem Börsenparkett in Toronto außerordentlich aktiv. Eine Milliarde Dollar war das Unternehmen wert, bis das Hauptquartier in Newton, Pennsylvania, am 13. Mai 1998 von der Polizei durchsucht und alle Unterlagen beschlagnahmt wurden. Daraufhin wurde der Handel mit den Aktien des Unternehmens eingestellt. Für die Aktionäre bedeutete es einen Verlust von

412 Millionen US-Dollar. Dabei arbeitet Semion Mogilevich auch mit anderen kriminellen Organisationen zusammen. Obwohl ihm dort ein Einreisevisum verweigert wurde, hielt er sich in den vergangenen Jahren mehrmals in den USA auf. Unter anderem unterhielt er Geschäftsbeziehungen zum berüchtigten italienischen Mafiaclan Genovese. Es ging darum, seine Netzwerke in der Ukraine zur Verfügung zu stellen, um hochgiftigen Sondermüll aus Los Angeles in die Gegend von Tschernobyl zu verfrachten.

Wie gnadenlos Semion Mogilevich und seine Komplizen agieren, beweist ein Vorfall in Budapest am 2. Juli 1998. Eigentlich war es für die Polizei wieder einer der zahlreichen Bombenanschläge, die in den letzten Jahren und Monaten die ungarische Hauptstadt erschütterte. Doch diesmal ist das Opfer Tamas Boros, in der Unterwelt als »Big Tom« bekannt, der von einer Autobombe zerrissen wurde. Er war ein reicher ungarischer Unternehmer, der seit der Privatisierungswelle in Ungarn in verschiedene dubiose Geschäfte mit Rohöl und Benzin verwickelt war. Sein großer Fehler war, daß er Informationen über die ungarische Ölmafia und deren Verbindungen zu russischen Verbrechersyndikaten, insbesondere über Semion Mogilevich, der Polizei weitergab. Da es in Ungarn kein Zeugenschutzprogramm gibt, war es nur eine Frage der Zeit, bis er ins Visier seiner Gegner kommen mußte.

Inzwischen darf Mogilevich weder nach Großbritannien noch in die USA einreisen. Auch in Israel muß er befürchten, verhaftet zu werden. Ganz anders sieht das in Deutschland aus. Vollkommen unbelästigt kann er hierzulande ein- und ausreisen. Gesehen wurde er zum Beispiel 1996 in Berlin, zusammen mit dem Wirtschaftsattaché der russischen Botschaft. Berlin – ein Zentrum der russisch organisierten Kriminalität, wohin später noch weitere Spuren führen werden. Eine viel wichtigere Fährte führt jedoch zu Alfred Cahen, dem Freund von Don Felix.

Wer hätte gedacht, daß Alfred Cahen, der Generalsekretär der Atlantischen Verteidigungsgemeinschaft ATA, der unter anderem mit NATO-Generalsekretär Javier Solana und dem Nato-Oberkommandierenden für Europa, US-General Wesley Clark, zusammenarbeitet, sich für einen Paten der Russenmafia einsetzt? Semion Mogilevich hatte 1998 Probleme mit der Einreise nach Frankreich. Deshalb bat Max-Olivier Cahen seinen Vater um Unterstützung. Papa Cahen antwortete prompt. Er habe sich bei den französischen Behörden informiert – Herr Semion Mogilevich kann wieder unbehindert nach Frankreich einreisen, obwohl er »diskret kontrolliert« werden wird. Das schreibt Alfred Cahen im April 1998 auf einem offiziellen Briefbogen der ATA an seinen Sohn Max-Olivier.

Polizeibeamte in Paris, die von dem Brief Kenntnis erhielten, gehen sogar davon aus, daß sich Alfred Cahen persönlich bei der französischen Regierung dafür einsetzte, damit der Pate Semion Mogilevich wieder unbehindert nach Frankreich einreisen kann. Und er weiß auch, dank der Verbindung zu Alfred Cahen, daß er von der Polizei beobachtet wird. »Wie können wir noch solche Leute verfolgen«, beschwerten sich die Beamten, »wenn sie von hohen Politikern wie Alfred Cahen gedeckt werden.«

In einem weiteren Brief vom 21. April 1998 schreibt Alfred Cahen an einen belgischen Mittelsmann von Semion Mogilevich, der auch von seinem Sohn kontaktiert wurde: »Sehr geehrter Herr X. Ich möchte Sie über das unterrichten, was nach unserem Treffen an diesem Montag, dem 20. April, in meinem Büro sowie nach unserem Treffen mit den französischen Behörden geschehen ist, um den tatsächlichen Stand des Dossiers Mogilevich zu erfahren. Ich habe also, wie Sie es wünschten, mich heute morgen bei meinen französischen Freunden kundig gemacht. Ich informiere Sie über die folgenden Entwicklungen: In der Tat ist damit zu rechnen, daß diese Entscheidung entsprechend der Schengen-Prozedur der Verbotsaufhebung voll auf politischer Ebene bestätigt werden kann […] Herrn Semion Mogilevich, geboren am 30. Juni 1946, israelischer Staatsangehöriger, ist es erneut gestattet, frei nach Frankreich einzureisen, unter einer ›diskreten und obligatorischen Kontrolle‹. Dieses wurde bestätigt [...] Wir werden also in der kommenden Woche einen Brief erhalten, der die Aufhebung des Verbotes für Herrn Mogilevich bestätigt. Ich halte Sie täglich über die Entwicklung der behördlichen Verfahrensweise auf dem laufenden. Ich danke Ihnen für das Vertrauen, das Sie mir gewähren und für die Diskretion und die Effizienz, die Sie in dieser Angelegenheit gezeigt haben.«

Auf meine Anfrage an Alfred Cahen, ob er Semion Mogilevich kenne, welche Kontakte es zu ihm gab und ob er ihm oder seinen Freunden geholfen habe, teilte er mir lapdiar mit: »Ich kann mich an keine Treffen mit Herrn Mogilevich erinnern. Können Sie mir mehr Informationen über ihn geben?« Auf die Fragen ist er erst gar nicht eingegangen.

Besonders delikat ist die Verbindung von Alfred Cahen mit dem russischen Mafiapaten deshalb, weil dieser zur gleichen Zeit mit weitreichenden Geldwäscheoperationen beschäftigt gewesen sein dürfte. Im August 1999 wurden diese dubiosen Finanztransaktionen in der *New York Times* enthüllt und lösten in den USA und in Europa heftige Reaktionen aus. Hat die Russenmafia etwa das Herz des westlichen Kapitalismus, die Wall Street, und damit die westliche Wirtschaft durchdrungen? In Washington sprach man von einem Russiagate, in Anlehnung an das berüchtigte Watergate. Was ist passiert? Über Tarnfirmen von Semion Mogilevich sollen innerhalb von anderthalb Jahren mindestens zehn Milliarden Dollar in der renommierten New Yorker »Bank of New York« gewaschen worden sein. Das wären mehr als 50 Prozent des laufenden russischen Staatsbudgets. Nachdem der Skandal an die Öffentlichkeit kam, wurden alle belastenden Unterlagen vernichtet, meldete die US-Zeitung *USA Today* am 31. August 1999.

Eine Filiale der »Bank of New York«, die in Genf ansässige »Bank of New York Intermaritim-Bank«, stand bei den dubiosen Finanztransaktionen anscheinend hilfreich zur Seite. Von der Bank wird das bestritten. Doch der Bankinhaber Rappaport hat exzellente Beziehungen in höchste Moskauer Regierungskreise, was er nicht abstreitet. Er traf sich, behaupten

Schweizer Ermittler des Bundesamts für Polizeiwesen in Bern, häufiger mit einem gewissen Shabtai Kalmanovich, Honorarkonsul von Costa Rica in St. Petersburg und ein enger Freund sowohl des Paten Sergej Michailow wie von Semion Mogilevich.

Derartig gigantische Summen, ob nun fünf, zehn oder fünfzehn Milliarden Dollar, können natürlich nicht alleine aus Geschäften der traditionellen russischen Mafia stammen. Es ist sicher mehr als ein Verdacht, daß es sich auch um Gelder handelt, die der Internationale Währungsfonds nach Rußland transferiert hat und die von korrupten Politikern auf ihre Konten in den Westen weitergeleitet wurden. Seitdem fordern US-Senatoren den Stop weiterer Kredite für Rußland. Beteiligt an dem Deal waren nicht nur Ex-Mitglieder der Moskauer Regierung wie der ehemalige Ministerpräsident Viktor Tschernomyrdin, sondern der Jelzin-Clan selbst. Tatsache ist, daß Semion Mogilevich, das »Gehirn der kriminellen Organisaton Solnzewskaja«, ohne Beteiligung der Moskauer Zentralbank solch große Geldoperationen nicht hätte durchführen können. Er hat die kriminellen Netzwerke seiner Organisation für die Finanztransaktionen zur Verfügung gestellt, die dann auch vom Jelzin-Clan benutzt wurden. Im Verlauf ihrer Ermittlungen fanden die amerikanischen Behörden heraus, daß Semion Mogilevich und andere Mitglieder der Solnzewskaja-Organisation nicht nur zum russischen Präsidenten geschäftliche Verbindungen haben, sondern ebenso zum Clan des Moskauer Oberbürgermeisters Juri Luschkow. Es scheint sicher, bestätigen ungarische Ermittler, daß ein Teil der Milliardenbeträge nicht nur über die »Bank of New York« verschoben wurden, sondern auch über eine Budapester Bank, die für Drogengeldwäsche berüchtigt ist. Rechtzeitig vor den Enthüllungen in den USA hatte Semion Mogilevich übrigens seinen Stützpunkt Budapest verlassen. Bereits am 27. Juli 1999 meldete die ungarische Tageszeitung *Nepszabadsag*, die Steuerpolizei habe sein Haus und seine ungarischen Firmen durchsucht. Das dürfte der Grund dafür gewesen sein, daß Semion Mogilevich seitdem untergetaucht ist. Ende August 1999 meldete er sich in einem in Moskau veröffentlichten Zeitungsinterview erstmals wieder zu Wort. Empört wies er den Vorwurf zurück, er sei an der Geldwäsche über die Bank of New York beteiligt gewesen. Für ihn sind die Beschuldigungen »Alptraumphantasien des FBI«, das keine Beweise für seine Verstrickung in irgendwelche kriminellen Aktivitäten gefunden habe. Gefragt nach seinem persönlichen Einkommen, gab er an, es seien weniger als 10 Milliarden Dollar. Sein Kommentar zur Geldwäsche: »In meinem gesamten Leben habe ich erst einmal Geld gewaschen, als ich einen Fünfdollarschein in der Tasche eines meiner Hemden vergessen und ihn versehentlich in die Waschmaschine gesteckt habe. Ich muß sagen, daß er danach sauberer ausgesehen hat. Und das Wechselbüro akzeptierte den Umtausch problemlos.« Mogilevich wird inzwischen per internationalem Haftbefehl gesucht.

Der im Zusammenhang mit dem Schweizer Banker erwähnte Honorarkonsul von Costa Rica, Shabtai Kalmanovich, zuständig für St. Petersburg, hielt sich, nachdem er Anfang der siebziger Jahre aus der Sowjetunion flüchtete, häufig in Südafrika und Sierra Leone auf. Bereits 1988 urteilte die südafrikanische Polizei über ihn: »Sein Aufstieg zum Millionär wurde durch die Aufnahme in ein mächtiges Netzwerk des organisierten Verbrechens ermöglicht, ein Netzwerk, in dem Diamanten und Drogen eine entscheidende Rolle spielten.« Der Umbruch in der Sowjetunion trieb ihn zu neuen unternehmerischen Aktivitäten. Gelegentlich hält er sich auch in Deutschland auf. Im Frühjahr 1999 etwa flog er in München ein. Er wollte dort aufgrund seiner guten Erfahrungen mit der nationalen Basketballmannschaft von Litauen, die er finanziell unterstützte, Basketballspieler einkaufen, um eine Art Basketball-Weltliga aufzubauen. Außerdem verfolgt er momentan das Ziel, europäische Topfußballer einzukaufen, um sie dann verschiedenen europäischen Vereinen zu verkaufen. Hilfreich sind dabei zwei Mitglieder des internationalen Fußballverbandes FIFA. Entsprechende Kontakte knüpft er insbesondere von der Schweiz aus. Selbst ein Justizminister hilft ihm bei seinen Aktivitäten. Als Zwischenstation fungiert übrigens ein Genfer Anwalt, der für den mutmaßlichen Mafiapaten Sergej Michailow als Kurier gedient hatte.

Die Aktivitäten des Shabtei Kalmanovich faßt das amerikanische FBI mit den Worten zusammen: »[Er ist] ein mächtiger Verbündeter der Solnzewskaja-Organisation, die in Budapest einen Stützpunkt hat. Er ist ein millionenschwerer russischer Emigrant und israelischer Staatsbürger mit Verbindungen zu ehemaligen KGB-Agenten, hochrangigen Russen, Israelis und anderen politisch Verantwortlichen in der gesamten Welt. In Sierra Leone managte er die Geschäfte des Führers der russischen Organisierten Kriminalität, Marat Balagula, des ehemaligen Leiters der Organisation in New York. Israelische Pässe wurden von Kalmanovich für Mitglieder der Solnzewskaja und der Mogilevich-Organisation beschafft. Trotzdem hat er auch noch Verbindungen zur israelischen Regierung.«

Schwere Vorwürfe. Sicher ist, daß Kalmanovich enge Beziehungen zu einem in den USA inzwischen verurteilten Paten der Russenmafia hatte und einem Abgeordneten der russischen Duma, der in eine Vielzahl krimineller Geschäfte verwickelt ist. Ganz zu schweigen von den Verbindungen zu Sergej Michailow.

Die Einschätzung des FBI über den Honorarkonsul von Costa Rica in St. Petersburg wird auch von europäischen Polizeidienststellen geteilt. So notiert das Schweizer Bundesamt für Polizeiwesen: »Shabtai Kalmanovich ist ein millionenschwerer russischer Unternehmer, mit besten Beziehungen zu Mitgliedern verschiedener Regierungen. Er ist der Kurier für zahlreiche kriminelle Organisationen. Es ist bekannt, daß er in ein Betrugsgeschäft in Deutschland verwickelt ist, bei dem 10 Millionen US-Dollar in die USA transferiert wurden. Er hatte außerdem im Auftrag der UdSSR gegen Israel spioniert.«[25] Soweit die Einschätzung der Schweizer Behörde. Doch auch in diesem Fall fehlen konkrete Beweise, um ihn juristisch verfolgen zu können.

Die Odessa-Mafia

18. August 1996. Die österreichische Botschaft in Kiew sendet ein Telex an das Außenministerium in Wien. In dem streng vertraulichen Dokument heißt es:»Das Außenministerium in Kiew hat erklärt, daß nach einer Gruppe von Personen gefahndet werde, die schwere Verbrechen in der Ukraine und im Ausland begangen haben.« Erwähnt wird in dem Dokument ein gewisser Leonid M. Dessen Spur wird, über einen kurzen Umweg, erneut zu Don Felix führen.

Leonid M. gilt bei den belgischen Behörden als »Führer einer kriminellen Organisation«, dem eine ganze Reihe von Delikten vorgehalten werden: Ikonenschmuggel, Raub, Urkundenfälschung, Drogenhandel. Dabei taucht der Name Vadim C. auf. Am 3. Mai 1993 reiste er mit seiner Frau zum ersten Mal in Österreich ein, ausgestattet mit einem ukrainischen Dienstpaß der Regierung in Kiew. In einem Bericht der Wiener Ermittler wird behauptet: »Die neuerlich durchgeführten Erhebungen zu Vadim C. erbrachten, daß er die Firma Management Consulting & Trading betreibt. Seine Firma befindet sich in einem Einfamilienhaus, in bester Wohngegend.« Vadim C. erwarb das in dem Polizeibericht erwähnte Einfamilienhaus, eine prächtige Villa, im Mai 1994 und ließ sie danach umbauen: Kostenpunkt rund 2,5 Millionen Mark. Nach einer Information der Kriminalabteilung Niederösterreich kam es beim Ausbau des Hauses zu Konflikten mit dem Architekten, der für den Umbau mehrere Millionen Schilling forderte. Der Architekt beauftragte deshalb einen Anwalt, um gegen Vadim C. eine Klage einzureichen. Seit diesem Zeitpunkt, so die Polizei, »habe er von ihm massive Drohungen erhalten. C. soll immer in Begleitung von zwei Bodyguards auftreten.«

Die Ermittlungen der Polizei führen zu alten Bekannten. So wurde seine Telefonnummer bei den sichergestellten Unterlagen von Sergej Michailow vorgefunden. Erkenntnisse, die auch von der Genfer Kantonspolizei bestätigt wurden, die ja Sergej Michailow im Oktober 1996 verhaftet hatte und danach zahlreiche Unterlagen in dessen Villa beschlagnahmte. Vadim C. erklärt hingegen auf meine Nachfrage, er kenne Sergej Michailow nicht.

Die Wiener Kriminalisten von der Abteilung zur Bekämpfung der Organisierten Kriminalität EDOK sehen das anders. Sie versuchen deshalb mehr über den Hintergrund von Vadim C. herauszufinden. Am 4. Dezember 1997 trifft im Wiener Innenministerium ein Schreiben von Interpol Kiew ein. Demnach sei Vadim der Steuerhinterziehung in Höhe von mehreren Millionen US-Dollar verdächtigt. »Den enthaltenen Informationen zufolge soll zwischen den Firmen International Trade Financial Stock Group Ukraine, der ukrainischen Eisenbahnverwaltung Ukrzaliznytsa und einem Unternehmen auf den britischen Virgin Inseln am 8. September 1995 ein Vertrag über eine Stromlieferung abgeschlossen worden sein. Die Firma auf den Virgin Inseln überwies insgesamt 7,6 Millionen Dollar an verschiedene Firmen, die überhaupt nicht existent waren. Vadim wird als einer der Hauptverdächtigen genannt.« Von ihm führen jedoch weitere Spuren zu Leonid M.

Ich will von Vadim wissen, welche Kontakte er zu Leonid M. hat. »Wir kennen uns. Aber seit zwei Jahren habe ich nichts mehr von ihm gehört.«

Am 19. Februar 1998 informieren die Schweizer Behörden verschiedene europäische Dienststellen, daß Leonid M. am 7. Januar 1997, während seines Aufenthaltes im Hotel Bristol in Genf, einen Telefonanschluß des Vadim C. in Österreich kontaktierte. Schlagartig gehen nun weitere Informationen in Wien ein. Demnach, so ein Hinweis vom Februar 1998, soll »Vadim C. in der Ukraine im Bereich des Energieversorgungswesens tätig gewesen sein. Er wurde im Bereich Energiewesen und Wirtschaft ausgebildet. Aufgrund der hohen Steuerbelastung in der Ukraine dürfte er nach dem Umbruch Firmen im Ausland gegründet haben.«

Noch brisanter ist die Behauptung, daß Vadim C. an einer sogenannten »Energiekonferenz in Israel« teilgenommen und dabei Kontakt zu Sergej Michailow gehabt habe. Als ich C. frage, ob er an diesem erwähnten Treffen in Tel Aviv im November 1994 teilgenommen habe, antwortet er: »Nein, nein. Ich will über diese Sache nicht diskutieren, in die Sie mich bringen wollen. Sie fragen mich erst über Costa Rica, und jetzt wollen Sie über andere Dinge mit mir sprechen.«

»Aber das hängt zusammen«, wende ich ein.

»Ich will über diese Fragen nicht diskutieren und auch über keine Kontakte. Sie stellen Fragen in eine andere Richtung. Sie sind bekannt in Europa, ich kenne Ihre Spezialität. Aber ich bin nicht die richtige Person für Sie.« Und damit war das Gespräch beendet. Der Hinweis auf Costa Rica hatte natürlich einen Hintergrund. Schließlich war Vadim C. Generalkonsul von Costa Rica in Genf und später Konsul in Österreich. Und seine Verbindungen zu anderen Mafiosi im diplomatischen Dienst, auch wenn er sie abstreitet, hängen mit seinen nicht eindeutigen Geschäften zusammen. Fokus dieser Geschäfte ist die von mir ihm gegenüber erwähnte Energiekonferenz in Tel Aviv, die im November 1994 im Hilton-Hotel stattfand. Wie sich später herausstellen sollte, war dies eine Konferenz von strategischer Bedeutung für mafiose Großorganisationen. Und: Kennt C. Don Felix? Seine Antwort: »Nein, ich kenne ihn nicht persönlich.«

Johann Nitschinger, der Ex-Generalkonsul von Costa Rica in Wien, erinnert sich dagegen noch ziemlich genau an die von Vadim C. bestrittenen Verbindungen zu Don Felix: »Felix hatte gute Beziehungen nach Rußland. Vadim C. sollte das Konsulat in Salzburg erhalten. Das hat mir Don Felix telefonisch gesagt. Er hat sich stark für ihn eingesetzt. Mir hat er gesagt, ›dafür können Sie etwas verlangen‹.« Nach diesem aufschlußreichen Gespräch meldete sich wenig später Vadim bei Nitschinger. Er soll ihm gegenüber geäußert haben: »Ich zahle alles, was es kostet, ich bin auch bereit zu spenden, wenn ich die WD-Nummer [das österreichische Autokennzeichen für Diplomaten, J.R.] und diplomatischen Status bekomme.« Doch Don Felix' Forderung, Vadim C. zum Konsul zu ernennen, lehnte Johann Nitschinger ab. Offensichtlich hatte der Generalkonsul aber nicht viel zu sagen. Dieser Schluß läßt sich ziehen, wen man sich den weiteren Fortgang der Ereignisse betrachtet.

Am 5. April 1994 schreibt nämlich die Bundespolizeidirektion Salzburg an das Generalkonsulat von Costa Rica in Wien mit »Betreff: Vadim C.«: »Wir haben zwei Dokumente. Einen ukrainischen Reisepaß, in Kiew ausgestellt, und einen costaricanischen Diplomatenpaß Nr. 007048 lautend auf den Titel ›Consul von Costa Rica in Salzburg und Tirol.‹ Unsere Frage ist: Ist Mr. C. Konsul von Costa Rica in Salzburg und Tirol und ist der Diplomatenpaß ok?« Im Diplomatenpaß von Vadim steht lediglich handschriftlich »Consul von Costa Rica für Salzburg und Tirol«, was die Beamten wohl stutzig gemacht hatte. Außerdem wurde der im August 1993 in Costa Rica ausgestellte Diplomatenpaß auf den Namen »Vadim S.« ausgestellt. Handelt es sich um zwei unterschiedliche Personen? Und warum befaßte sich überhaupt die Polizei in Salzburg mit Vadim? Die Nachfrage hing mit Finanzermittlungen in München aus dem Jahre 1993 zusammen. Nach Angaben von Interpol Wiesbaden habe »Vadim C. Transaktionen in der Höhe von 400 000 Mark aus der Schweiz auf ein Münchner Bankkonto veranlaßt, wobei er sich jedesmal mit einem Diplomatenpaß für Costa Rica auswies.«

Als die Anfrage der Polizei aus Salzburg in Wien eintraf, schüttelte die amtierende Geschäftsträgerin für Costa Rica ungläubig den Kopf. Ein Mann mit Namen Vadim C. oder S., oder wie auch immer geschrieben, war ihr nicht bekannt. Sie wußte auch nicht, daß es einen Konsul in Salzburg gab. Sofort sandte sie deshalb ein Telegramm an ihr Außenministerium in

San José. Sie wollte wissen, ob bestätigt werden kann, daß Vadim C. Konsul von Costa Rica in Salzburg und Tirol sei.

Die Antwort aus Costa Rica ist dem Antwortschreiben der Geschäftsträgerin an die Bundespolizeidirektion Salzburg zu entnehmen: »Entsprechend Ihres Fax finden Sie beiliegend die Kopie eines Schreibens vom Außenministerium in Costa Rica. Demnach wird bestätigt, daß Mr. Vadim S. als Konsul von Costa Rica und Tirol ernannt worden ist.«

Demnach wurde Vadim S., alias C., am 29. Juli 1993 sogar zum Generalkonsul in Genf und Konsul in Salzburg und Tirol ernannt. Unterzeichnet hat die Ernennungsurkunde der Präsident von Costa Rica, Rafael Angel Calderon.

Vadim selbst erzählt die Geschichte seiner Ernennung folgendermaßen: »Ich erhielt einen Brief des Präsidenten von Costa Rica, der mir einen Posten als Honorarkonsul in Salzburg anbot. Dann erhielt ich einen Brief von der Botschaft in Brüssel an das Außenministerium in Österreich, wonach mir die Position eines Konsuls in Salzburg gegeben werden sollte. Aber der Botschafter in Wien erhielt eine negative Antwort. Die Begründung war, daß sie die Position nur an Bürger von Österreich oder Costa Rica vergeben würden. Das war alles. Niemals sah ich Don Felix persönlich.« Auf die Tatsache, daß er einen gültigen Diplomatenpaß in Händen hielt, ging er nicht weiter ein. Und was die Verbindung zu Don Felix angeht, äußert dessen Anwalt, wiederum auf entsprechende Nachfrage: »Ich halte es für undenkbar, daß Don Felix etwas mit der Ukraine macht. Er hat auf die Ukraine geschimpft wie sonst was.«

Ob das auch für ukrainische Geschäftspartner gilt, ist nach der Auskunft von Ex-Generalkonsul Johann Nitschinger mehr als zweifelhaft.

Auf meine Frage an Vadim C., was denn eigentlich der Grund dafür war, daß er den Posten als Honorarkonsul erhalten hatte, antwortete er: »Es hing damit zusammen, daß ich im Energiebereich tätig war. In der Nähe von San José sollten wir eine Hydrostation bauen. Da ich Experte war und durch meine

Kontakte mit Bürgern von Costa Rica, kam das zustande.« Eine Erklärung, die viele Fragen offenläßt, weil der damals zuständige Generalkonsul von Costa Rica in Wien etwas ganz anderes aussagte. Nur weil man eine Hydrostation in San José gebaut haben will, erhält man selbst in Costa Rica nicht ohne weiteres einen Posten als Honorarkonsul, so ist aus dem costaricanischen Außenministerium zu hören: »Das geht nur, wenn man gute Freunde hat.«

Gute Freunde muß Vadim C. auch in der Ukraine haben, vergegenwärtigt man sich die Widersprüchlichkeit der Angaben der Kiewer Behörden. Einerseits wird C. von Interpol Kiew der Steuerhinterziehung in Millionenhöhe verdächtigt. Sein Name lautet in diesem Zusammenhang »Vadim S.«, mit Geburtsdatum vom 12. August 1958. Als er sich in Österreich einbürgern lassen will, legt er im Mai 1998 (jetzt wird er »C.« geschrieben mit Geburtsdatum von 12. August 1956) eine Bestätigung vor, ausgestellt vom ukrainischen Innenministerium. Demnach sei er strafrechtlich nicht belangt worden und gegen ihn seien keine Gerichts- und Untersuchungsverfahren anhängig. Es gibt also zwei ähnlich klingende Namen mit unterschiedlicher Schreibweise. Wohl ein gelungenes Täuschungsmanöver. Denn in einem Bericht des Wiener Innenministeriums ist zu lesen: »Erste Ermittlungsergebnisse zu Vadim C. auch S.«.

Vadim C. wird, so heißt es in dem Dokument des Innenministeriums, »neben A. Constenla und George Abdou M. (alles Kontaktpersonen zu Felix) unter dem Namen S. Vadim als Verdächtiger wegen mißbräuchlicher Verwendung eines Diplomatenpasses geführt.« Ein Verfahren, das nie zum Abschluß kam. Vadim konnte nachweisen, daß er den Diplomatenpaß ganz legal erhalten hatte.

Diese Episode zeigt, wie geschickt bestimmte Personen operieren, die alles daran setzen, daß man ihnen nicht auf die Schliche kommt. Da wird gefälscht, da werden Nebelkerzen geworfen, um zu verhindern, daß internationale Verbindungen sichtbar werden. Eine bislang erfolgreiche Strategie.

Im Zusammenhang mit ihren weiteren Ermittlungen, bei denen man ja nur per Zufall auf Vadim gestoßen ist, fallen den eifrigen Beamten der EDOK noch andere Personen auf: hochrangige Mitglieder der »Odessa-Organisation«, die eng mit der Ölmafia kooperiert. Geführt wird sie von Nikolai F., der wegen Mordes vorbestraft ist. Ihr Hauptbetätigungsfeld ist, neben Erpressung, Raub und Waffenhandel, die Kontrolle verschiedener Firmen, unter anderem einer der einflußreichsten Ölfirmen in Odessa. Ihr Ziel ist es, das Monopol für Transporte von Erdölprodukten durch den Hafen von Odessa zu sichern. Weil dabei auch Verbindungen zu einem Unternehmen in Rom und Mailand bestehen, ermittelt nun auch die italienische Polizei.

Sie bittet am 23. August 1998 per Fernschreiben ihre österreichischen Kollegen, zwei führende Mitglieder der Organisation, die mit dem Eurocity aus Rom abgefahren sind, bei der Einreise nach Österreich zu observieren. Grund für ihre Reise sei eine Konferenz in Wien mit Angehörigen der »Odessa-Organisation«. Vom Bahnhof aus fahren die beiden Observierten zum Penta-Hotel. Hier wartet bereits Nikolai F. auf sie, der Chef der Odessa-Mafia.

Die Observationsgruppe notiert: »Beim Eintreffen vor dem Hotel, gegen 10.20 Uhr, fuhr beim Haupteingang ein Land Rover […] vor. Der Lenker konnte nicht erkannt werden, da der Kombi nur von hinten wahrzunehmen war. Er verlangsamte zwar sein Tempo unmittelbar vor dem Eingang, setzte seine Fahrt aber, ohne anzuhalten, fort. Eine Anfrage ergab, daß der Zulassungsbesitzer Vadim C. war.«

Danach fahren die Gangster in verschiedene Hotels, unter anderem ins Interconti. Wieder notieren sich die Beamten: »Bemerkt wird dazu, daß an diesem Tage im Hotel Interconti die Finanzminister der Europäischen Union untergebracht waren. Bei einer routinemäßigen Kontrolle der Gästebücher fiel der Name Nikolai F. auf, der bekannterweise im Schengener Informationssystem auftaucht. Aufgrund des Vermerkes – gewalttätig und bewaffnet – erregte seine Eintragung unter den anwesenden Sicherheitskräften, die für den Personenschutz der EU-Finanzminister zuständig waren, großes Aufsehen.« Während Nikolai F. der Kopf der kriminellen »Odessa-Organisation« ist, ist Leonid M. weitaus einflußreicher, sowohl in der Ukraine wie in Rußland. Er ist nach Erkenntnissen der italienischen Polizei Boß der ukrainischen Ölmafia.

Am Ende des österreichischen Lageberichts heißt es: »Aufgrund der in diesem Lagebericht geschilderten Ereignisse ergeben sich für Österreich folgende Zielpersonen/firmen, die zur Organisation des Leonid M. aus Odessa einen mehr oder weniger intensiven Kontakt pflegen: Vadim C.«

Ukrainische Geschäftsleute – sie scheinen bis zum heutigen Tag nur am Rande mit der Organisierten Kriminalität in Verbindung gebracht zu werden. Dabei gibt es in der Ukraine nicht weniger kriminelle Organisationen mit Beziehungen zum Regierungsapparat als in Rußland. Betätigungsfeld der großen kriminellen Organisationen ist der Energiemarkt, insbesondere Öl und Erdgas. Nach einem Bericht der italienischen Polizia di Stato vom Oktober 1998 managt das Organisierte Verbrechen derzeit »67 Prozent der gesamten Ölexporte aus den Ländern der ehemaligen UdSSR«.[26] Die beteiligten kriminellen Organisationen verdienen dabei Milliarden von Dollar. Verständlich, warum um diesen Markt mit allen Mitteln gekämpft wird. Bereits im Juli 1996 wurde ein Attentat gegen den ukrainischen Ministerpräsidenten Pavel Lasarenko verübt. Pavel Lasarenko überlebte. Sein Fehler war, daß er gegen den erbitterten Widerstand einiger krimineller Organisationen versuchte, den Gas- und Ölmarkt zu reorganisieren. Hinter dem Attentat gegen Lasarenko stehe »kein anderer als der bereits mehrfach erwähnte Leonid M.«, glaubt die belgische Polizei zu wissen.

Heftig beschwerte sich Lasarenko vor dem Attentat über die dubiosen Verträge, die von Regierungsbehörden mit ausländischen Gesellschaften abgeschlossen wurden. »Das Ergebnis ist der offene Raub des staatlichen Haushalts der Ukraine, in dem extrem hohe Summen an die finanziellen Vermittler dieser Geschäfte gezahlt werden.« Und er kritisierte diejenigen, die versuchen, die Macht über das Transportsystem für Gas und Öl zu erlangen: »Das wichtigste ist, daß die Besitzer dieses Transportsystems dadurch auch die Macht in der Ukraine haben.« Für ihn selbst ist diese Situation nicht mehr tragbar gewesen.

Im Juli 1997 trat Lasarenko von seinem Regierungsamt zurück. Dem politischem Genie, der es vom Kolchos-Fahrer zum früheren Gebietschef der Stahl- und Rüstungshochburg Dnjepropetrowsk brachte, wurde vorgeworfen, mehrere Millionen Dollar in die eigene Tasche gewirtschaftet zu haben. Anfang November 1998 wurde er von dem ukrainischen Generalstaatsanwalt beschuldigt, staatliche Gelder in Höhe von 20 Millionen US-Dollar veruntreut und in die Schweiz verschoben zu haben. Seit Februar 1997 gingen diesbezüglich nicht weniger als zwanzig Rechtshilfeersuchen beim Bundesamt für Polizeiwesen in Bern ein. Aufgrund dieser Rechtshilfeersuchen wurden bei mehreren Banken Konten in Höhe von 40 Millionen Dollar gesperrt. Insgesamt sollen während seiner einjährigen Amtszeit als Premier mindestens 200 Millionen Dollar über die Nummernkonten »5383 Carpo« und »Nihpro 21678Ret« bei einer Genfer Bank versickert sein. Lasarenko selbst bestätigt zwar, daß er in der Schweiz verschiedene Bankkonten hat, insistiert jedoch darauf, daß er nichts Illegales getan habe. Das dürfte auch für einige Zahlungen gelten, die über Wien gelaufen sind. Unter anderem wurden am 5. November 1993 vom Konto bei der »Banque Bruxelle Lambert« in Genf 300 000 Dollar auf das Konto der »Bank für Arbeit und Wirtschaft« (BAWAG) überwiesen und 24 Tage später auf das Schweizer UBS-Konto von Pavel Lasarenko weitergeleitet. Am 2. Dezember 1998 wurde er, von Deutschland kommend, in Basel verhaftet, als er einen panamesischen Paß zückte. Zwei Tage später saß er im Genfer Untersuchungsgefängnis Champs Dollon. »Auf den ersten

Blick schien es, als erfülle sich mit dem Verfahren gegen Lasarenko ein Traum des ukrainischen Präsidenten Leonid Kutschma. Der führt seit einem Jahr einen regelrechten Krieg gegen seinen früheren Freund. Beide streiten sich unter anderem um die Einkünfte aus dem Handel mit Erdgas. Doch ein Prozeß gegen Lasarenko außerhalb ukrainischer Kontrolle hätte nach Ansicht der Kiewer Zeitung *Serkalo Nedeli* Kutschma selbst gefährlich werden können. Und außerdem mindestens zehn Ministern der gegenwärtigen Regierung, rechnet der frühere Generalstaatsanwalt Oleg Litwak.«[27] Nach einigen Tagen in Untersuchungshaft mußte er gegen eine Kaution von 4 Millionen Schweizer Franken freigelassen werden. Daraufhin flog er Ende Dezember 1988 in die USA und beantragte politisches Asyl. Doch am Flughafen New York wurde er zurückgewiesen. Frustriert flog er nach Griechenland und versuchte im März 1999 einen neuen Anlauf. Diesmal durfte er einreisen, um jedoch sofort verhaftet zu werden. Sein Plan, Unterschlupf in seiner Villa im kalifornischen Marin Country zu finden, die er für sieben Millionen Dollar in bar gekauft hatte, ging nicht auf.

Wer glaubt, die politischen Entscheidungsträger in Kiew hätten endlich die Notwendigkeit begriffen, die allgegenwärtige Korruption und die mafiosen Strukturen zu zerschlagen, der irrt. Pech für Lasarenko war nicht, daß er korrupt war – in dieser Hinsicht steht er in einer langen Tradition mit anderen Ministern und Präsidenten der Ukraine. Sein Pech war, daß er wegen seiner krummen Geschäfte erpreßbar wurde und im Poker um die Macht in der Ukraine entsprechend schlechte Karten hatte. Einer seiner größten politischen Gegner ist der derzeitige Präsident Leonid Kutschma. Im Herbst 1999 will er wiedergewählt werden. Da hilft das Image des Kämpfers gegen Korruption und Organisiertes Verbrechen. Auch wenn Leonid Kutschma, wie es einer seiner Finanziers behauptet, über die Aktivitäten von Lasarenko genau Bescheid wußte: »Ich war bei Gesprächen abends dabei, wenn Lasarenko, Kutschma und ich mich noch getroffen haben. Da hatte Lasarenko keine Geheimnisse, was die Geldverschiebungen ins Ausland anging.« Vielleicht wird deshalb jetzt von der Staatsanwaltschaft Kiew untersucht, ob nicht auch die Tochter des Präsidenten Gelder nach Europa verschoben hat. Ein entsprechendes Rechtshilfeersuchen ist im Juli 1999 beim Bayerischen Landeskriminalamt eingegangen. Die Tochter des Präsidenten soll an einer Münchner Firma beteiligt sein. Doch in der ukrainischen Presse wird darüber kein Wort verloren. »Die stehen alle unter Kontrolle des Präsidentenamtes«, erzählt mir ein Journalist aus Kiew. »Da wird nichts Kritisches veröffentlicht. Denn sonst wird sofort die Zeitung oder die Fernsehstation geschlossen.«

Leonid M.

Die Schwarzmeermetropole Odessa ist seit dem 18. Jahrhundert Anziehungspunkt für Kaufleute, Händler, den Adel und Schmuggler aus ganz Europa gewesen. »Hier atmet Europa«, schrieb der russische Dichter Alexander Puschkin, der 1823 nach Odessa verbannt wurde. Heute wird das Leben der am Schwarzen Meer gelegenen Millionenstadt von Neureichen bestimmt, die in den Szenecafés an der Flaniermeile Deribassowskaja unaufhörlich mit ihren Handys telefonieren, während junge Mafiosi in ihren metallic-glänzenden deutschen Limousinen die Straßen entlanggleiten. Wer hinter die Kulissen ihres plötzlichen Reichtums blicken will, der lebt gefährlich. Am 11. August 1997 wurde beispielsweise der Chefredakteur der populären ukrainischen Zeitung *Wetschernaja Odessa* durch einen Kopfschuß tödlich verletzt. Er wollte eine Artikelserie über die Mafia in Odessa veröffentlichen. Auch andere Journalisten der Zeitung waren bereits Ziel von Mordanschlägen. Aber weshalb die Angst vor Enthüllungen durch Journalisten?

Odessa ist der wichtigste Umschlaghafen für Erdöl, das unter anderem in Sibirien gefördert und nach Europa weitertransportiert wird. Auch hier ist Öl der Stoff, der die Industrie- und Freizeitmaschine antreibt. In den letzten Jahren war die Ukraine auf russisches Öl angewiesen. Man erinnert sich in Kiew noch gut an das Jahr 1993, als wegen eines Erdölembargos, das Rußland über die Ukraine verhängt hatte, ein Katastrophenwinter drohte. Um die Abhängigkeit von russischen Exporten zu beenden, versucht die ukrainische Regierung einen Transport-Korridor für Öl mit eigenen Pipelines aufzubauen. Gleichzeitig wurde Odessa als der Ort für neue Öl-Terminals ausgewählt, um Rohöl direkt weiterzuverarbeiten und danach in den Westen zu verkaufen.

Bereits heute werden vom Hafen Odessa aus jährlich rund dreizehn Millionen Tonnen Öl in den Westen exportiert. Der Gewinn für die ölexportierenden Firmen liegt dabei zwischen sechs bis sieben US-Dollar pro Tonne Öl. Ein Riesengeschäft für die Mafia. Doch wie kann man mit Erdöl überhaupt kriminelle Geschäfte machen? Zum einen dadurch, daß das staatlich subventionierte Öl aus Sibirien, Aserbeidschan oder anderen Regionen der ehemaligen UdSSR illegal in den Westen transportiert wird, wo es zu weitaus höheren Weltmarktpreisen verkauft wird. Die zweite Möglichkeit ist dann der Re-Import des Erdöls, bzw. von Erdölprodukten in die Ukraine, ohne irgendwelche Importzölle zu bezahlen, um es in der Ukraine wieder teuer zu verkaufen. Von diesen Geschäften profitieren die Mafiafirmen, die den Ölhandel im wesentlichen kontrollieren, und die Staatsbediensteten und Politiker, die die Genehmigungen zum Ex- und Import des Öls ausstellen. Letztere erhalten von der Erdölmafia ihre Provisionen, die sie auf Konten in der Schweiz deponieren. Dieses kriminelle Treiben hat zwangsläufig Auswirkungen auf die mit der Erdölmafia zusammenarbeitenden westlichen Unternehmen.

Eine internationale Arbeitsgruppe zur Bekämpfung der ukrainischen Ölmafia stellte bei einem Treffen im Herbst 1998 in Rom fest: »Das Problem für die europäischen Staaten besteht darin, daß in den Joint Ventures zwischen westlichen und den überwiegend kriminellen russischen und ukrainischen Firmen, die auf dem Ölmarkt aktiv sind, letztere die Oberhand gewinnen und sie die westlichen Firmen zwangsläufig in die kriminellen Strukturen einbinden.«

Allein in der russischen Ölindustrie gibt es derzeit über vierzig dieser Joint Ventures, die mit westlichen Staaten zusammenarbeiten. »Die überwiegende Mehrzahl von ihnen ist in illegale Aktivitäten verwickelt«, sagt die italienische Polizei, die intensiv gegen die Ölmafia ermittelt. »Ihre unglaublichen Profite, die Verbindungen mit der Schattenwirtschaft und dem Organisierten Verbrechen, die gewalttätigen Methoden, ihre Verbindungen mit westlichen Ländern durch den Ölverkauf, die es ermöglichen, unkontrolliert riesige Summen zu transferieren – das ist die Ölmafia, die inzwischen die russischen und ukrainischen Grenzen überschritten und die westeuropäischen Länder erreicht hat.«

Hier kommt wieder Leonid M. ins Spiel, der Boß der Ölmafia. Leonid M. wird ausführlich in dem vierhundert Seiten langen Bericht des französischen Innenministers Jean-Pierre Chevenement erwähnt, der sich 1998 mit der Infiltration der russischen Mafia in Frankreich befaßte. In diesem Report wurde auch Baron Eduard-Jean Empain erwähnt, jener Industrielle, der 1989 in der Villa von Don Felix in Antibes auftauchte. Verbindungen zwischen Baron Empain und den Russen bestehen demnach über die »Trading-Company« in Monaco und über die Schweizer Firma F., an der Baron Empain einen zwanzigprozentigen Anteil hält. Gegründet wurde die Firma, so der französische Bericht, um in Nizza ein großes Kinostudio zu erwerben. Ebenfalls erwähnt wird Wladimir P. Neben Leonid M. ist er der zweite Besitzer der »Trading Company« in Monaco. Wladimir P. wurde 1993 aufgrund von belastenden Hinweisen russischer Polizeidienststellen von den Behörden Monacos abgeschoben. Danach gründete er in Nizza zwei Gesellschaften, unter anderem jene, an der Baron Empain beteiligt ist. Seine Spezialität ist es, im Auftrag russischer Kunden an der Côte d'Azur Immobilien aufzukaufen. Nach eigenen Angaben will er bis 1997 mehr als 200 Millionen Franc in Frankreich und in Monaco investiert haben. Außerdem fungierte er als Berater für russische Investoren, die einen Chemiekomplex in Rußland leiteten. Besonders rühmt er sich seiner Kontakte zu einem Artur T., der von den russischen Justizbehörden wegen Unterschlagung öffentlicher Gelder, wegen illegaler Eröffnung von Investitionsbüros in Rußland und wegen Kontakten zu Gelderpressern der russischen Mafia gesucht wurde. Die russische Vertretung in Marseille zeigt daher große Skepsis bezüglich der enormen Geldsummen, die Wladimir P. verwaltet. Nach Angaben des russischen Konsulats kann das Vermögen »nur aus illegalen oder geheimen Aktivitäten, wie dem Verkauf von Drogen, Medikamenten oder Erdölvorräten durch eine örtliche Mafiabande, aus unterschlagenen Geldern offizieller Gremien oder von Versuchen stammen, Gelder zugunsten der russischen oder sizilianischen Mafia zu waschen.« Diese Einschätzung dürfte richtig sein. Wladimir P. und Leonid M. sind außerordentlich erfolgreiche Geschäftsleute – wäre da nicht der Verdacht, daß sie ihr Millionenvermögen mit kriminellen Methoden erwirtschaftet hätten.

Immerhin wurde Leonid M. 1998 von den französischen Behörden zur »persona non grata« erklärt und gilt jetzt als »Gefahr für die französische Sicherheit«.

Seit 1997 ermittelt auch die italienische Polizei gegen Leonid M. Ihr Vorwurf: Mit Angehörigen der Russenmafia soll er in den internationalen Waffen- und Drogenhandel, Geldwäsche, Erpressung und andere Delikte verwickelt sein. »Leonid M. ist der oberste Verantwortliche für die kriminellen Aktivitäten, die von der Gruppe durchgeführt werden. Seine Bedeutung und seine Aktivitäten stellen eine extreme Gefahr für die Gesellschaft dar«, heißt es in einem Report der italienischen Policia di Stato. Warum ist Leonid M. bis heute ein freier Mann?

Leonid M., der Boß der Bosse, ist ein ambitionierter Geschäftsmann an der Spitze eines internationalen Finanz-Imperiums, das aus verschiedenen Gesellschaften besteht, die fast alle im Ölgeschäft tätig sind. Seit Jahren pendelt er zwischen Paris, London, Monte Carlo, Wien, Genf, Tel Aviv, Odessa und Berlin. Aufgrund von abgehörten Telefonaten gelang es den europäischen Sicherheitsbehörden, das kriminelle Potential seiner Organisation zu entschlüsseln. Erkenntnis Nr. 1: Die Organisation arbeitet eng mit der Polizei und dem ukrainischen Geheimdienst zusammen. Die Folgen: Leonid M. wird in der Ukraine nicht zur Zielscheibe polizeilicher oder staatsanwaltlicher Ermittlungen. Zweite Erkenntnis: Werden die wirtschaftlichen Interessen seiner Organisation gefährdet, greift sie zu Einschüchterung und Gewalt. Die Organisation verfügt dazu über ein ausreichendes Waffenarsenal wie Gewehre, Maschinengewehre, Handgranaten und Sprengstoff. Dritte Erkenntnis: Es gab Planungen, Politiker zu ermorden, die nicht bereit waren, mit der Organisation zusammenzuarbeiten.

Leonid M. ist ein äußerst vorsichtiger Mann, ständig darauf bedacht, mit seinen Partnern so zu kommunizieren, daß ihm die Polizei nichts Kriminelles nachweisen kann. Zum Beispiel lieferte er während des NATO-Luftangriffs gegen Jugoslawien Öl nach Belgrad, obwohl ein Lieferboykott gegen Jugoslawien bestand. Das Öl wurde in kleinen Tankschiffen ins Donau-Delta transportiert, dann in kleine Transportschiffe umgeladen, die es schließlich nach Serbien brachten. Allein mit diesem Geschäft soll er knapp 800 Millionen Dollar verdient haben.

Für sein konspiratives Verhalten spricht, daß die Polizei in Brüssel bei einer Hausdurchsuchung in der Wohnung eines Mitglieds seiner Organisation hochwertige elektronische Geräte fand, mit denen Gespräche verschlüsselt werden können. Und sie fand Scanner, die es erlaubten, die Frequenzen der Polizei problemlos abzuhören. Selbst wenn er einmal »ungesichert« telefoniert, benutzt er, wenn er über seine internationalen Geschäfte redet, nur Code-Worte. Sie verhindern, daß Lauscher der Polizei herausfinden, über welche konkreten Geschäfte gesprochen wird.

Die Struktur der von ihm geführten Ölmafia ist streng hierarchisch gegliedert: »Soldaten« auf der untersten Ebene, »Leutnants« auf der mittleren Ebene und einige Bosse an der Spitze. Soldaten erledigen die einfachen kriminellen Tätigkeiten wie Raub, Erpressung, Mord oder Diebstahl. Die Leutnants sind in den jeweiligen Stadtteilen unter anderem für die Koordinierung dieser Aktivitäten verantwortlich. Sie zahlen Bestechungsgelder an die Polizei, Justiz und die Beamten der Stadtverwaltung. Die Bosse, im Fall der Ölmafia Leonid M., haben die Kontrolle über das gesamte Geschehen. Sie nehmen Einfluß auf politische Entscheidungen in Odessa oder Kiew. Zu dem konspirativen Verhalten von Leonid M. gehört auch sein Bemühen, mit allen Mitteln zu verschleiern, wer wirklich Eigentümer und Kapitalgeber seiner vielen Firmen in Europa ist.

Das belegt das Beispiel seines Unternehmens G. Dessen Zentrale befindet sich in Luxemburg, die wirtschaftlich agierende Tochter sitzt in Genf. Ein weiterer Ableger befindet sich auf den britischen Virgin-Inseln. 99 Prozent der Anteile an der Holding in Genf werden wiederum von der panamesischen Firma C.-Trading gehalten. Die Unternehmensführung in Genf bestreitet kühn, überhaupt einen Leonid M. zu kennen.

Um all diese und zahllose andere Gesellschaften führen zu können, unterhält er über Strohleute Büros in Zürich, Rom, Kiew, München, Monte Carlo, Odessa, Moskau und Beijing in China. Ein anderes Beispiel: Am 9. März 1997 wurde Leonid M. von der Polizei auf dem Flughafen in Nizza kontrolliert. Man fand bei ihm mehrere Visitenkarten. Demnach sei er Vorsitzender der Bitimpex Energy Limited. Das erinnert deutlich an den Namen der Firma in Wien, die doch eigentlich, so steht es zumindest im Wiener Handelsregister, von Ex-Honorarkonsul Vadim C. geführt wird. Daß Leonid M. Visitenkarten fälscht, ist eher unwahrscheinlich. Wahrscheinlicher ist, daß das Wiener Unternehmen zwar offiziell von Vadim C. geführt wird, im Hintergrund aber der Boß der Ölmafia die Fäden zieht.

Bis ihn die dortigen Behörden des Landes verwiesen, war einer seiner vielen Stützpunkte das Fürstentum Monaco. Dort registrierte man seine Aktivitäten und hatte ihn in Verdacht, über seine Firmen und einige Banken in Monaco schmutziges Geld zu waschen.

Auch die belgische Polizei hat Leonid M. im Visier. Sie stieß auf seinen Namen, als die Existenz einer Mafiaorganisation in Brabant bekannt wurde, die mit Drogen und Diamanten dealte. Doch die belgische Polizei interessiert an Leonid M. noch etwas anderes: Sie will nämlich herausfinden, wer am

18. Dezember 1994 den russischen Geschäftsmann Wladimir Missijurin erschoß. Die Mörder und ihre Auftraggeber sind noch immer auf freiem Fuß. Wladimir Missijurin war einer der Unternehmer, dem laut der belgischen Polizei Don Felix ebenfalls das Angebot eines Diplomatenpasses von Costa Rica und des Honorarkonsulpostens in Rußland gemacht hat.

Eigentlich wäre ein solches Angebot keineswegs verwerflich. Da gibt es in Belgien einen reichen Unternehmer, der gerne Honorarkonsul werden will, genügend Geld hat und Einfluß besitzt. Außerdem kann er sich seiner Beziehungen zum Kreml rühmen. Wenn Missijurin nach Moskau kam, wurde er wie ein Staatsgast behandelt und mit Polizeieskorte in sein Hotel gefahren. Bei einem Empfang zu seinen Ehren, erinnert sich einer seiner Freunde, »waren die geladenen Gäste ehemalige Parteisekretäre der mittleren und höheren Nomenklatura«.

Bevor Missijurin 1990 nach Belgien kam und seßhaft wurde, war er in Rußland schon einschlägig als ein berüchtigter Gangsterboß bekannt. »Er war immer besessen vom Geld, aber immer gutherzig, immer großzügig«, erinnert sich einer seiner ehemaligen Geschäftsfreunde. »Und er war brutal. Hat ihm ein Gesicht nicht gefallen, hat er den Auftrag für einen Mord erteilt.« Nach seinem eigenen gewaltsamen Tod suchten die Fahnder aus Belgien bei den Russen in seinem Umfeld nach Informationen. »Sie erfuhren, daß, nach Ansicht ihrer Kollegen aus dem Osten, hundertzwanzig bis hundertvierzig Morde mit Missijurin in Verbindung gebracht werden. Er selbst war ein Killer und soll die Erdölgesellschaft in Samara, die Nefsam, um einige hundert Millionen Dollar betrogen haben.«[28]

Kaum traf er in Brüssel ein, kaufte er zahlreiche Villen im Wert von umgerechnet 10 Millionen Mark. Darüber hinaus arbeitete Wladimir Missijurin mit Leonid M. im Ölgeschäft eng zusammen. Die Kontakte waren so intensiv, daß ihm Leonid M. seinen Privatjet, eine Callenger 600, zur Verfügung stellte. 1992 gründete Wladimir Missijurin zudem in Berlin eine Firma. Über sie wurde eine Million Tonnen Erdöl aus dem sibirischen Samara an westliche Abnehmer verhökert.

Ende 1994 verschlechterten sich die Beziehungen zwischen Leonid M. und Missijurin. Vermutet wird, daß Missijurin ein Geschäft, bei dem es um anderthalb Millionen Liter Heizöl ging, nicht korrekt abgerechnet hatte. »Er muß zehn bis 15 Prozent abgeben«, erzählte ein Bekannter von ihm. »Wenn er das nicht macht, wenn jemand sich einbildet, er könne es ignorieren, dann wird gehandelt.«[29] Missijurin wurde am 18. Dezember 1994 von bislang unbekannten Tätern erschossen. Daß Leonid M. hinter dem Mord steht, davon sind jedenfalls die belgischen Ermittler überzeugt, ohne daß sie bislang die entsprechenden gerichtsverwertbaren Beweise haben.

Die deutsche Verbindung zur Ölmafia

Auch in Deutschland befindet sich ein wichtiger Stützpunkt dieser Ölmafia. In Berlin und in Nordrhein-Westfalen baute Leonid M. seit Anfang der neunziger Jahre ein dichtes Netz von Kontaktpersonen auf. Allein in Berlin dürften mindestens zwölf namentlich bei der Polizei erfaßte Mitglieder seiner Organisation agieren. Doch das ist wohl nur ein kleiner Teil. Alle treten als seriöse Geschäftsleute in Erscheinung, die sich äußerst konspirativ verhalten. Da werden von den Bandenmitgliedern täglich neue Handy-Nummern benutzt, um die Polizei in die Irre zu führen. Jede seiner Vertrauenspersonen hat eine andere Funktion. Die eine ist zuständig für die Ausstellung falscher Pässe. Ein anderer pflegt die Kontakte zu deutschen Politikern und anderen wichtigen Entscheidungsträgern in Berlin. Dieser Mann scheint so geachtet zu sein, daß ihm sogar das Bundesverdienstkreuz verliehen wurde.

Eigentlich müßte der Polizei aufgefallen sein, daß Leonid M. zusammen mit Viatcheslaw Michailovic, einem Russen mit deutschem Paß, eine Firma in Rom unterhält. »Viatcheslaw Michailovic gehört«, sagt die italienische Polizei, »zur russischen Mafia.« Ihre gemeinsame Firma ist im internationalen Handel mit Ölprodukten aktiv. Diese Firma ist wiederum im Besitz einer Gesellschaft mit Hauptsitz auf den Virgin Islands. Sie wird von Viatcheslaws Ehefrau geführt, die wiederum ihren ständigen Wohnsitz in Berlin hat. Zu einer Stellungnahme zu den Vorwürfen, was die Zusammenarbeit mit Leonid M. angeht, war sie übrigens nicht bereit.

Für die italienischen Polizeibehörden ergibt sich der Kontakt zwischen Leonid M. und Viatcheslaw Michailovic aus einem abgehörten Telefongespräch mit seiner Ehefrau in Berlin. Voller Aufregung erwähnt er einen Zeitungsartikel aus der italienischen Zeitung *La Stampa*, der Leonid M.s Verbindungen zur Organisierten Kriminalität beschreibt. In dem Telefonat bestätigte er seine Verbindungen mit Leonid M. und sagte, daß er nun befürchte, selbst Gegenstand von Ermittlungen zu werden. Dabei wußte er genau, wer sein Partner in Wirklichkeit ist. Der Zeitungsartikel erschien am 19. März 1997 und bezog sich auf eine Razzia im noblen Winterkurort Madonna di Campiglio in den Dolomiten. Die Aktion lief bei der Polizei unter dem Stichwort »Shakh i Mat« (schachmatt). Mehrere Mitglieder der Russenmafia, angeführt von Jurij Essin, wurden dabei verhaftet. Kurz zuvor hatte er noch schnell ein besonders profitables Geschäft abgewickelt: Den Verkauf von 240 000 Tonnen Rohöl zum Preis von 300 Millionen Dollar. Reingewinn: 30 Millionen Dollar. Jurij Essin war ein führendes Mitglied der Solnzewskaja-Organiation und vom costaricanischen Honorarkonsul Sergej Michailow auserwählt, um die wirtschaftlichen Interessen der Organisation in Italien zu gewährleisten. Aufschlußreich ist in diesem Zusammenhang ein Telefongespräch von Jurij Essin mit einem Abgeordneten in der russischen Duma: »Alberto kommt am Sonntag an. Behandle ihn gut, geh mit ihm in die besten Restaurants essen, selbstverständlich Champagner. Er bekommt Leibwächter und ein Mädchen für die Nacht.«

Bei dem erwähnten Alberto handelt es sich um einen leitenden Mitarbeiter der staatlichen italienischen Petroleumfabrik ENI. Hinter allem aber stand Leonid M, der, so der Zeitungsbericht, »gestohlenes Geld in der Ölfirma von Viatcheslaw investiert habe«. Verständlich, daß danach in Berlin Aufregung herrschte. Aber dies war gar nicht nötig. Denn die Berliner Polizei konnte nichts Belastendes gegen das Unternehmen in Berlin und die Ehefrau des Ölhändlers finden – der übrigens noch immer für die Ölmafia arbeitet und sich von Zeit zu Zeit in Mailand mit einem führenden Paten der Russenmafia trifft, der unbehelligt in Paris lebt.

Nordrhein-Westfalen ist, neben Berlin, ein weiterer Tummelplatz zahlreicher Ölfirmen, unter ihnen auch die Organisation von Leonid M. Hier leben nicht nur die Statthalter von Leonid M., sondern hier besitzt er diverse Firmen, die von seinen Strohleuten geführt werden.

Die italienischen Strafverfolgungsbehörden wurden auf das Netzwerk der Ölmafia in Nordrhein-Westfalen aufmerksam, als sie am 15. September 1997 im Kursaal Hotel in Ostia Lido bei Rom Leonid M. in Begleitung eines Deutschen beobachteten. Der hatte eine lange und anstrengende Fahrt von Castrop-Rauxel hinter sich. Christoph R., Angestellter eines dortigen Autohauses und einer der wichtigen Kontaktpersonen von Leonid M. für Nordrhein-Westfalen, ist eine Art Leutnant in der Organisation. Unter ihm dienen wiederum Russen, die verdächtigt werden, die illegalen Gelder aus den Ölgeschäften in Deutschland anzulegen. Pech für Christoph war, daß er, genau wie Leonid, dem Kokain nicht abgeneigt war und deshalb in Düsseldorf verhaftet wurde. Vom Zeitpunkt seiner Verhaftung an bezahlte der große Boß immerhin seine Anwaltskosten und unterstützte dessen Lebensgefährtin finanziell. Denn die Organisation kümmert sich, wie überall auf der Welt, um ihre in Not geratenen Mitglieder. Vielleicht ist das der Grund für die absolute Loyalität dem Boß gegenüber.

Während ein Mitglied der Organisation derzeit hinter Gittern sitzt, reist ein Killer der Organisation häufig nach Düsseldorf, unbehindert, obwohl er im Schengener Informationssystem als »gewalttätige und bewaffnete Person« aufgeführt ist. Es ist Nikolaj F., der bereits in Wien im Zusammenhang mit dem costaricanischen Honorarkonsul Vadim C. aufgefallen ist. Nikolaj F. traf sich am 23. Mai 1998 mit drei weiteren Mitgliedern der Organisation aus dem Raum Nordrhein-Westfalen am Düsseldorfer Flughafen. Gemeinsam fuhren sie danach ins Hilton-Hotel und Nikolaj F., ganz der gutmütige Patron, zahlte später deren Hotelrechnung in Höhe von 3000 Mark. Manchmal, wie im Dezember 1997, schenkt Nikolaj F. seinen Freunden auch ein Auto, in diesem Fall einen

Ford Galaxy an Igor M., den Statthalter der Organisation in Antibes.

Überhaupt ist Antibes, genauso wie Rom, Berlin und Düsseldorf, viel mehr als eine gute Urlaubsadresse. Nach Aussagen der italienischen Polizei leben hier zahlreiche Mitglieder der Gruppe. Als zum Beispiel Igor M. mit seinem Auto am 2. Februar 1998 an der Grenze zu Italien, in Ventimiglia, gestoppt und von der Polizei kontrolliert wurde, fand sie bei ihm ein aufschlußreiches Stück Papier. Darauf waren verschiedene Telefonnummern aus Frankreich notiert. Wahrscheinlich ist es nur ein Zufall, daß auch die Telefonnummer von Don Felix dabei war. Wenn er ihn zu diesem Zeitpunkt hätte besuchen wollen, hätte er sicher Pech gehabt: Don Felix liebt das kalte und regnerische Klima nicht. Im Winter residiert er deshalb in Miami oder San José.

Die Energiekonferenz

Beim Geschäft mit dem Erdöl geht es um mehr als das schnelle Geld. Es geht um politische Einflußnahme. Denn wer den Energiemarkt kontrolliert, kontrolliert gleichzeitig die Wirtschaft und Politik nicht nur in der Ukraine. Die Versorgung mit Erdöl ist für die westlichen Industriestaaten überlebensnotwendig. Wer den Schlüssel des Energiemarktes in der Hand hat, der kann sogar die Abnehmerstaaten unter Druck setzen und etwa bestimmen, wer wo Erdöl- oder Gasvorkommen ausbeuten darf. Im Umkehrschluß können die westlichen Staaten wiederum, mit Hilfe krimineller Paten, Druck auf die erdölproduzierenden Staaten wie Aserbeidschan, Kasachstan oder Turkmenistan ausüben, damit die westlichen Konzerne günstig Ressourcen ausbeuten können. Wer die Kontrolle über die Pipelines ausübt, ist deshalb für alle Nachrichtendienste von größtem Interesse.

So ist die ukrainische Ölmafia derzeit im Begriff, ein Marktmonopol zu erlangen. Um dieses Ziel zu erreichen, trafen sich verschiedene einflußreiche Männer auf jener Konferenz in Israel, über die der Ex-Honorarkonsul Costa Ricas für Salzburg und Tirol, Vadim C., partout nicht reden wollte. Sie fand am 23. November 1994 in Tel Aviv statt.

Bereits einen Tag vor der Konferenz war Sergej Michailow, Honorarkonsul von Costa Rica, von Wien nach Tel Aviv gereist, um dort Vorbereitungsgespräche zu führen. Auch Don Felix soll im Hotel Hilton in Tel Aviv gewohnt haben. Vielleicht war es nur ein Zufall, und er wollte nur ein wenig Urlaub machen. Jedenfalls soll er nach Angaben des israelischen Geheimdienstes, die nicht überprüft werden konnten, auch einige andere Männer, die am nächsten Tag an der Konferenz im Hilton teilnehmen wollten, begrüßt haben.

Es ist hingegen bekannt, wer mit großer Sicherheit an der Konferenz teilnahm. Die Späher der Polizei haben diese »geschäftliche Zusammenkunft« genau verfolgt und detailliert beschrieben, wer daran teilnahm und über was gesprochen wurde.

»Tagungsthema war«, so ein Bericht der israelischen Polizei vom April 1996, »die Aufteilung des ukrainischen Energiemarktes.« Und weiter: »Jeder der Anwesenden war mächtig genug, daß er alleine in der Lage war, den ukrainischen Energiemarkt zu beherrschen. Um jedoch eventuelle Konflikte zwischen den Beteiligten und ihren unterschiedlichen Interessen zu koordinieren, wollte man ein Abkommen schließen.« Deshalb das hochkarätige Meeting im Hilton-Hotel.

Einer der Teilnehmer war Josef K., Abgeordneter des russischen Parlaments Duma und Koordinator und Berater krimineller Organisationen in Moskau. »Seine Anwesenheit«, so die israelische Polizei, »war vermutlich wegen der Investition großer Geldmengen notwendig, die er verwaltet, und seiner bekannten Fähigkeit als Vermittler zwischen eventuellen Konkurrenten.«

Sergej Michailow vertrat das Kapital der mächtigsten traditionellen russischen Gangsterorganisation und die Runde der Honorarkonsuln Costa Ricas.

Auch Gregori Lerner war Teilnehmer der Konferenz. Nachdem er 1989 von Moskau nach Israel gekommen war, legte er sich den hebräischen Namen Zvi Ben-Ari zu. Den russischen Immigranten gegenüber zeigte er sich äußerst zuvorkommend und unterstützte sie großzügig. Der Multimillionär Lerner besitzt in Moskau und in Zypern Banken sowie verschiedene andere Unternehmen. Innerhalb kurzer Zeit wurde er zu einem der reichsten Männer Israels, dem allein sechs Villen gehörten. Den plötzlichen Reichtum schrieb er selbst seiner harten Arbeit zu.

Im Gegensatz zu Michailow wollte er nicht nur wirtschaftliche, sondern auch politische Macht in Israel. Abgehörten Telefongesprächen zufolge plante er, die Likud-Partei mit erheblichen Geldmitteln zu unterstützen, um bei den nächsten Wahlen Abgeordneter und Minister zu werden. Im Mai 1998, dreieinhalb Jahre nach der Energiekonferenz, wurde er im Flughafen Tel Aviv verhaftet, als er gerade in die USA fliegen wollte. In seinem Besitz waren 50 000 Dollar in bar und zwei Satellitentelefone. Weitere 500 000 Dollar, zwei gefälschte Pässe, Satellitentelefone und neun Computer fand die Polizei in seiner Villa. Angeklagt wurde er wegen Betruges und Korruption. In Moskau wurde er darüber hinaus wegen Mordes an einem russischen Banker und mehrerer Mordversuche und wegen Betruges in Höhe von 85 Millionen Dollar gesucht. Am 22. April 1998 wurde er zu sechs Jahren Gefängnis verurteilt. In seinem Urteilsspruch erklärte Richter Ezra Kama: »Er hat seine kriminellen Fangarme nach Rußland, Zypern, Panama und Luxemburg ausgestreckt.«

Auch Boris Birsthein alias Bernstein, ein nicht weniger großes Kaliber, war ebenfalls dabei. Er wird bei bestimmten einflußreichen Politikern in Moskau geschätzt, weil er im Auftrag der KPdSU Anfang der neunziger Jahre einen Teil ihres Vermögens nach Westeuropa transferierte. So schmuggelte er 1993 1,6 Tonnen Gold (Gegenwert rund 25 Millionen Mark) illegal aus Kirgistan in die Schweiz. Um große Summen ging es auch bei den Geschäften zwischen Birsthein und Sergej Michailow. Die Genfer Staatsanwaltschaft vermutet, daß er über 150 Millionen Dollar für Michailow gewaschen habe. Für die belgische Polizei ist Boris Birsthein »die Zwischenperson zwischen Politik, Nachrichtendiensten und Kriminalität. Er hat sowohl für die ehemalige KPdSU Geld gewaschen wie für kriminelle Organisationen.«

Ein ebenso interessanter Tagungsteilnehmer war Viktorowich Malewski, alias Anton Malewski. Der am 27. Februar 1967 geborene Russe ist Kopf der nach ihm benannten Ismailowo-Bande. 1994 wanderte er nach Israel aus und gründete dort mehrere Diamanten- und Nahrungsmittelfirmen. Die israelische Staatsanwaltschaft behauptet, er habe 1995 die israelische Staatsbürgerschaft mit seiner Erklärung erworben, Enkel eines Juden zu sein, nie ein Verbrechen begangen zu haben und in keinem Land gesucht zu werden. Das betont bei jeder Gelegenheit auch sein Rechtsanwalt. Diese Erklärung ist nachweislich falsch gewesen.

Mit seinem Rechtsanwalt hat sich Malewski übrigens einen erfahrenen Mann ausgesucht. Dieser hatte in den frühen siebziger Jahren den Paten der jüdischen Mafia in den USA, Meyer Lansky, verteidigt. Tatsächlich wurde Malewski in Rußland wegen seiner kriminellen Aktivitäten gesucht und ist dort sowohl als brutaler Mörder und Auftragskiller als auch einer der Könige der russischen Aluminiumindustrie bekannt. Selbst europäische Polizeidienststellen wissen einiges über ihn. Demnach habe er sich 1995 in einem Hotel in Paris mit einem aus der alten kriminellen Garde, Rachmiel Brandwain, getroffen. Mitgesellschafter eines Brandwain-Unternehmens ist Bruno G., ein bekannter Diamantenhändler aus Antwerpen. Bruno G. wiederum, behauptet die belgische Gendarmerie, »stehe in enger Verbindung mit Don Felix«.

Bei dieser Energiekonferenz fielen zwei weitere Persönlichkeiten auf, die von noch größerem politischen und wirtschaftlichen Kaliber sind als Michailow oder Malewsky. Die beiden Männer verkörpern die verhängnisvolle Verzahnung zwischen krimineller Topgarnitur und politisch einflußreichen Oligarchen, die sowohl in Moskau als auch in Kiew die politischen Regierungsstrukturen massiv beeinflussen und Politiker von sich abhängig machen, weil sie über Prestige und über unvorstellbare Geldbeträge verfügen.

Einer von ihnen war, nach dem Polizeibericht zu urteilen, Grigori L. – kein unbeschriebenes Blatt bei fast allen internationalen Polizeibehörden, ob im Westen oder Osten. Als Kopf eines der größten russischen Unternehmen außerhalb Rußlands ist er mit dem ehemaligen ukrainischen Staatspräsidenten Leonid Krawtschuk genauso wie mit dem Präsidenten von Kasachstan Nursultan Nasarbaijew und dem ehemaligen russischen Premierminister Viktor Tschernomyrdin befreundet.

Anfang 1991 war Grigori L. angeblich noch ein armer Mann. Nach Angaben des Amtes für Einwohnerwesen in Düsseldorf war er dort von 1991 bis 1996 polizeilich gemeldet. In seinem Antrag auf Erteilung einer Aufenthaltserlaubnis vom 27. Juni 1991 erklärte er, daß er seinen Lebensunterhalt von Sozialhilfe bestreite. Zwei Jahre später hatte er sich in Wien niedergelassen und schloß zum Beispiel ein Geschäft im Umfang von 250 Millionen Dollar mit russischem Öl, ukrainischen landwirtschaftlichen Produkten und deutschen Produkten der Schwerindustrie ab. Bereits 1993 war er Herr über 100 Unternehmen im Osten und 40 Unternehmen im Westen mit insgesamt 8000 Beschäftigten. Im Dezember 1993 verfaßte die Wochenzeitschrift *Nowoje Wremja* (»Neue Zeit«) einen Jubelartikel über ihn, den er immer wieder gerne präsentiert. »3000 Rubel persönliche Schulden – so ist die finanzielle Lage des heutigen Präsidenten der Firma N. gewesen, als er vor drei Jahren nach Wien aus der UdSSR gekommen ist. 1,7 Milliarden US-Dollar, so ist der jetzige Umsatz von N., einer der größten Firmen in Österreich und ganz Europa, die vom ehemaligen Staatsbürger der UdSSR Grigori L. geschaffen worden ist und geleitet wird.«

Wie man innerhalb von kaum zwei Jahren zu einem milliardenschweren Unternehmer wird, das beschäftigt seit Jahren Polizeibehörden in den USA, England, der Schweiz, Belgien, Österreich oder Deutschland. Doch sie konnten L. bislang keine kriminellen Aktivitäten in Europa nachweisen. Grigori L. selbst wehrt sich vehement und erfolgreich gegen jene, die ihn nur in die Nähe eines Verdacht rücken, er könne etwas mit mafiosen Strukturen zu tun haben. Doch in einem Bericht des österreichischen Innenministeriums über ihn wird 1997 behauptet: »Gegen die N.-Group, bzw. die mit ihr durch verschiedenste Arten der Verflechtung in Verbindung stehenden Firmen wird mittlerweile weltweit u. a. wegen Verdachtes der Geldwäsche in großem Ausmaß ermittelt. Obwohl allein aus österreichischer Sicht beweisbare Verbindungen zwischen Grigori L. und Schwerverbrechern bestehen, können konkrete Zusammenhänge zwischen seinen Aktivitäten und Gewaltverbrechen nicht dokumentiert werden. Die Palette der von ihm beeinflußten Aktivitäten soll sich allerdings, abgesehen von der Geldwäsche, auch auf den internationalen Waffen- und Drogenhandel erstrecken. Die Verdachtsmomente stimmen, international gesehen, weitgehend überein. Allerdings konnte bis dato von keinem der diesbezüglich ermittelnden Länder ein konkretes, zielführendes Verfahren eingeleitet, bzw. geführt werden.« Soweit die Behauptungen des österreichischen Innenministeriums, die sich der Autor nicht zu eigen macht.

Sicher ist hingegen, daß L. im Sommer 1995 eine Einladung zu einem Dinner von ungefähr zwei Dutzend jüdischen Geschäftsleuten mit Präsident Bill Clinton erhielt: »Lieber Mister L.«, lautete der Brief des demokratischen nationalen Komitees in Washington, »ich lade Sie herzlichst ein, am Dienstag, den 11. Juli 1995, im Hay Adams Hotel in Washington D.C mit Präsident Clinton das Abendessen einzunehmen.« Vorsorglich bat L. die amerikanische Botschaft in Tel Aviv um die Zusicherung freien Geleits für die Reise nach Washington. Doch die blieb aus, und er folgerte, daß es weise wäre, die Einladung nicht anzunehmen.[30]

Die israelische Polizei behauptet nun, daß L. bei dem Treffen in Tel Aviv anwesend war. Es wäre der erste konkrete Beweis für die immer wieder vermutete Verfilzung von Wirtschaft, Politik und Mafia, hier in der Person des Grigori L. Der mächtige Tycoon hatte sich mit Repräsentanten der ukrainischen Regierung und führenden Kriminellen der sogenannten Russenmafia an einen Tisch gesetzt, um, so die israelische Polizei, gemeinsam den ukrainischen Energiemarkt unter sich aufzuteilen. Derartige Absprachen hatte man bislang immer vermutet, zu beweisen waren sie bis zur Energiekonferenz nicht.

Ein nicht weniger prominenter Konferenzteilnehmer ist der 45jährige Vadim Rabinovich. Auch er war schon beim amerikanischen Präsidenten Bill Clinton zu Gast. Besonders stolz ist er auf ein Foto, das ihn zusammen mit Bill Clinton zeigt. Die Aufnahme entstand während eines Fund Raising Dinners am 19. September 1995 im Sheraton Bel Harbor Hotel in Miami. »Das Foto«, schrieb die *Washington Post*, »habe Rabinovich in der Ukraine benutzt, um seine Reputation anzupreisen.« Dabei hätte er an diesem Dinner eigentlich überhaupt nicht teilnehmen können, denn sein Visum wurde am 23. August 1995 widerrufen und sein Name von der US-Einwanderungsbehörde auf die Liste der nicht erwünschten Personen gesetzt. Rabinovich ist nicht nur Besitzer bzw. Teilhaber an großen Handelsgesellschaften, sondern investierte in verschiedene Radiostationen, Zeitungen und Fernsehanstalten in der Ukraine. Und er war zumindest zeitweise mit Grigori L. geschäftlich verbunden. Vadim Rabinovich galt, das vernimmt man zumindest aus Kiew, als ein Finanzier des derzeitigen ukrainischen Staatspräsidenten Kutschma. Auf jeden Fall ist er einer der einflußreichsten Unternehmer in der Ukraine und Präsident der Jüdischen Gemeinde der Ukraine. So traf er sich zu einem Drei-Stundengespräch mit dem gegenwärtigen ukrainischen Präsidenten. »Über was sie sprachen, ist leicht zu erraten«, schreibt mir der Chefredakteur einer Fernsehstation, an der Vadim Rabinovich beteiligt ist. »Vadim verspricht dem Präsidenten Geld und Unterstützung durch seine Zeitungen und Fernsehanstalten für die Wiederwahlkampagne, und der Präsident verspricht darüber nachzudenken, diese Unterstützung anzunehmen.«

Vadim Rabinovich aber, das glauben mehrere Polizeidienststellen in Europa, ist nicht nur einflußreicher Unternehmer, sondern auch das »Bindeglied zwischen kriminellen Organisationen und legalen Geschäften«. Das wiederum streitet Rabinovich vehement ab.

Wie sein ehemaliger Geschäftsfreund L. kann auch er auf eine steile Karriere zurückblicken. Zunächst wurde er 1984 vom Kriminalgericht der Gemeinde Kharkow in der Ukraine zu 14 Jahren Gefängnis verurteilt. Gleichzeitig wurde sein gesamter Besitz konfisziert. Der Vorwurf gegen ihn lautete, daß er staatliche Güter an private Kunden verscherbelt habe. Acht Jahre verbrachte er deshalb hinter Gittern. Rabinovich selbst beteuert, er habe als Chef einer Baubrigade Waren an private Kunden verkauft und sei nur deshalb verurteilt worden, weil er Jude sei. 1990 öffneten sich für ihn die Gefängnistore. Innerhalb weniger Jahre wurde er einer der reichsten Männer der Ukraine. »Aus amerikanischer Sicht bin ich ein sehr armer Mann. Aus ukrainischer vielleicht sehr reich. Ich habe gerade mal einige Millionen.«

An der »Energiekonferenz« in Tel Aviv nahmen übrigens nicht nur Vadim Rabinovich und Grigori L. teil, sondern, das steht zumindest im Dokument der israelischen Polizei, auch ein »Repräsentant der Sverdlovsk-Mafia« (einer kriminellen Bande aus Jektarinenburg) und – was für einige überraschend sein dürfte – ein »Repräsentant des gegenwärtigen ukrainischen Präsidenten« – zur damaligen Zeit kein geringerer als Leonid Krawtschuk. Kühn wird im Report behauptet, daß Krawtschuk Verbindungen zu höchst dubiosen Kreisen haben soll. Zitat aus dem Polizeibericht: »Die Verbindungen sind indirekt. Sie kamen durch einen seiner Repräsentanten zustande, der am Treffen im November 1994 teilnahm. Die Präsenz des Repräsentanten des ukrainischen Präsidenten ist ein Beweis für die Verstrickung der politischen Klasse (wissentlich oder unwissentlich) in die Aktivitäten der kriminellen Organisationen, am Beispiel der Ukraine.«

Eine nicht ganz unlogische Schlußfolgerung. Denn in der Ukraine herrscht eine politische Kleptokratie, die mit tatkräftiger Hilfe von Verbrecherfürsten die Reichtümer des Landes verscherbelt – in diesem Fall Rohstoffe. Davon ist auch Grigori Omeltschenko überzeugt, der Vorsitzende eines Parlamentsausschusses in Kiew, der sich mit Korruption im Staatsapparat beschäftigt: »Die Korruption und die Organisierte Kriminalität sowie Amtsmißbrauch der hochrangigen Staatsbeamten bedrohen heute ernsthaft die nationale Sicherheit der Ukraine und sogar die Existenz des ukrainischen Staatswesens. Während fünf Jahren Unabhängigkeit der Ukraine wurde kein hochrangiger Staatsbeamter, ob Minister, stellvertretender Minister, Abgeordneter des Obersten Rates oder Leiter der Gebietsadministration für Überschreitung der Machtbefugnisse, Amtsmißbrauch oder Bestechlichkeit verurteilt, bzw. zur Verantwortung gezogen.«[31] Ex-Staatspräsident Leonid Krawtschuk ist inzwischen ein reicher Geschäftsmann geworden und ist Parlamentsabgeordneter in Kiew.

Vadim Rabinovich bestätigt mir gegenüber, daß die Energiekonferenz tatsächlich stattgefunden hat. Er schreibt: »Auf dem Treffen im Hilton waren nur ich, L. und Bernstein, kein anderer.« Bei Bernstein handelt es sich um Boris Birsthein. An dem Gespräch, erinnert sich Vadim Rabinovich, nahmen noch mehrere andere Russen, Ukrainer und Tschetschenen teil, an deren Namen er sich heute jedoch nicht mehr genau erinnern kann. Es ging nach seiner Aussage bei dem Treffen in Tel Aviv darum, Konflikte zwischen der tschetschenischen und der russischen Mafia auszuräumen. Keinen Kommentar wollte Rabinovich dazu abgeben, was er eigentlich bei diesem Treffen gesucht hatte und warum er überhaupt eingeladen worden war. Auch wollte ich von ihm wissen, ob er Kontakte zu dem Boß der Ölmafia, Leonid M., und dem Paten von Budapest, Semion Mogilevich, habe: »Ich sah Leonid M. einmal 1993 und zweimal in diesem Jahr. Ich hatte niemals Geschäfte mit ihm.« Und was ist mit Semion Mogilevich? »Ja«, sagt mir Rabinovich, »ich habe ihn zweimal getroffen. Das waren jeweils zehn und fünfzehn Minuten.« Nach Angaben der ungarischen Behörden ist Semion Mogilevich nicht so einfach per Zufall zu treffen. Er sei derart abgeschirmt, daß man ihn überhaupt nur nach langen Vorbereitungen aufsuchen dürfe. Spontane, zufällige Treffen, wie die Aussage von Vadim Rabinovich nahelegt, seien daher unmöglich. Das weiß insbesondere sein Kronprinz Anatoly K., der Honorarkonsul von Costa Rica.

Wegen mancher Unklarheiten wollte ich Vadim Rabinovich persönlich treffen. Im Gegensatz zu Don Felix war er sofort

264

dazu bereit. Doch sein Interesse war vermutlich anderer Art als meines. Vielleicht wollte er einem in Deutschland lebenden Fernsehtycoon eins auswischen. Mit ihm hatte er sich nach langer Zusammenarbeit in der Ukraine im Streit getrennt. Und Vadim Rabinovich versprach mir, belastendes Material über seinen Gegner zukommen zu lassen. Unser Gespräch sollte, so hatten wir vereinbart, im Frankfurter Arabella-Hotel stattfinden.

»Ich bitte Sie mir mitzuteilen, zu welcher Uhrzeit unser Treffen stattfinden wird«, schrieb er mir per e-mail, »da ich noch andere Besprechungen in Frankfurt habe.« Einen Tag vor dem vereinbarten Treffen machte er einen Rückzieher, da »ich aufgrund anderer geschäftlicher Verpflichtungen nicht nach Frankfurt kommen kann.« Daß sich Vadim Rabinovich mit mir unterhalten wollte, führte unterdessen zu heller Aufregung bei verschiedenen staatlichen Dienststellen. Die Frage die sich mir deshalb stellte: Woher wußte die Polizei überhaupt von dem Treffen? Vadim Rabinovich und ich hatten nie miteinander telefoniert, die gesamte Kommunikation fand per e-mail statt. Trotzdem erhielt die Frankfurter Polizei ein Telex des Bundeskriminalamtes, wonach ein Treffen zwischen Rabinovich und mir im Arabella-Hotel stattfinden würde. Diese Information wiederum stammte von der israelischen Polizei. Demnach wollte er sich nicht nur mit mir in Frankfurt treffen, sondern auch mit M. Khalal, dem persönlichen Berater des liberianischen Präsidenten. Und um was sollte es bei dem Gespräch in Frankfurt zwischen Vadim Rabinovich und dem Mann aus Liberia gehen? »Um Waffengeschäfte«, bekundet das Bundeskriminalamt aufgrund der Informationen, die man aus Israel erhalten hatte.

Eben diese Waffengeschäfte dürften der Grund gewesen sein, daß Vadim Rabinovich, zusammen mit Leonid M., im Februar 1999 nach Monrovia, in die Hauptstadt von Liberia, geflogen ist. Offiziell wollten sie über den Kauf von Tropenholz verhandeln. »Rabinovich und Leonid M. trafen sich mit Repräsentanten der Regierung in Liberia, und bereits am ersten Tag sah es danach aus, daß sie einen Vertrag abschließen würden«, erzählten Beobachter aus dem Umfeld von Rabinovich. Am zweiten Tag muß es zu einem schweren Konflikt zwischen den Männern aus der Ukraine und der liberianischen Regierung gekommen sein. Die besprochenen Projekte wurden storniert.

Warum Tropenholz einkaufen? In Liberia herrscht latenter Bürgerkrieg. Waffenlieferungen liegen da viel näher. Und genau darum sollte es ja drei Monate später bei dem Treffen mit dem persönlichen Berater des Präsidenten Taylor in Frankfurt gehen. Das hatte mir Vadim Rabinovich natürlich nicht erzählt. Vielleicht wußte er auch nicht, welche Schwierigkeiten wenig später auf ihn zukommen sollten.

Am 23. Juni 1999 gingen die ukrainischen Behörden erstmals gegen ihn vor. Sie verboten ihm, in den nächsten fünf Jahren den Boden der Ukraine zu betreten. Offizieller Grund, so erzählt es mir Vadim Rabinovich:»Ich hätte zum einen der Wirtschaft der Ukraine geschadet und außerdem mit amerikanischen Beamten gesprochen und ihnen erzählt, daß die ukrainische Regierung an Waffengeschäften beteiligt wäre.« Der Geheimdienst der Ukraine wiederum glaubt, daß Vadim Rabinovich selbst in Waffengeschäfte verwickelt sei und für Israel Panzer im Wert von 2 Milliarden Dollar in die Türkei geliefert habe. Wahrscheinlicher ist, daß es, wie im Fall Lasarenko, zu einem Konflikt mit dem ukrainischen Präsidenten Leonid Kutschma gekommen ist, der die nächsten Präsidentschaftswahlen im Oktober 1999 als unbestechlicher Politiker gewinnen will. Ob seine Rechnung aufgeht, bleibt noch abzuwarten. Derzeit ermitteln belgische und Schweizer Polizeidienststellen gegen seinen persönlichen Berater und Wahlkampfleiter, der Millionenbeträge auf Schweizer und belgische Konten deponiert und übrigens an dem Waffengeschäft mit der Türkei mitgewirkt hat. Aber dieser persönliche Berater, Alexander W., scheint für Präsident Leonid Kutschma noch nützlich zu sein, gerade weil er auch Finanzmittel für den Wahlkampf von Leonid Kutschma besorgt und er an Fernseh- und Radiostationen in der Ukraine beteiligt ist. Die Macht über die Medien, das ist ein Einfluß, der für die künftigen Präsidentschaftswahlen nicht mit Geld aufzuwiegen ist. Außerdem dürfte Alexander W. einige intime Kenntnisse haben. Zum Beispiel, daß die Tochter des Präsidenten über ein nicht erklärbares großes Vermögen verfügt. Was Lasarenko beiseite geschafft habe, so Vadim Rabinovich, sei dazu vergleichsweise harmlos gewesen.

Ehrenwerte Unternehmer, kriminelle Paten und korrupte Politiker in osteuropäischen Staaten wie die Ukraine und Rußland oder westeuropäischen wie Belgien, Österreich, Italien und der Schweiz – seit Jahren treten immer wieder dieselben Personen in Erscheinung, die auf unterschiedliche Weise zusammenfinden, Zweckbündnisse eingehen und sich wieder trennen. Ist dies Zufall oder System?

Da werden Honorarkonsuln von Costa Rica an wirtschaftlich und strategisch wichtigen Stellen postiert. Und diese Honorarkonsuln stellen sich gleichzeitig als mutmaßliche Paten der Russenmafia heraus – wie die Beispiele in Budapest, St. Petersburg oder Moskau belegen. Nach Meinung belgischer Ermittlungsbehörden wurden sie auf Initiative von Don Felix ernannt. Dessen Geschäftspartner und Freunde, etwa Baron Empain, haben Verbindungen zur mächtigen ukrainischen Ölmafia. Und einer dieser Freunde, der Politiker und Ex-Botschafter Alfred Cahen, setzt sich nachweislich für einen dieser Paten, Semion Mogilevich, ein.

Die genannten Beispiele zeigen, daß es sich bei den Geschäftemachern nicht um irgendwelche Kleinkriminelle handelt, sondern um die Topgarnitur, die in Europa vollkommen unbehindert agieren kann. Das ist kein Zufall, sondern die planmäßig betriebene Vermengung krimineller und legaler Aktivitäten auf höchster wirtschaftlicher und politischer Ebene.

Das Beispiel des costaricanischen Honorarkonsuls Sergej Michailow macht besonders deutlich, daß die wichtigsten Protagonisten dabei unantastbar geworden sind. Und sie wissen das auch. Nicht nur in Rußland oder der Ukraine, wo keine unabhängige Justiz existiert, ist bislang auch nur ein einziger dieser Paten verurteilt worden. Das gleiche gilt für die auf ihr funktionierendes Rechtssystem so stolzen westeuropäischen Länder.

Der Eindruck drängt sich auf, es bestehe kein Wille mehr, diese Netzwerke zu zerschlagen, weil ihre Akteure wirtschaftlich so mächtig geworden sind.

Etwa im Falle der Ölmafia: Hier geht es nicht nur um kriminelle Geschäfte. Das Öl aus den Staaten der Ex-UdSSR ist von politisch-strategischer Bedeutung für den Westen geworden. Denn sowohl die USA als auch die NATO-Mächtigen wollen den Einfluß Rußlands in Zentralasien und im Süden der ehemaligen Sowjetunion, insbesondere der Ukraine, eindämmen: »Rußland betrachtet diesen Raum als angestammte geopolitische Interessensphäre und versucht, die in die Unabhängigkeit entlassenen zentralasiatischen Staaten an sich zu binden.«[32] Um diesen Einfluß zu dämmen, empfiehlt Zbigniew Brezinski, Sicherheitsberater mehrerer US-Präsidenten und Berater des US-Ölmultis BP-Amoco, eine massive geopolitische Unterstützung der Staaten Aserbeidschan, Usbekistan und die Ukraine, »die alle drei politische Dreh- und Angelpunkte darstellen«[33].

Das würde erklären, warum sich auch Alfred Cahen, der Generalsekretär der Atlantischen Verteidigungsgemeinschaft, für einen der Paten eingesetzt hat. Beim Kampf um die Ölquellen und den Öltransit ist den Ölmultis und westlichen Regierungen anscheinend jedes Mittel recht, auch die Zusammenarbeit mit den kriminellen Oligarchen, die über die Ölquellen und Transportwege bestimmen.

Ausblick

In dem in diesem Buch beschriebenen politisch-kriminellen Bezugssystem, einem korrupten Machtgefüge, in dem die Gier nach Einfluß und Herrschaft mit allen Mitteln jegliche ethischen Werte zerstört, taucht derselbe Name immer wieder auf. Kann es ein Zufall sein, daß, wenn von der Russenmafia, den korrupten Politikern Costa Ricas, Drogenhändlern, belgischen Politkriminellen und österreichischen Waffenhändlern die Rede ist, stets der Name von Don Felix genannt wird?

Er selbst behauptet, daß die Beschuldigungen in der belgischen Zeitung *De Morgen* und in *La Nacion* gegen ihn deshalb erhoben wurden, weil er ein Freund von herausragenden Persönlichkeiten aus Politik und Wirtschaft sei: In Anspielung auf seinen Umgang mit dem Ex-Nato-Generalsekretär Willy Claes und dem »Paten von Lüttich«, André Cools, schreibt er: »Deshalb ist mein Name im gleichen Atemzug wie der jener Personen genannt worden, die in finanzielle und politische Skandale verstrickt waren.« Don Felix weiter: »Es wäre interessant, dasselbe Verfahren auf einige meiner Gegner anzuwenden. Sind sie deshalb verdächtige Personen, weil sie freundschaftliche Beziehungen oder Freunde in öffentliche Ämter berufen hatten, die Verbindungen zur Mafia und zum Drogenhandel hatten, oder in irgendeinen Skandal verwickelt waren? Ich hoffe, daß dieser Sachverhalt einige Personen zum Nachdenken bringt.«

Mit seiner Erklärung hat er den Kern des Problems exakt umrissen. Er bewegt sich nämlich in Strukturen, in denen mafiose Verhaltensweisen selbstverständlich sind – das macht die Geschichte von Don Felix so interessant. Über seine Freunde (immerhin Botschafter bei den Vereinten Nationen, ein Nato-Generalsekretär, Premierminister und Minister) erhält man intime Einblicke in die Welt der Korruption und Kriminalität. Es wäre falsch, nur individuelles Verhalten zu kritisieren. Die Beziehungen, die Don Felix unterhalten hatte, ob in Mittelamerika oder in Europa, sind erst durch ein System ermöglicht worden, in dem die Installierung mafiaähnlicher Strukturen, Patronage, Korruption, und Organisierte Kriminalität ständig an Bedeutung gewinnen. »Das sind«, schreibt der Historiker Christian Meier, »Strukturen mit starken Loyalitäten, Netzwerke zwischen Paten, Industrien, Parteien und Regierungen. Sie sind nicht mehr sizilianisch, sondern sehr modern.«[34]

Dabei geht es aber nicht nur um eine internationale Allianz käuflicher Politiker und mafioser Gestalten, die seit über vierzig Jahren, wie von einem großen Magneten angezogen, immer wieder aufeinandertreffen. Die Korruption der politischen Elite ist vielmehr der Nährboden für das Organisierte Verbrechen. Seilschaften, Käuflichkeit und Cliquenwirtschaft sind das Markenzeichen jener Szene, in der sich auch Don Felix bewegte. Ein Beispiel dafür ist die Person des Alfred Cahen, des Generalsekretärs der Atlantischen Verteidigungsgemeinschaft ATA. Cahen setzte sich nachweislich für Semion Mogilevich ein, einen Paten der Russenmafia in Budapest. Hat eine derartige Hilfsbereitschaft allein etwas mit Cliquenwirtschaft und Profitsucht zu tun, oder will man, wie etwa bei Geheimdiensten üblich, Kontrolle über die kriminellen Paten ausüben?

Der amerikanische Historiker Walter Laqueur beschreibt die Dimension der informellen Netzwerke folgendermaßen: »Seit der Globalisierung der Wirtschaft reicht es jedoch nicht mehr aus, Sympathisanten in den Behörden von Kansas City oder Palermo oder von russischen Städten zu wissen. Genau so wie viele Terroristengruppen einen politischen Flügel besitzen, benötigt das Organisierte Verbrechen politische Parteien oder wenigstens Pressure-groups zur Verteidigung seiner Interessen.«[35]

Bisher ging man davon aus, daß das professionelle Verbrechen in die Wirtschaft und Gesellschaft einsickert. Inzwischen zeigt sich, »daß die Wege auch umgekehrt verlaufen, von der politischen Ebene ausgehen und von da – gewissermaßen nach unten – in Wirtschaft und Gesellschaft eindringen«.[36] Um diesen Mechanismus zu verstehen, muß man nicht ins ferne Mittelamerika schauen – ein Blick nach Italien, Belgien oder nach Österreich genügt. In einer Art Wechselverhältnis verfügt die Organisierte Kriminalität über ein weites Netz von Partnerschaften und dringt mit Unterstützung von Politikern und multinationalen Finanz- und Geschäftskreisen in sämtliche Bereiche der Weltwirtschaft ein. Sie treibt vielerorts geradezu ein Spiel mit der rechtsstaatlichen Ordnung, die inzwischen durch ein weitverzweigtes System korrupter Machenschaften vergiftet wird – ein Milieu, in dem kriminelle Machenschaften nicht einmal als solche erkannt werden, vermutlich deshalb, weil das Gefühl von Macht und die Gier des Geldes berauschende Zustände sind.

Bei der Aufdeckung solcher Beziehungsgeflechte werden nun auch die Grenzen sowohl polizeilicher wie journalistischer Ermittlungen sichtbar. Obwohl über Don Felix viele Erkenntnisse bei Polizeibehörden, ob in Belgien, Österreich oder Deutschland, vorliegen, kann er angst- und sorgenfrei leben. Man kann ihm juristisch nichts nachweisen. Daher stellt sich die Frage, was polizeiliche Ermittlungen überhaupt wert sind. Bei meinen Recherchen zu Don Felix waren Polizeiberichte nur ein Hinweis, ein Verdachtsmoment, nicht mehr. Aber, so heißt es im Volksmund, wo viel Rauch ist, da ist auch Feuer. Dabei ist mir bewußt, daß Polizeiberichte manchmal als Instrumente der Diffamierung dienen können, vor allem wenn es darum geht, unliebsame Konkurrenz auf politischer oder wirtschaftlicher Ebene zu neutralisieren. Das betrifft insbesondere Polizeiberichte und Ermittlungen aus Rußland oder der Ukraine.

Mit dieser Erkenntnis mußte ich jene Polizeiunterlagen werten, die sich auf Don Felix bezogen. Andererseits sind in den diversen Polizeiberichten viele Informationen und Erkenntnisse enthalten, die durchaus überprüfbar waren oder in sich schlüssig, insbesondere was das politische und gesellschaftliche Milieu angeht, in das Don Felix eingebettet ist.

Solche Berichte zeigen aber auch ein anderes Dilemma auf, nämlich die Ohnmacht vieler Ermittlungsbehörden. Heute wundern sich viele Polizeibeamte, ob bei Europol in Den Haag, in Wien, Brüssel oder Genf, warum in der Vergangenheit nie gegen Don Felix ermittelt wurde. Verschiedene Erklärungen liegen auf der Hand. Zum einen wird von übergeordneten Stellen angeordnet, daß Ermittlungen nicht erwünscht sind, und die Staatsanwaltschaft bekommt zu verstehen, weitere Ermittlungen nicht durchzuführen. Desweiteren besteht eine katastrophale Desorganisation innerhalb der nationalen Polizeiapparate, eine fehlende internationale Kooperation und häufig schlicht das Unvermögen von Staatsanwaltschaften, den gewieften Hintermännern der Organisierten Kriminalität das Handwerk zu legen, insbesondere wenn es sich um einflußreiche Politiker handelt.

Überdies ist die neue Form der Netzwerkkriminalität noch nicht einmal ansatzweise bei der Justiz als Problem begriffen worden. Das Beispiel des mutmaßlichen Mafiapaten und costaricanischen Honorarkonsuls Sergej Michailow zeigt dieses Dilemma. Obwohl von allen westlichen Polizeidienststellen als Pate der Russenmafia benannt, kann Sergej Michailow als freier Mann seine vielfältigen Aktivitäten fortsetzen, nachdem ihn ein Geschworenengericht in Genf freigesprochen hatte. Daraus ergibt sich eine zwingende Schlußfolgerung: Wer aus der kriminellen Führungsspitze hohe politische Protektion genießt oder gar mit einem Nachrichtendienst zusammenarbeitet, muß heute nichts mehr befürchten. Es ist bekannt, daß das Organisierte Verbrechen klassische nachrichtendienstliche Mittel einsetzt. Weniger bekannt ist die Kooperation von kriminellen Paten mit Geheimdiensten. Diese Erkenntnis wird von allen europäische Polizeiexperten bestätigt.

Hinzu kommt, daß es im Vereinten Europa nicht einmal

gemeinsame Gesetze zur Bekämpfung der neuen Form der Organisierten Kriminalität gibt. Und selbst das deutsche Gesetz zur Bekämpfung des Organisierten Verbrechens ist unzureichend. »Schon heute sind einzelne Paten reicher und mächtiger als so manche kleine oder arme Staaten. Deshalb kann die Mafia, das Organisierte Verbrechen oder wie man die weltweit agierenden kriminellen Systeme bezeichnet, mit gesetzlichen Maßnahmen nicht mehr bekämpft werden.«[37] Deshalb fordert Peter Raisch, Präsident des sächsischen Landeskriminalamtes, ein Anti-Mafia-Gesetz nach italienischem Vorbild. Bislang, sagt er, hätten in Deutschland die Staatsanwälte große Probleme, den im deutschen Strafgesetzbuch verankerten Tatbestand der Bildung einer kriminellen Vereinigung juristisch nachzuweisen. Ziel eines Anti-Mafia-Gesetzes müsse sein, den Begriff der Organisierten Kriminalität als Tatbestand in das Strafgesetzbuch einzuführen. »Es muß von Anfang an klar werden«, fordert Peter Raisch, »welcher Täter von seinem Profil und seiner Handlungsweise her zur Mafia gehört.« Das erst erleichtere das Erkennen von entsprechenden Strukturen und damit die Strafverfolgung. Aber sowohl in Deutschland wie in Europa gibt es keinerlei Bestrebungen, diese Forderung umzusetzen.

Am 13. Dezember 1997 richteten sieben europäische Untersuchungsrichter und Staatsanwälte, unter anderem der Genfer Oberstaatsanwalt Bernhard Bertossa und der spanische Untersuchungsrichter Baltasar Garzon, einen dringenden Appell an die europäischen Politiker:

»Im Schatten des offiziellen Europas versteckt sich ein anderes, ein diskreteres und weniger vorzeigbares Europa. Es ist das Europa der Steuerparadiese, die ohne Barrieren dank des internationalen Kapitals wachsen, ein Europa der Finanzplätze und der Banken, für die das Bankgeheimnis zu oft ein Alibi und einen Schutzschirm darstellen. Dieses Europa der Nummernkonten und der Geldwäscherei wird benutzt, um Geld von Drogen, Terror, Sekten, Korruption und Mafiaaktivitäten in den Wirtschaftskreislauf einzuschleusen.

Diese dunklen Umlaufkreise, die von kriminellen Organisationen benutzt werden, entwickeln sich zur gleichen Zeit, wo die internationalen finanziellen Transaktionen explodieren, die Unternehmen ihre Aktivitäten ausbauen oder ihre Hauptsitze über die nationalen Grenzen hinaus verlegen.

Gewisse politische Persönlichkeiten und Parteien haben selbst bei bestimmten Gelegenheiten von diesen Umlaufkreisen profitiert. Im übrigen erweisen sich die politischen Autoritäten aller Länder heute unfähig, diesem Europa des Schattens klar und effizient entgegenzutreten.«

Und sie forderten: »Es zeigt sich die Notwendigkeit, einen wirklichen europäischen Justizraum zu schaffen, in dessen Grenzen die Untersuchungsrichter ohne andere Behinderungen als die des Rechtsstaates Informationen recherchieren und austauschen können, die den laufenden Untersuchungen nutzen. Wir fordern eine Konvention, die die strafrechtliche Möglichkeit vorsieht, Staatsangehörige zu verfolgen, die sich der Korruption gegenüber ausländischen Behörden schuldig gemacht haben. Durch diesen Appell wollen wir dazu beitragen, im Interesse unserer Gemeinschaft ein gerechteres und sichereres Europa aufzubauen, in dem der Betrug und das Verbrechen sich nicht länger einer weitgehenden Straffreiheit erfreuen und in dem die Korruption wirklich ausgerottet sein wird. Es geht zum die Zukunft der Demokratie in Europa.«

Bis zum heutigen Tag blieb dieser Genfer Appell unbeachtet.

Was bedeutet das für die Zukunft einer globalisierten Welt, in der demokratische Kontrolle der Mächtigen in Wirtschaft und Politik immer schwieriger wird? Noch herrscht in den westlichen Demokratien Pluralismus statt Oligarchie. Aber wenn kriminelle Strukturen mit ihrem riesigen Kapital über den Aktienmarkt in die großen weltweit agierenden Konzerne eingedrungen sind und politische Eliten sich korrumpieren lassen, dann trifft tatsächlich das zu, was der belgische Polizeireport der Gendarmerie, der sich 1995 mit Don Felix beschäftigte, apokalyptisch behauptet – daß nämlich einzelne

Wirtschaftsmagnate die Geschicke der Demokratien bestimmen: »Wir kommen zu dem Schluß, daß seit mindestens zwanzig Jahren wirtschaftliche Macht, darunter mafioser Art, verbunden mit politischen Kräften und kriminellen Organisationen die absolute Macht erreicht haben. Dieser Personenkreis kontrolliert 50 Prozent der Weltwirtschaft.«

Don Felix ist nur ein exemplarisches Beispiel für einen Typ von scheinbar ehrenwerten Geschäftsmännern, die es glänzend verstehen, sich innerhalb dieser Netzwerke zu bewegen, in mafiosen Strukturen, die sich in den letzten Jahren weltweit und unkontrolliert entwickeln konnten.

Anmerkungen

1 *Intelligence Newsletter*, Paris, Nr. 345, 29. Oktober 1998
2 Thamm, Berndt Georg, Freiberg, Konrad: Mafia Global, Hilden 1998, S. 128
3 Schreiben der Surete, Brüssel, 28. November 1955
4 *Tico Times*, 19. Juni 1998
5 *La Nacion*, San José, 23. April 1993
6 Rabelbauer, Bela: Meine Freunde, meine Feinde – Enthüllungen eines Milliarden-Jongleurs, Wien 1987, S. 30
7 *Profil*, Wien, 26. Mai 1986
8 Yallop, David A: Im Namen Gottes, München 1984, S. 300
9 *Weltwoche*, Zürich, 17. August 1983
10 Ortner, Christian S., in: *Profil*, Wien, 26. Mai 1986
11 Worm, Alfred, in: *Profil*, Wien, 5. November 1990, S. 19
12 *Manager-Magazin*, 4/82
13 *Manager-Magazin*, 3/82
14 Brüggemann, Gerd, in: *Die Welt*, 28. August 1996
15 Garbely, Frank, Auchlin, Pascal: Das Umfeld eines Skandals, Zürich 1990, S. 266
16 Beit-Hallahmi, Benjamin: Schmutzige Allianzen, München 1988, S. 116
17 Scherf, Henning, in: Dirk Hegmanns. In den Händen der Contras, Reinbek, 1986, S. 179
18 Subcommitee Anhörung von General Paul Gorman, 8. Februar 1988
19 Ege, Konrad: Irangate, Köln 1987, S. 185
20 Bericht der Tower-Untersuchungskommission, Report of the President's Special Review Board, Washington 1987
21 Asamblea Legislativa. Segundo informe de la comisión de narcotráfico, San José, 1986, S. 14
22 Szene Schweiz, Lagebericht des Bundesamtes für Polizeiwesen, Bern, Nr. 2/1998
23 Knabe, Bernd: Die System-Mafia als Faktor der sowjetisch-rus-

sischen Transformation; Bericht des Bundesinstituts für ostwissenschaftliche und internationale Studien, Köln, 48–1998

24 *Observer*, London, 17. Mai 1998

25 Bundesamt für Polizeiwesen, Bern, 24. April 1996: Crime Organise Ex-URSS

26 Mafia Ucraina, Polizia di Stato, Servizio Centrale Operativo, Rom, 7. Oktober 1998

27 Herold, Frank: Schweiz erfolglos bei Jagd auf Paten, *Berliner Zeitung*, 20. Dezember 1998

28 Lallemand, Alain: Russische Mafia, München 1997, S. 89

29 Roth, Jürgen: Die roten Bosse, München, 1989, S. 22

30 Sawicki, Tom, in: *The Jerusalem Report*, Versündigung oder Sünde?, 28. Dezember 1995

31 Omeltschenko, Grigori: Vorsitzender der parlamentarischen Kommission »Korruption und Organisiertes Verbrechen«, Kiew

32 Schwarz, Klaus-Dieter: Weltmacht USA. Zum Verhältnis von Macht und Strategie nach dem Kalten Krieg; Stiftung Wissenschaft und Politik, Baden-Baden 1999, S. 43

33 Brezinski, Zbigniew: Die einzige Weltmacht. Amerikas Strategie der Vorherrschaft, Frankfurt 1999, S. 216

34 Meier, Christian: »Die Gesellschaft bricht in Stücke«, *Der Spiegel*, Nr. 41, 6. Oktober 1997

35 Laqueur, Walter: Die globale Herausforderung, Frankfurt 1987, S. 139

36 Stümper, Alfred: Kriminalphänomenologie, Kriminalistik, 3/1998

37 Edelbacher, Maximilian, Direktor des Sicherheitsbüros Wien, Vortrag am 17. Juni 1997, Wien